アジア経済研究所叢書4

貧困削減戦略再考
―― 生計向上アプローチの可能性 ――

アジア経済研究所叢書
4

貧困削減戦略再考

生計向上アプローチの可能性

山形辰史

岩波書店

アジア経済研究所叢書発刊に際して

　戦後日本は，復興を経て高度成長を達成し，他のアジア経済の成長を雁行形態と呼ばれる形でリードした．続いてアジアの4つの龍であるシンガポール，韓国，台湾，香港が成長の輪を形作り，これに ASEAN が加わって，世界銀行は，これを「東アジアの奇跡」と呼んだ．これに加えて中国が「世界の工場」と呼ばれるまでに成長を続け，アジアが世界の成長センターとなった．こうして，アジアの地域統合が唱えられ，「アジア共同体」の形成が現実的に議論されるようになった．

　ヨーロッパでは，1952年のヨーロッパ石炭鉄鋼共同体(ECSC)に端を発する，EEC，EC の長い歴史を経て，EU が成立して統一通貨ユーロが誕生し，経済統合が実現した．また，北米ではカナダ，アメリカ，メキシコの「北米自由貿易協定」が締結され，さらにラテンアメリカとの南北統合による自由貿易協定も検討されている．これに対して，アフリカ地域は貧困からの脱出を課題として残したままであり，中東にもグローバル化に乗り遅れた国が多い．グローバル化と地域統合がもたらす所得格差の問題は，一国内問題ではなく，「地域間格差」の問題となっている．

　この間1991年にはソ連が崩壊し，冷戦の終焉と共に計画経済から市場経済に移行する国が相次いだ．また，イラクのクウェイト侵攻による湾岸戦争，タイの通貨下落に始まるアジア通貨危機，21世紀に入ってのイラク戦争などが発生した．石油価格の高騰は非産油国に大きく影響し，また投機資金が通貨価値の変動を左右した．これらは一地域の出来事でありながら，経済的な影響は世界に及んだ．21世紀は「情報の世紀」であるといわれているが，急激に情報通信革命の進むなかで，様々な問題を抱えたまま「グローバル化」が進んでいる．

　地域間格差が拡大するなかでのグローバル化のもとで，日本はアジア諸国とどのように共存するのか，また中国とどう共生していくのか．さらに，途上国の開発はどうすれば進められるのか．

　ジェトロ・アジア経済研究所は，国別の地域研究者の育成を1つの目的と

アジア経済研究所叢書発刊に際して

して設立されたが，上に示した途上国を巡り近年激しく変化する国際政治・経済の現状は一国だけではなく，地域的，地球的な規模の課題に取り組むことを求め，研究所は国際化と同時に，地域統合など，グローバルな課題の研究を積極的に推進すべき段階に達した．ジェトロ・アジア経済研究所は，このような時代の要請に対応し，創造性をもった内容と国際的な水準を満たす研究を行っていきたい．

本叢書は，岩波書店のご協力を得て，研究所の研究成果をより広く世に問おうとするものである．私たちの無理とも思えるお願いを聞き入れて出版の仕事を快諾していただいた岩波書店に対して，研究所一同を代表し，この機会に深く謝意を表したい．

2005年1月

日本貿易振興機構アジア経済研究所所長

藤 田 昌 久

はじめに

　2000年に世界は新千年紀(ミレニアム)を迎えた．これまでの2000年，そしてそれに先立つ数千年の間に，人類の歴史には継続的な技術進歩があった(Mokyr[1990])．しかしその進歩は全体としては遅々たるもので，大半が産業革命以降に生じたと考えられている(Kuznets[1959][1971])．この進歩によって，世界の多くの人々の生活水準は飛躍的に向上した．新しいミレニアムの最初の年に，それまでの人類の歴史を振り返り，今後の課題を探る試みがいくつかなされた[1]が，最も大きな課題として挙げられたのは，このような人類全体の生活水準の向上という恩恵を，世界の多くの人々が享受できずにいるということであった．

　この事実認識の下に，2000年9月，国連ミレニアム・サミットが開催され，「世界平和のためのミレニアム宣言」が合意された．このミレニアム宣言を達成するため，国連はミレニアム開発目標を制定し，2015年までに全力で貧困削減を推進することを表明した．ミレニアム開発目標は八つの目標からなっており，具体的には，①極度の貧困と飢餓の撲滅，②普遍的初等教育の達成，③ジェンダーの平等の推進と女性の地位向上，④幼児死亡率の削減，⑤妊産婦の健康の改善，⑥HIV／エイズ，マラリア，その他の疾病の蔓延防止，⑦環境の持続可能性の確保，⑧開発のためのグローバル・パートナーシップの推進，である．

　それから7年が経過した．国連は2005年をミレニアム開発目標達成への中間評価の年と定め，ジェフリー・サックス(Jeffrey D. Sachs)率いる国連ミレニアム・プロジェクトに依頼し，ミレニアム・サミットから5年間の進捗状況と，達成のための提言の報告(United Nations Millennium Project[2005])を求めた．ミレニアム開発目標の達成を本気で指向するのであれば，2005年の時点で不十分と考えられる分野へのてこ入れが不可欠である．同報告書はミレニアム開発目標の各分野の達成状況と，2015年までの目標達成のために何が成されなければならないかを示している．その網羅性は充分賞賛に値

---

1) 例えば*Economist*[1999]を見よ．

はじめに

する．

　我々も，ミレニアム開発目標を達成するために，この時点で立ち止まって現状を評価する必要があるという認識を共有している．しかし本書で採っているアプローチは国連ミレニアム・プロジェクトのそれとは異なっている．

　本書で採用した貧困削減へのアプローチは，貧困削減への戦略を探ることである．貧困削減への戦略なら，各開発途上国の貧困削減戦略書(Poverty Reduction Strategy Paper: PRSP)に書いてあるではないか，と考える向きもあれるかも知れない．しかし通常のPRSPには，どの分野でどのようなプログラムを実施するか，といった事例しか述べられていない．それぞれのプログラムをどのようなメカニズムで結びつけるのか，またどのような制度をどのような目的で用いて貧困削減の実を上げるのか，さらに民間の経済活動も念頭に置きつつどのようなストーリーで貧困削減を自律的な軌道に乗せるのか，といった「戦略」は記されていないばかりか，国際開発の現場で必ずしもその必要性が認識されていないのである．

　本書は，ミレニアム開発目標や United Nations Millennium Project[2005] が採用しているような全てのセクターにわたる網羅的展望を犠牲にする代わり，貧困削減を持続的に推し進めるための戦略および制度設計に関する議論に焦点を絞ったものである[2]．具体的には以下の二つの方向から貧困削減戦略を検討している．

　第一は，Bhagwati[1988]が indirect route と呼び，石川[2002]が broad-based growth approach と呼んだアプローチに肉付けし，実例に則した検討を行うことである．彼等は，貧困削減のアプローチを二分し，貧困層に直接公共支出・サービスを行うアプローチ[3]と，経済発展を通じて貧困削減を実現するアプローチの二つに整理している．Bhagwati の indirect route, 石川の broad-based growth approach は後者に当たる．2000 年以降，ミレニアム開発目標を念頭に置いた開発は，成果主義を一つの重要な方法論として採用しており，約3年といった短期間で，目に見える成果を出すことが求めら

---

[2] 国連ミレニアム・プロジェクトそれ自体は，United Nations Millennium Project[2005]を発表した後に，「12研究村」を選んで，貧困削減のための制度設計を意図したパイロット・プロジェクトを行っていることを付言しておく(*Economist*[2006])．

[3] これを石川[2002]は pro-poor target approach, Bhagwati[1988]は direct route と呼んでいる．

れている(Daimon[2004], アイエムジー[2004], 山形[2006]). そのこともあってか, 保健や教育, 住環境といった分野において, 貧困層の支出を肩代わりするような公共支出および直接的支援が重視される傾向が強く, 貧困層自らの所得創出・生計向上のための戦略が議論されることが少なかった[4]. 所得創出・生計向上のための戦略は, 国全体の開発戦略と整合的でなければならない. すなわち, 国全体の開発戦略をデザインすること無しに, 貧困層の所得創出・生計向上を議論することはできない. 一方, 国全体の開発の成否には, デザインされた開発戦略の善し悪しのみならず, 開発のために複数の分野に投入される資源の多寡, 効率性および部門間の整合性, そのうえ国際環境の変化が複雑に絡み合うため, inputとoutputを明示してそれらの間の関連性のみを重視する成果主義の適用には難がある. また, 戦略のデザインが行われてから, 資源の投入, 産業の発展という時間を伴うプロセスを経た後に成果が徐々に現れる, といった懐妊期間の長い貧困削減アプローチは, 現在の国際開発の時流から外れている(山形[2006]).

　その一方で, このような貧困層の所得創出・生計向上が, 持続的貧困削減のためには非常に重要であることはSachs[2005]やUnited Nations Millennium Project[2005]においても強く意識されている. 貧困層の人々がより健康になり, 教育水準が上がったとしても, それによって彼等の雇用が保証されるわけではないし, 事業の成功が担保されるわけでもない. 換言すれば, 彼等の生産力が上がったとしても, それを活用する国全体の開発戦略が伴わなければ, 貧困層の生計向上には結びつかないのである. 質の高い労働力が供給されたところで, それに見合う労働需要が創出されなければ, 所得の創出は実現しないのである.

　そこで本書の第Ⅰ部では, ほとんどの貧困層が所得創出の唯一の資源として保有している労働力の活用に着目し, 雇用機会創出を通じた生計向上をどの産業が担っているのか, それぞれの産業の役割は何か, またどのような課題があるのか, を検討する. これによって, 貧困削減のためにターゲットにすべき産業とその特質, そして, このアプローチにおける貧困削減を実現するための障害とその原因を明らかにする. 第1章が, 雇用機会の創出を通じ

---

4)　例としては, Klasen[2001], Lipton and Ravallion[1995], 栗原・山形[2003]が挙げられる.

はじめに

た産業別の貧困削減に対する貢献の国際比較を行い，事例分析が第2～4章に与えられる．第1章は，貧困削減のプロセスにおける農業と工業の役割を論じ，工業が雇用創出という形で貧困削減をリードするのに対し，農業はその変化から取り残される貧困層の受け皿になっていく，という両者の役割分担があることを，雇用データの国際比較を元に主張する．第2章は，第1章と同じ分析枠組みを用いて，長期にわたり経済発展と貧困削減を実現した日本を分析する．日本の貧困削減のプロセスもまた，製造業とサービス業の牽引的な役割と農林水産業と建設業の受け皿的役割で特徴づけられることを示している．第3章，第4章は一転して現代の低所得国における雇用機会創出の実例と課題を検討する．第3章は労働集約的製造業品の輸出をてこに貧困削減を進めているバングラデシュとカンボジアの実例を紹介する．低廉な労働力を競争力の唯一の源泉として，両国で成長を続ける縫製業が，低いといえども貧困層の所得水準向上には充分な賃金を提供することにより，貧困削減に貢献している様を描いている．第4章は，バングラデシュやカンボジアと同程度の所得水準にあるケニアにおいて，前二者が成功したようなグローバリゼーションを活かした工業化が再現されない現状を課題として設定している．直接投資を活かした工業化が進まない理由は，アフリカの多くの国において，一人当たり所得に対して製造業賃金が割高であることが議論されてきた(平野[2002])．第4章では，この高賃金の要因として，最低賃金制度，労働組合制度がどれだけ説明力を有するか，検討する．

　本書の第二の分析視角は，貧困削減のために近年新たに設計または再設計された諸制度の意義を検討するとともに，現状を評価することである．第Ⅰ部が主として工業の役割に分析の焦点を当てるのに対して，第Ⅱ部はむしろ，主として農村で，貧困層自身に対して実施されるプログラムや政策の意義やあり方に着目する．しかしここでも貧困層自身の所得創出および経済的エンパワメントに関する枠組みに焦点が当てられていることに変わりはない．具体的にはまず，労働力を所得の源泉として有している貧困層に，どのようにしてその補完的投入要素である資本を供給するか，という課題に応える二つの取り組みに着目する．一つは貧困層に直接資金を供給する成功例として知られているマイクロファイナンスである．従来マイクロファイナンスは，担保を取らないグループ融資としての側面が注目されてきた．融資を行う際

の情報の非対称の問題(借り手が，貸し手よりも多くの情報を持っていることを利用し，融資契約の趣旨に反する行動を取ること)により，銀行は望ましい機能を果たせないことが多いのであるが，借り手グループの構成員が，自らの有する情報を利用して銀行の機能を肩代わりすることによって，従来の小規模金融が直面する融資の焦げ付き問題に一つの解決法を与えたと理解されていた．しかし近年，成功しているマイクロファイナンスが，実はグループ融資を必ずしも必要としない多様な契約形態を有していること，そしてその一方で，グループ融資に伴うグループ形成や監視の制約の大きさが問題視されるようになってきた．本書の第5章は，これまでのマイクロファイナンスの成功の要因についての議論の動向を紹介するとともに，特にインドネシアのマイクロファイナンスを事例として取り上げて，新世代のマイクロファイナンスのあり方を探っている．

　資金の受け手として注目されているのは貧困層のグループだけではない．開発途上国の地域コミュニティ(地方自治体等)を資金の受け入れ先とする援助プログラムも，その成果が期待されている．このような援助機関(ドナー)から開発途上国の地域のコミュニティに直接供給されるファンドはソーシャル・ファンドと呼ばれている．経済発展を先導者としてこれまでは中央政府や企業，労働者，あるいはNGOが注目されてきたのであるが，地方分権が進む中，地域のコミュニティに開発の主導役を期待する向きも多い．本書の第6章では，このような地域主導の開発の息吹を代表するソーシャル・ファンドを活用した開発の意図，論理，実態と展望について，ニカラグアの事例を参照しながら分析する．

　第7章は公的雇用を通じた貧困削減の取り組みについて検討する．公的雇用はしばしば，何らかの経済的ショックに対する緊急支援策として広範囲に用いられてきた．またその際に貧困層と非貧困層を識別(ターゲッティング)する手段についての分析が深められ，貧困分析の一つの潮流をなした時期もあった．同章では公的雇用全体の役割，課題を分析した後，これを貧困削減の目的のためにより有効に活用していくための取り組みについて検討している．

　さらに第8章では，唯一貧困層の人々が有していると想定されることの多い労働力さえ十全に活用することを当然と見なし得ない，障害者の経済的エンパワメントについて検討する．特にインドとフィリピンという，障害者の

はじめに

権利に関する法制度が比較的整っている開発途上国において，それらの法制度の内容，障害者雇用の現状と問題点と，そして問題点克服への取り組みについて分析する．

　本書で一貫しているのは，貧困層が受け身の姿勢で公共支出・サービスによる貧困削減の実現を待つのではなく，自らが経済主体として生計向上に取り組む側面を重視したことである．政府の貧困層向け公共支出だけで経済発展と貧困削減を成し遂げた国はない．貧困削減を中長期的に継続するためには，経済発展のプロセスに貧困層が参加し，自らの所得を上昇させることが不可欠である．それを実現するどのような発展パターンがあるのかを本書の第Ⅰ部で検討し，どのような制度が後押しするのかを第Ⅱ部で検討した．当然のことながら，貧困層への直接的な公共支出・サービスは多くの場合必要であり有意義である．その重要性を否定するものではないが，本書で着目するのは，その初期の政府・ドナーの支援を，その支援がうち切られた後でも持続する貧困層の所得創出・生計向上へと結びつけていく方法，戦略，そしてその前に立ちはだかる障害である．仮にミレニアム開発目標が達成されて2015年の貧困人口比率が1990年のそれの半分になったとしても，まだ残り半分の比率の人々の生活水準は貧困線の下に置かれることとなる．その意味で貧困削減は長期戦である．長期戦に備えるための有効な戦略を，本書を通じ，読者とともに探ってゆきたい．

参考文献

〔日本語文献〕

アイエムジー[2004],『「主要他ドナーの評価体制調査」報告書』アイエムジー.
石川滋[2002],「貧困削減か成長促進か——国際的な援助政策の見直しと途上国」(『日本学士院紀要』第56巻第2号, 1月, 91〜131ページ).
栗原充代・山形辰史[2003],「開発戦略としてのPro-Poor Growth——貧困層への雇用創出」(『国際開発研究』第12巻第2号, 11月, 3〜28ページ).
平野克己[2002],『図説アフリカ経済』日本評論社.
山形辰史[2006],「成果主義的ODA評価の意義と陥穽」(高梨和紘編『アフリカとアジア:開発と貧困削減の展望』慶應義塾大学出版会, 385〜402ページ).

〔外国語文献〕

Bhagwati, Jagdish N.[1988], "Poverty and public policy," *World Development*, Vol. 16, No. 5, May, pp. 539-555.
Daimon, Takeshi[2004], "How globalization localizes international public interest: a cross-country evidence from Millennium Development Goals," *Waseda Global Forum*, No. 1, pp. 15-23.
Economist, The[1999], "Wealth: the road to riches," Millennium special edition, December 31, pp. 10-12.
―― [2006], "African poverty: the magnificent seven," April 29, pp. 49-50.
Klasen, Stephan[2001], "In search of the holy grail: how to achieve pro-poor growth?," Paper commissioned by Deutsche Gesellschaft für Technische Zusammenarbeit (GTZ) for the "Growth and Equity" Task Team of the Strategic Partnership with Africa (SPA), July 1st.
Kuznets, Simon[1959], *Six Lectures on Economic Growth*, Glencoe, Illinois: The Free Press.
―― [1971], *Economic Growth of Nations*, Cambridge: The Belknap Press of Harvard University Press(西川俊作・戸田泰訳『諸国民の経済成長』ダイヤモンド社, 1977年).
Lipton, Michael and Martin Ravallion[1995], "Poverty and policy," in Jere Behrman and T. N. Srinivasan eds. *Handbook of Development Economics*, Vol. IIIB, Amsterdam: Elsevier Science B. V., pp. 2551-2657.
Mokyr, Joel[1990], *The Lever of Riches*, New York: Oxford University Press.
Sachs, Jeffrey D.[2005], *The End of Poverty: Economic Possibilities for Out Time*, New York: Penguin Press.
United Nations Millennium Project[2005], *Investing in Development: A Practical Plan to Achieve the Millennium Development Goals*, London and Sterling, VA, USA: Earthscan.

目　次

アジア経済研究所叢書 4

はじめに

序　章　世界の貧困削減への取り組みとその現状 …………1
山　形　辰　史

はじめに　1
第1節　新ミレニアムの最初の5年間　1
第2節　国際目標としての貧困削減　8
第3節　世界の貧困削減の現状　10
おわりに　19

第Ⅰ部　雇用を通じた貧困削減

第1章　雇用を通じた貧困削減──国際比較研究 ………………25
東　方　孝　之・山　形　辰　史

はじめに　25
第1節　雇用の構造変化と貧困削減　28
第2節　貧困層の雇用の構造変化──分析方法　30
第3節　貧困層の雇用の構造変化──実証分析　35
おわりに　50

第2章　日　本──高度成長が導いた貧困削減 ……………………57
内　村　弘　子

はじめに　57
第1節　戦後復興から高度経済成長へ　58
第2節　産業・就業構造の変化と貧困層の就業　67
おわりに　76

目　次

第3章　バングラデシュとカンボジア……………………………81
　　　──後発国のグローバル化と貧困層──
　　　　　　　　　　　　　　　　　　　　　　　山形辰史

　はじめに　81
　第1節　世界の衣類貿易におけるバングラデシュと
　　　　　カンボジアの地位　83
　第2節　輸出向け縫製業の貧困削減に対する貢献　87
　第3節　縫製業発展の多様な可能性　95
　第4節　輸出指向工業化戦略の他の
　　　　　LDCsへの適用可能性　101
　おわりに　104

第4章　ケ ニ ア──製造業の高賃金と低雇用………………111
　　　　　　　　　　　　　　　　　　　　　　　西浦昭雄

　はじめに　111
　第1節　最低賃金制度と労働組合　115
　第2節　ケニア製造業の賃金水準と最低賃金制度　124
　第3節　ケニアの労使関係と団体協約　132
　第4節　ウガンダの事例　138
　おわりに　141

第Ⅱ部　貧困削減への制度的取り組み

　第5章　マイクロファイナンス──貧困削減への金融仲介…151
　　　　　　　　　　　　　　　　　　　　　　　濱田美紀

　　はじめに　151
　　第1節　金融制度としてのMF　154
　　第2節　MFの問題解決機能　157
　　第3節　MFの多様性──インドネシアの事例を中心に　160
　　第4節　マイクロファイナンスの再評価　169
　　おわりに　172

目　次

第6章　ソーシャル・ファンド——雇用吸収と地方開発 …… 179
　　　　　　　　　　　　　　　　　　　　　大　門　　　毅

　はじめに　179
　第1節　ソーシャル・ファンドの特徴・意義　181
　第2節　ニカラグアのソーシャル・ファンドの
　　　　　特徴および実績　184
　第3節　ソーシャル・ファンドの貧困削減効果　187
　おわりに　194

第7章　公的雇用プログラム ………………………………… 197
　　　　　──貧困の多様な要因への対応──
　　　　　　　　　　　　　　　　　　　　　野　上　裕　生

　はじめに　197
　第1節　公的雇用プログラムの意義　198
　第2節　プログラム実施上の問題点　201
　第3節　公的雇用プログラムの効果を高めるための試み　210
　おわりに　217

第8章　障害者のエンパワメント …………………………… 221
　　　　　　　　　　　　　　　　　　　　　森　　　壮　也

　はじめに　221
　第1節　開発途上国の障害者　223
　第2節　インド障害者法と公的機関における
　　　　　障害者雇用留保問題　226
　第3節　フィリピンの障害者雇用　242
　おわりに　251

　索　引　255

序章

世界の貧困削減への取り組みとその現状

山形辰史

はじめに

2000年は新ミレニアムの最初の年であった.この年は国際社会が貧困削減を共通のゴールとして位置づけ,各国にそれぞれの思惑はあったにせよ,そのゴールに向かって取り組み始めた年として,しばらくは記憶されるであろう.当然のことながら,世界の貧困削減は前ミレニアムからの課題であった.しかし国際社会の貧困削減への凝集力は,2000年以降の数年間で明らかに高まりを見せている.

本章は,貧困削減へのあるべき取り組みの姿を探ろうとした本書の冒頭で,2000年以降の世界の貧困削減への取り組みの変化と,その結果としての貧困削減実績をまとめ,読者に本章以降の部分を読み進めるための基礎的な知識を提供することを目的としている.以下第1節では,2000年から2005年に至るまで,国際開発と貧困削減の取り組みに関して生じた主要な出来事をまとめる.そして第2節では,そのような形で貧困削減が今日まで国際目標として重視されている背景を分析し,第1節において述べられた一連の出来事の流れがどのような力学,構造に基づいているのか,という点についての解釈を与える.そして第3節では,最も新しいデータを用いて,2000年以降の世界の貧困削減実績を示し,本書を読み進めるための共通の土台とする.

第1節 新ミレニアムの最初の5年間

2000年からの5年間は,世界が常に開発途上国の貧困削減を至上命題として取り組んできたわけではなかった.世界の貧困削減への凝集力は2000年に高められ,世界に発信されたものの,2001年のアメリカ同時多発テロ事件とそれに続くアフガニスタン侵攻,イラク侵攻によって,世界の人々の

序章　世界の貧困削減への取り組みとその現状

目は安全保障に向けられ，貧困削減への関心は相対的に薄らいだ．しかし，2004年末のスマトラ島沖地震・インド洋大津波と2005年の一連の国際会議，コンサート，キャンペーンによって，貧困削減への関心は再び一定程度の盛り上がりを見せているのである．このように，一度失われかけた貧困削減への結束力が再び強まってきたことは注目に値するし，今後の世界の貧困削減への取り組みの勢いを占う意味でも重要である．そこで第1節では，2000年からの5年間の貧困削減に関する出来事を時系列的に追ってみることとする．

2000年9月の国連ミレニアム・サミットでミレニアム開発宣言が採択され，開発途上国の貧困削減を大きな国際課題とする潮流が形成された．しかしその後2001年に国際社会は大きな転機を迎えることとなった．

当時，国際開発の重大課題の一つはHIV／エイズ[1]であった．サハラ以南アフリカ諸国の中には平均寿命が大幅に低下する国[2]が現れるなど，その影響は，いくつかの国にとっては壊滅的とさえ思われた．このような状況下で2001年6月に，一つの疾病をテーマとする初の国連総会として国連エイズ特別総会が開催された．この会議においては特にHIV／エイズのための基金の必要性が訴えられ，その後「世界エイズ・結核・マラリア基金」(Global Fund to Fight AIDS, Tuberculosis and Malaria: GFATM)に結実した．この後，各国政府等々がこの基金を通じて開発途上国にHIV／エイズ，結核，マラリア対策の資金を供給するという構図ができあがった．

そんな中で，世界の耳目をそれだけに引きつけてしまうような大事件が起きた．2001年9月11日に発生したアメリカ同時多発テロ事件である．発生直後には貧困削減といった話題など全く忘れ去られて，安全保障だけが世界の関心事となる可能性もあったのである．しかし同時多発テロ事件は9月11日以降も様々な展開を見せた．直後数日の間に，炭疽菌の入った封筒が政府機関等々に送りつけられるという事件がアメリカやカナダで起こり，感染症対策が安全保障問題としていかに重要であるかが印象づけられることとなった．

このことは，2001年11月のWTOドーハ閣僚会議において，開発途上国

---

1) HIVはエイズウイルス(Human Immunodeficiency Virus)の略称であり，エイズは後天性免疫不全症候群(Acquired Immune Deficiency Syndrome: AIDS)の略称である．
2) ボツワナや南アフリカにおいては1990年代の10年間で平均寿命が10歳以上低下している．山形[2003]等を参照のこと．

のHIV／エイズ対策の追い風となった．開発途上国ばかりかカナダを始めとする先進国の一部までが，感染症の蔓延の恐れにより「公衆衛生の観点から国家的緊急事態と判断された場合」には，「知的所有権の貿易関連側面に関する協定」(Agreement on Trade-Related Aspects of Intellectual Property Rights: TRIPS協定)を「柔軟に運用してよい」とする合意の推進役となった[3]（山形[2003]）．前回1999年のシアトル閣僚会議において，WTOが押し進めるグローバル化の利益が開発途上国に及んでいないという主張が際立ち，それによって目立った成果が上げられなかったという経緯もあって，WTOドーハ閣僚会議では，先進国が貿易自由化交渉と同時に国際協力を進めなければならないことについての合意が得られた．

そして，先進国が開発途上国に協力して貧困削減を推進しなければならないという気運は2002年3月にメキシコのモントレーで開催された「国連開発資金会議」に引き継がれた[4]．この会議にはアメリカのブッシュ大統領も出席し，アメリカがミレニアム挑戦会計(Millennium Challenge Account)を創設し，貧困削減に向かう意志とそれを効率的に用いる能力を示した国には，この特別会計から支援を行うことを表明した．そしてモントレー・コンセンサスとして，全ての先進国がGDPの0.7％を政府開発援助に充てるという目標に向けて努力することを宣言した．

しかしこの貧困削減への関心は，アメリカがイラク侵攻を視野に入れたキャンペーンを開始したことで薄れていく．2002年8〜9月に南アフリカのヨハネスブルクで開催された「持続可能な開発に関する世界サミット」にブッシュ大統領は欠席し，地球温暖化防止のための京都議定書の実現に，アメリカが及び腰であることが明らかになった．その後，2003年1月にブッシュ大統領は5年間で15億ドルという大規模なエイズ対策計画である「大統領エイズ救済緊急計画」(President's Emergency Plan for AIDS Relief: PEPFAR)を発表するが，それ以外は関心のほとんどがイラク侵攻に向けられ，イラク侵

---

[3] これによってとりわけ大きな効果があったのが抗エイズ薬の価格であった．2000年初頭には1年間に一人当たり1万〜1万2000米ドル要していたものが，2001年末には開発途上国において年間350ドル（つまり1日1ドル）の費用で治療が可能となった(UNAIDS [2002])．

[4] この2002〜2003年のアメリカの貧困削減対策とイラク侵攻の間の関係の解釈としては(Sachs[2005：210-225])が興味深い．

攻は2003年3月に実行された．これにより，アメリカやイギリス等イラク侵攻に直接関わった国のみならず，日本を含め，これを支援した先進国の予算の多くが政府開発援助よりむしろイラク侵攻に対して向けられることになった．世界の関心も貧困削減より安全保障に向けられていくことになる．

一方，1991年に始まったユーゴスラビア解体に伴う紛争，ロシアのチェチェン紛争，1994年のルワンダでの大量虐殺，そして2003年2月に始まったスーダンのダルフール紛争等，国家がその国民の生命を脅かす側に回る事件が目立ってきた．そこで，1994年に国連開発計画(United Nations Development Programme: UNDP)の『人間開発報告書』で初めて提案された「人間の安全保障」(human security)という概念が再び注目を集めることとなった．緒方貞子とアマルティア・センが共同議長となって組織された「人間の安全保障委員会」が2003年に報告書(Commission on Human Security[2003])を出し，日本を始めとするいくつかの国ではこの概念を，貧困削減を実現するための一つの中心概念として捉え，政策目標として重視してきた．

そんな中で「人間の安全保障」を損なう大災害が2004年末に発生した．それはスマトラ島沖地震・インド洋大津波である．クリスマス・年末休暇の間に発生したこの災害は，東はスマトラから西はケニアまで，世界の広い地域において22万人もの犠牲者を出したと言われている．この地震・津波の被災者に対しては，世界的な歌手や俳優，スポーツ選手といった著名人が支援に名乗りを上げたことが記憶に新しい．このように「貧困削減」という概念は「安全保障」をその一部に取り込む形で，世界のより多くの共感を呼びながら展開していった．

2005年には，世界の貧困削減を念頭に置いた国際的な会議や催しが数多く開催された[5]．ミレニアム開発目標の終点が2015年に設定されていたことから，2005年は2000年と2015年の間の3分の1を経過した区切りの年に当たる．この時点で目標到達の経路から大きく離れてしまっている国々に対しては，それまで以上に集中的な支援が行われるべきだと考えられたのである．

まず1月半ばには，国連のアナン事務総長から委託を受けた国連ミレニア

---

[5] より詳しい経緯については山形[2006a]を参照のこと．

ム・プロジェクト(そのディレクターはジェフリー・サックス)が『開発への投資——ミレニアム開発目標達成のための実践的計画』(United Nations Millennium Project[2005a])と題する報告書を発表した．これは2005年初頭の時点でのミレニアム開発目標達成度の中間評価と，2015年までに全ての目標を達成するための提言を含んだものであった．1月末には世界の経済人が集まる「世界経済フォーラム年次総会」(ダボス会議)において，経済界によるアフリカ支援について，白熱した議論がなされた．これは，民間企業にとって大きなビジネス・チャンスと見なされていなかったアフリカ支援が中心的トピックとして扱われたという意味で，非常に特異であったと言える．全く同じタイミングで，世界の市民団体が主催する「世界社会フォーラム」がブラジルで開催され，貧困削減を実現するための国際社会のあり方が討議された．

2005年前半に世界の貧困削減の議論をリードしたのはイギリスであった．7月のイギリスにおける主要国(G8)首脳会議(サミット)開催を睨み，2月初めの7カ国(G7)財務相・中央銀行総裁会議でサミットのための地均しをした後，3月初めにはブレア英首相の諮問機関である「アフリカ委員会」がアフリカ開発に関する報告書(Commission for Africa[2005])を発表した．イギリスはこの報告書を元にG8サミットに臨むこととなる．

7月6〜8日にグレンイーグルスで開催されたG8サミットに先立ち，市民団体が"Make Poverty History"(貧困を過去の歴史にしよう)をスローガンとするキャンペーン[6]を行い，世界各地で「ライブ8」と題するコンサートが行われた．これにより，グレンイーグルス・サミットの重要性が世界に周知されることとなった．サミットにおいては地球温暖化対策と並んでアフリカ支援が大きなテーマとされた．サミットでは，アフリカを中心とした最貧国18カ国が世界銀行や国際通貨基金(IMF)に負っている債務の100％免除，および先進国からアフリカへのODAを5年間で倍増すること，が合意された．このようにグレンイーグルス・サミットまでの一連の会議は，9・11以降，アフガニスタン侵攻，イラク侵攻を経て，世界の人々が安全保障への関心をより高めていった流れの中で，再び世界の貧困削減への意識を強めていく一つのきっかけとなった．

---

6) 日本では「ほっとけない 世界のまずしさ」として知られている．

序章　世界の貧困削減への取り組みとその現状

　2005年のミレニアム開発目標達成のための中間評価は，9月14〜16日に国連創設60周年を記念する国連総会特別首脳会合においてなされた．この会合には約170カ国の首脳が参加した．特別首脳会議の議題は，3月にアナン事務総長が発表した報告書(United Nations[2005])に基づいている．また，この最終合意の中の国際開発に関する部分は1月のサックス報告および7月のグレンイーグルス・サミット合意を踏襲している．中でもサックス報告を受けて，①これまで援助供与の可能性を考慮して自己規制しがちであった低所得国が，真にミレニアム開発目標を達成するための野心的な貧困削減計画(Poverty Reduction Strategy: PRS)を作成し，それを国際社会もサポートすべきこと，②マラリア対策・教育・保健といった早急に対策の必要な分野には，すぐさま大規模な支援(quick impact initiatives)を実行すること，といった合意がなされたことが注目される．グレンイーグルス・サミットで合意された最貧国の多国間債務の免除は，9月25日の世界銀行・IMF合同開発委員会において実行に移された．

　国連特別首脳会合の準備の議論の中で目立ったのはアメリカが自国の政策の自由度が縛られることに関する強い抵抗であった．アメリカのボルトン国連大使(当時)は「アメリカはミレニアム宣言には署名したが，ミレニアム開発目標は支持していない」と同僚に伝えたと報道されている(*Economist* [2005])．ミレニアム開発目標は，2000年9月の国連ミレニアム・サミットでミレニアム宣言が採択された後に，数値目標と達成期限を明示して定められたものだからである．結果として，「2015年までに先進国が国民所得の0.7％を政府開発援助に充てる」という数値目標も中間評価には明記されなかった(山形[2005b])．アメリカはHIV／エイズに関する開発途上国支援でも，多国間援助機関である世界エイズ・結核・マラリア基金(GFATM)を通じた援助より，PEPFARを通じた二国間援助を指向している．また一般の開発途上国支援においても，他のドナーと援助協調を進めるよりもミレニアム挑戦会計等を通じた独自路線を歩みがちである．というわけで，イギリスや北欧諸国，国連機関等が，建前だけでも貧困削減を国際目標として先進国の結束を図ろうとしている中で，アメリカは明らかにその路線から距離を置いている．

　アメリカのこうした姿勢は，2005年12月13〜18日に香港で開催された

WTO閣僚会議でも明らかであった．WTOは貿易自由化を進める機関であるが，この会議における一つの大きなトピックは，2001年にカタールのドーハにおいて合意された「ドーハ開発アジェンダ」の推進である．中でも後発開発途上国(Least Developed Countries: LDCs)に対する無枠(数量制限の無いこと)・無税での輸入は，ミレニアム開発目標の第8番目のゴールの中の一つの重要なターゲットとされている．特に焦点とされたのが農産品，中でもいくつかの西アフリカ諸国で主要輸出品目となっている綿花であった．結果として綿花については先進国の輸出補助金を2006年内に撤廃することが合意されたが，それ以外の品目に関しては関税「撤廃」には至らなかった．というのは，この件に関する合意が「2008年までに無枠・無税の対象品目を少なくとも97%まで引き上げること」という表現に止まり，残り3%の品目については関税を撤廃する義務が課されなかったからである．先進国はこの3%の品目にLDCsとの取引額の多い品目を含めるものと思われる．例えば2005年に中国とアメリカ，EUの間の貿易摩擦に発展した繊維・衣類貿易については，バングラデシュやカンボジアといったLDCsもアメリカやEUへの輸出上位国に入っている(山形[2006b])．EUはこれらLDCsに対しかねてより無枠・無税の条件を与えているのに対し，アメリカはWTO香港閣僚会議においても，バングラデシュとカンボジアの縫製業が"extremely competitive"だと評して，無税で輸入することに強い難色を示した．

　これ以降2006年中も，WTOを通じた貿易自由化の動き，および貿易を通じたLDCs向けの支援の動きの双方が停滞を余儀なくされている．先進諸国のODA増加の動きも散発的であり，日本はむしろ消極的な姿勢であると評価されている．2000年，そして2005年にいったん盛り上がった国際開発の潮流が今後どのように変化していくかによって，開発途上国の貧困層の生活は大きく変わる可能性がある．そして日本は2008年のG8サミットを主催するに際して，この潮流の中でどのような立場を採るかを明確にせざるを得ず，それによって世界が日本を見る目も変わっていくことになると考えられる．

第2節　国際目標としての貧困削減

　第1節で述べたような国際潮流の変化は，いくつかの背景に依存している．今後の貧困削減に関する国際潮流を占うためには，この背景を理解することが必要である．そこで第2節では，貧困削減を国際目標として支えるいくつかの要因について整理する．具体的には以下のような三つの要因が作用していると考えられる．

　第一の要因は至極当然のことであるが，貧困削減が本来の意味で，現在でも国際社会への重大な挑戦として残されているという事実である．HIV／エイズ等の感染症の蔓延や武力紛争の激化そして災害の勃発により，2000年以降でも世界のかなりの数の人々が生活水準の大幅な低下を経験した．前述のように1990年代にはHIV／エイズがいくつかのサハラ以南アフリカ諸国の平均寿命の大幅な低下を引き起こす要因となった．一方，結核，マラリアも毎年100万人以上の人々の命を奪っていると推定されている．どちらの感染症の場合も，HIV／エイズの場合と同様に，治療薬に対する耐性を持つ病原体の出現により，その影響の深刻さが増大している．この他，2002～2003年に発見されてアジア地域を中心に拡大した重症急性呼吸器症候群(Severe Acute Respiratory Syndrome: SARS)および1997年以降今日まで度々流行が起こっている鳥インフルエンザに代表される新興感染症対策も今や世界的急務とされている(山形[2005a])．

　また，新ミレニアムに入ってからも大規模な災害や武力紛争が多数の犠牲者を出している．22万人の犠牲者を出したと言われる2004年12月のインド洋大津波は記憶に新しい．その後も2005年にパキスタン，インドで大規模な地震が発生するなど，多くの人々の生活水準を一挙に低下させてしまう災害が頻発している．同様に，紛争も減少する気配がない．武内[2003]によれば，第二次大戦後の武力紛争は，植民地解放闘争，内戦，国家間戦争の分類における内戦の割合が圧倒的に増加している．内戦が頻発している一方で，2001年9月11日のアメリカ同時多発テロ事件が起こり，その後10月以降のアメリカのアフガニスタン侵攻，2003年3月以降のアメリカ，イギリス，オーストラリア等によるイラク侵攻が続いた．これらによって民間人にも大

きな犠牲が生じている.このように,開発途上国を中心とする貧困の問題が深刻な状態に置かれている中で,感染症,天災,紛争といった人々の生活水準に甚大な影響を与える問題が発生した結果として,貧困削減の課題の重要性は新ミレニアムに入って,より高まっているとさえ言えるのである.

開発途上国の貧困削減への凝集力を支える第二の要因は,開発途上国の先進国に対する交渉力の高まりである.言い換えれば,開発途上国との協力の必要性に関する先進国の認識が高まっている.1991年の湾岸戦争以来,アメリカ等先進国を中心とする国々の大規模な軍事介入が頻繁に見られるようになった.北大西洋条約機構(North Atlantic Treaty Organization: NATO)による1994年のボスニア空爆,1999年のコソボ・セルビア空爆,そして前述のアメリカによる2001年のアフガニスタン侵攻,2003年のイラク侵攻は,その度毎に介入する側の正当性が問われてきた.国連その他の舞台で開発途上国を含む国際社会の支持がなければ武力介入の正当性が薄れ,この間武力介入をリードしてきたアメリカの突出感が際立つこととなった.それは武力介入の対象になった国々に共感を持つ人々にアメリカを攻撃の標的として強く意識させる原因となり,アメリカ同時多発テロ事件の遠因となったと言える[7].今後,これら軍事介入に関するアメリカの突出という世界の人々の認識を薄めるためには,開発途上国を含む世界の国々との広範な友好関係が必要とされるのである.事実アメリカは,同時多発テロ以降,サハラ以南アフリカの友好関係を取り付けるような外交を強化しているように見える(*Economist*[2002]).

また,開発途上国の交渉力の高まりは,世界貿易機関(World Trade Organization: WTO)の閣僚会議の際にも顕著に見られるようになっている.1999年のシアトルにおけるWTO閣僚会議では,グローバリゼーションが開発途上国にもたらす恩恵の小ささが問題にされ,大きな成果を上げることができなかった.2001年にカタールのドーハで行われた閣僚会議においては,それまで「ラウンド」と呼んでいた貿易自由化交渉を,開発途上国の開発により大きな重点を置いた「開発アジェンダ」と呼び直すことに象徴されるように,開発途上国の発言力の向上が顕著であった(箭内[2006]).このこ

---

7) *Economist*[2001]を参照.

とから先進国が自国の利益にもなる貿易自由化を進めるためには，開発途上国の貧困削減に，これまで以上に注力する姿を示すことが必要となったのである．

　第三の要因は，公共部門の民営化が進んだ結果，各国の援助機関も国連機関を始めとする国際機関も新公共管理(New Public Management)[8]という経営手法を採用せざるを得なくなったことである．援助機関，国際機関は公共機関である．公共機関のパフォーマンスが全般的に問題視されるようになり，どこの機関でも新公共管理を援用して，成果主義が採用されることとなった．成果主義は，目的とその目的の達成度を測る指標を明確にして，その指標の改善があったかどうかの評価を徹底して行うことを基本とする．したがって，援助機関，国際機関も自らの活動の目標・目的を明確にすることを要請されることとなった．一般的に言って，どの援助機関，国際機関も良かれ悪しかれ，それらの母体となる構成員(ここでは stakeholders を意味している)の利害得失が，行動原則の(少なくとも)一部を支配している．しかしそのような利己的動機は，いやしくも国際開発を標榜する機関においては，せいぜい二義的あるいは副産物的位置づけをされるのが通常であって，それを国際開発の第一の目標・目的に掲げるのは，体裁上難しい．このことから，世界の人々のコンセンサスとなりうる目標として，貧困削減が選ばれたと解釈することができる．

　このように，2000年以降，様々なアクターがそれぞれの思惑から貧困削減を支持してきたのであるが，それによって貧困削減の実績は上がっているのだろうか．次節でそれをデータを用いて確認する．

第3節　世界の貧困削減の現状

　かつて国際開発の度合いは一国レベルで集計されたデータのみが利用可能で，代表的な開発指標は実質一人当たり所得[9]であった．しかし新ミレニア

---

　8)　新公共管理については小池[2001]等を参照のこと．
　9)　かつては「実質化」も，ある国の異なった時点の国内総生産を，基準時点の価格で評価する，ということに止まっており，複数の国の間の国内総生産を一つの「価格セット」で評価するということは行われていなかった．Summers and Heston[1991]に代表される論文で示されているグループの人々の努力により，異時点間の複数の国の国内総生産を一つの「価格

表1　ミレニアム開発目標

目標1	極度の貧困と飢餓の撲滅
目標2	普遍的初等教育の達成
目標3	ジェンダーの平等の推進と女性の地位向上
目標4	幼児死亡率の削減
目標5	妊産婦の健康の改善
目標6	HIV／エイズ，マラリア，その他の疾病の蔓延防止
目標7	環境の持続可能性の確保
目標8	開発のためのグローバル・パートナーシップの推進

出所）　国連開発計画東京事務所ホームページ
　　　（http://www.undp.or.jp/aboutundp/mdg/mdgs.shtml）．

ムに入ってからは，家計を調査単位としたミクロ・データがかなり多くの開発途上国で利用可能となっており，これらミクロ・データに基づいた貧困指標が，一国内の地域レベル，国レベル，世界レベルでも推計されている（Deaton[1997]，黒崎[1998]，黒崎・山形[2003]，山崎[1998]）．これによって，世界の貧困削減の動向が以前より正確に把握されることとなった．以下ではミレニアム開発目標の目標1から7までの達成度を，地域別に検討する（ミレニアム開発目標については，表1を参照）．

1．極度の貧困と飢餓の撲滅

　所得貧困の削減はミレニアム開発目標の中でも最も頻繁に言及される目標である．1990年の時点での貧困人口比率を2015年までに半減させることが具体的目標とされている．表2に世界の開発途上地域の1990年，2002年における貧困人口と貧困人口比率を示した．ここで貧困人口は1日1ドル以下の生活を送る人々と定義されている．この定義で言えば，1990年に最も大きな貧困人口を抱える地域は東アジアで，4.7億人が貧困状態にあった．中でも中国にはその4分の3以上の3.8億人が住んでいた．これに次ぐ地域が南アジアで，貧困人口は4.6億人であった．そしてサハラ以南アフリカでは2.3億人が貧困状態で生活していた．これら3地域で世界の貧困人口の9割以上を占めていた．

　しかしその後この3地域は，それぞれに特徴的な推移を示すこととなった．

セット」で評価することが可能となった．このようにして算出される実質国内総生産は「購買力平価（Purchasing Power Parity: PPP）で評価した実質国内総生産」と呼ばれている．

表2　貧困人口と貧困人口比率

	貧困人口(100万人)		貧困人口比率(%)	
	1990年	2002年	1990年	2002年
東アジア・太平洋諸国	472	214	29.6	14.9
中国	375	180	33.0	16.6
その他	97	34	21.1	10.8
南アジア	462	437	41.3	31.3
ヨーロッパ・中央アジア	2	10	0.5	3.6
中東・北アフリカ	6	5	2.3	2.4
サハラ以南アフリカ	227	303	44.6	46.4
ラテンアメリカ・カリブ諸国	49	42	11.3	9.5
世界全体	1,218	1,011	27.9	21.1
中国を除く	844	831	26.1	22.5

出所）World Bank[2006:9].

　最新のデータである2002年の数値を見ると，まず東アジア・太平洋諸国の貧困人口は1990年の水準と比べて半分以下に減少していることが見て取れる．そして南アジアは同じ期間に貧困人口が4.6億人から4.4億人へと減少している．また，中東・北アフリカ，ラテンアメリカ・カリブ諸国でも貧困人口が減少していることが確認できるが，その一方で，サハラ以南アフリカは2.3億人から3.0億人へと，またヨーロッパ・中央アジアでも200万人から1000万人へと増加している．これらに対応して，貧困人口の総人口に対する比率である貧困人口比率は，東アジア・太平洋諸国が1990年の29.6%から2002年の14.9%へ大幅低下を実現しているほか，南アジアでも同期間に41.3%から31.3%へと目に見えて低下している．これに対してサハラ以南アフリカの貧困人口比率は44.6%から46.4%へとむしろ上昇している．
　ここで，東アジア・太平洋諸国においてはミレニアム開発目標の最初のターゲットを2002年の時点でほぼ達成していることが注目される．中国のみならず中国以外の東アジア・太平洋諸国でも貧困人口比率がほぼ半減している．2002年は1990年から数えて12年目で，2015年までの約半分が経過したことになる．世界全体としては27.9%から21.1%へ約7%貧困人口比率が低下している．しかし残り13年しかないことを思うと，世界の貧困削減目標達成のためには，国際社会のより手厚い支援と同時に，それぞれの国における持続的成長のための戦略が必要であることが明白である．この間，中

表3 初等教育純就学率(%)

	1990年または1991年	2003年または2004年
東アジア	98	94
東南アジア	92	93
南アジア	72	89
西アジア	80	83
独立国家共同体：アジア	84	92
独立国家共同体：ヨーロッパ	91	90
北アフリカ	81	94
サハラ以南アフリカ	53	64
ラテンアメリカ・カリブ諸国	86	95
オセアニア	74	80
開発途上地域全体	79	86

出所) United Nations[2006:6].

国を初めとする東アジアが達成したような高成長が実現すれば，労働需要増を通じて貧困層にも雇用増や賃金上昇といった形で利益が及ぶことが期待される．

2. 普遍的初等教育の達成

第2の目標である初等教育の普遍化は，かなりの程度達成されつつある．初等教育就学率は開発途上国全体では1990/91年に79%であったが，2003/04年には86%にまで上昇している(表3)．サハラ以南アフリカを除けばどの地域も2003/04年には就学率が80%以上となっており，多くの地域では90%台に達している．サハラ以南アフリカは1990/91年にも53%というかなり低い値を示しており，それから11%ポイント改善して2003/04年には64%となったものの，いまだに他地域にかなり後れをとっている．

このようにサハラ以南アフリカ以外の地域では，数値だけ見れば就学率がかなりの程度上昇し，頭打ちになっているのであるが，この統計的事実はこれらの地域において十分な初等教育が授けられていることを必ずしも意味しない．生徒は学校に通っているが先生が休みがちである，入学はしたが卒業できずに中途退学した，学校に通っていても字が読めない，などといった問題を解決し，教育の質を充実させることが現在求められている(Banerjee et al.[2005], *Economist* [2006])．

表4 学齢に達したにもかかわらず小学校に通学していない児童の割合
（1996〜2004年の間の最新データ：%）

	女子	男子
東アジア	1	1
東南アジア	10	10
南アジア	29	22
西アジア	22	16
独立国家共同体：アジア	15	15
独立国家共同体：ヨーロッパ	11	12
北アフリカ	14	12
サハラ以南アフリカ	42	38
ラテンアメリカ・カリブ諸国	8	7
オセアニア	26	18
開発途上地域全体	22	18

出所）United Nations[2006：7].

3．ジェンダーの平等の推進と女性の地位向上

　第3の目標は，男女の格差を無くし，女性の地位を向上させることである．この目標を達成するためのターゲットとして最も注目されているのが，学齢児の就学率の男女格差である．表4は，学齢に達したにもかかわらず小学校に通っていない子どもの割合を示している．開発途上国全体としてみると，男子が18%なのに対して女子が22%と，いまだに男女格差が存在している．東アジアにおいては男女とも1%にまで低下していて格差がない．同様にラテンアメリカ・カリブ諸国においては女子が8%，男子が7%と，全体の値が低くて格差も少ない．格差が比較的大きいのは南アジア，西アジア，サハラ以南アフリカ，オセアニアである．

　この他，男女の賃金格差，国会議員の数の男女格差もターゲットとされているが，解消にはまだほど遠い状況である(United Nations[2006：8-9])．

4．幼児死亡率の削減

　第4の目標である幼児死亡率の削減については，2015年の値を1990年の値の3分の1にまで低下させる，というターゲットが設定されている．開発途上国全体で言えば，1990年には出産数1000に対して106人の子どもが5歳未満で死亡していたのを2015年までに35人にまで減らすことを意味する．

表5 5歳未満幼児死亡率（出産数1000に対する割合：‰）

	1990年	2004年
東アジア	48	31
東南アジア	78	43
南アジア	126	90
西アジア	69	58
独立国家共同体：アジア	83	78
独立国家共同体：ヨーロッパ	28	20
北アフリカ	88	37
サハラ以南アフリカ	185	168
ラテンアメリカ・カリブ諸国	54	31
オセアニア	87	80
開発途上地域全体	106	87

(出所) United Nations[2006：10].

1990年から約15年経過した2004年において，まだ87人にしか低下していない(表5)．2015年までの残り約10年で，87人-35人=52人分の死亡率の低下が求められている．

ターゲットに向けての死亡率低下が最も進んでいるのは北アフリカである．1990年の率が88人であるから，これを29人にまで下げるのがターゲットであるが，2004年の時点で既に37人にまで低下している．ラテンアメリカ・カリブ諸国も比較的パフォーマンスがよく，値は54人から31人に低下した．これに東アジア(48人から31人へ)，東南アジア(78人から43人へ)が続く．ヨーロッパの独立国家共同体の場合は，1990年の値が28人と既に低く，それを3分の1にまで低下させるのは容易ではないが，既に20人にまで減少している．これら以外の国々は，ターゲット達成のために，これまで以上の努力が必要である．

5. 妊産婦の健康の改善

目標5の「妊産婦の健康の改善」に関する最も直接的な指標は妊産婦死亡率である．しかしこの指標は最新の値が2000年の数値に止まっている．

妊産婦の健康の改善は，ミレニアム開発目標の中でも達成が難しい目標の一つと見られている(United Nations[2006：12])．表6によれば，出産10万件に対する妊産婦死亡数は先進地域が20件なのに対して，開発途上地域はその22倍の440件である．また女性が出産が理由で死亡する確率は，先進地

表6 妊産婦死亡率および生涯出産死亡確率(2000年)

	出産10万件に対する妊産婦死亡数	出産が理由で死亡する確率
先進地域	20	1/2800
開発途上地域	440	1/61
アフリカ	830	1/20
アジア	330	1/94
ラテンアメリカ・カリブ諸国	190	1/160
オセアニア	240	1/83
世界全体	400	1/74

注）「出産10万件」は死産を除いている．
出所）United Nations Millennium Project[2005b:79].

域では2800人に1人なのに対して，開発途上地域では61人に1人である．妊産婦死亡率が最も高いのはやはりアフリカである．アフリカの妊産婦死亡率は10万件に対して830件であり，女性20人に1人が，出産が理由で死亡している．アフリカの妊産婦死亡率の高さは開発途上地域の中でも飛び抜けている．アフリカ以外のアジア，ラテンアメリカ・カリブ諸国，オセアニアの妊産婦死亡率がいずれも開発途上地域平均の440を下回っていることが注目される．

6. HIV／エイズ，マラリア，その他の疾病の蔓延防止

エイズウイルス(HIV)が1981年に発見されて以来，後天性免疫不全症候群(エイズ)は世界的な広がりを見せた．開発途上国においてもHIV／エイズの広がりは深刻で，前世紀末から今世紀初めに至るまで，国際社会への大きな挑戦と考えられている．また，これまで長い間，開発途上国の人々の大きな脅威とされてきたマラリア，結核といった感染症も，年々多くの人々の命を奪っているうえに，近年ではこれまで効力を持っていた薬剤に対する耐性を持った病原体が現れた．さらに重症急性呼吸器症候群(SARS)のような全く新しい感染症が発生したり，それまでヒトには感染しなかった鳥インフルエンザがヒトに感染するよう変異するなど，感染症問題は現代の人類への大きな課題とされている．これら全く新しい感染症と，深刻さを増した旧来の感染症を併せて新興再興感染症(emerging/re-emerging infectious diseases)という捉え方がなされている(岡部[2004])．

表7 成人エイズウイルス感染率とエイズによる死亡者数(2005年)

	成人(15～49歳)感染率(%)	エイズによる死亡者数(万人)
アジア	0.4	60.0
中東,北アフリカ	0.2	3.7
東ヨーロッパ,中央アジア	0.8	5.3
サハラ以南アフリカ	6.1	260.0
北米,西・中央ヨーロッパ	0.5	3.0
ラテンアメリカ	0.5	5.9
カリブ諸国	1.6	2.7
オセアニア	0.3	0.3
世界全体	1.0	280.0

出所) UNAIDS[2006:13].

ミレニアム開発目標のゴール6には,HIV／エイズとマラリアおよび「その他疾病」との闘いが挙げられている.具体的にはHIV／エイズやマラリアの感染の広がりを2015年までに食い止め,むしろ感染範囲を縮小させることが掲げられている.

表7は世界各地域の成人HIV感染率と,エイズによる死亡者数の推定値を示している.世界の成人(15～49歳)のうち約1%がHIVに感染しているのであるが,サハラ以南アフリカにおける感染率が世界平均の6倍にも達していることがわかる.また世界のエイズによる年間死亡者280万人のうち260万人がサハラ以南アフリカの人々である.このように,特にサハラ以南アフリカにおいてHIV／エイズの問題が深刻であることが容易に見て取れる.

サハラ以南アフリカにおけるHIV／エイズ問題について世界がただ手をこまねいていたわけではない.抗HIV剤の価格切り下げと広範な普及のために様々な対策が採られた(河野[2005]).これによってケニア,ジンバブウェといった国々において感染率は低下し,サハラ以南アフリカにおける感染率も頭打ちになっている(United Nations[2006:14]).しかし表7で確認したように,今もってHIV／エイズ問題の深刻さは明らかである.抗HIV剤の普及およびそれを扱うことのできる医療人材[10],設備の確保,そしてエイズワクチンの開発が,依然として急務である.

---

10) 特に医療人材の確保についてはWHO[2006]を参照のこと.

表8 改善したトイレを利用できる人口の割合(%)

	1990年	2004年
東アジア	24	45
東南アジア	49	67
南アジア	20	38
西アジア	81	84
独立国家共同体(アジア・ヨーロッパ)	82	83
北アフリカ	65	77
サハラ以南アフリカ	32	37
ラテンアメリカ・カリブ諸国	68	77
オセアニア	54	53
開発途上地域全体	35	50

注)「改善したトイレを利用できる人口」とは,排泄物に動物や昆虫が接触できないよう措置されたトイレを利用できる人々の数のことを指す.ただしそのトイレも,公衆トイレではなく私的所有または数世帯共有のトイレでなければならない.国連開発計画の『人間開発報告書』では「改善した衛生設備」と表記されている.

出所) United Nations[2006:18].

7. 環境の持続可能性の確保

　ミレニアム開発目標の7番目は環境保全である.環境問題は地球レベルの温暖化問題から,森林保全,砂漠化防止,大気・水汚染防止といった国・地域レベルの問題,そして生活環境に関わる問題まで多岐にわたっている.以下では,中でも貧困層の保健水準に直結する衛生設備の改善の状態を取り上げる.
　表8は「改善したトイレ」を利用できる人口の全人口に占める割合を示している.目標7の一つのターゲットは「改善したトイレ」を利用できる人口の割合を,2015年までに1990年の水準から2倍にすることとされている.表8によれば,2004年現在で開発途上国全体において改善したトイレを使っている人々の割合はちょうど50%で,2015年の目標の70%にはまだかなり差があることがわかる.この指標についても2004年の時点で値が最低なのはサハラ以南アフリカで37%に過ぎない.その次に低いのは南アジアであるが,この地域の1990年の値は20%とかなり低かったので,2004年の数値(38%)でも2015年の目標値である40%に近い値にまで改善が進んで

いることが興味深い．また，2004年に世界で3番目に低い値を示しているのが東アジアであることも特筆される．東アジアは排泄に関わる衛生面については，まだまだ低水準であることが明らかである．

おわりに

　2000年に新ミレニアムに入ったことを契機とし，貧困削減が国際目標として掲げられたことには大きな意義があった．国際目標は掲げただけで尊重されるとは限らないのであって，それを実現に移すための強い力が作用して初めて重要視される．貧困削減は，それ自体の重要性もさることながら，国際政治状況，開発途上国の交渉力の向上，成果主義の普及といった条件が重なり合って，宣言から5年間，国際目標としての位置づけを維持し続けている．9・11やそれに続くテロ事件といった大きな攪乱要因が発生したのであるが，それによって関心が完全に薄れることはなかった．

　そのような状況下で，中国やインド経済の高成長を背景に，東アジアと南アジアが貧困削減を進め，いくつかのミレニアム開発目標の達成に近づいた．これに対してサハラ以南アフリカは大きな進展を示していない．HIV／エイズやマラリアについては抗HIV剤，抗マラリア剤の開発と普及によって一筋の光が射し込んでいるものの，問題の重要性は依然として高い．東アジア，南アジアが具現しつつある貧困削減への確かな流れを，サハラ以南アフリカにもたらすことが，ミレニアム開発目標達成への鍵となる．

参 考 文 献

〔日本語文献〕

岡部信彦[2004],「新興再興感染症」(岡部信彦編『からだの科学 増刊 新興再興感染症：SARS の教訓』日本評論社, 1～2ページ).
黒崎卓[1998],「農業と家計：個票データによる農村経済の総合分析」(『アジ研ワールド・トレンド』No. 40, 11月, 17～20ページ).
黒崎卓・山形辰史[2003],『開発経済学：貧困削減へのアプローチ』日本評論社.
小池治[2001],「開発途上国のガバナンスと行政改革」(『季刊行政管理研究』No. 96, 12月, 24～39ページ).
河野健一郎[2005],「エイズ政策のグローバルトレンド」(牧野久美子・稲場雅紀編『エイズ政策の転換とアフリカ諸国の現状——包括的アプローチに向けて』日本貿易振興機構アジア経済研究所, 1～39ページ). (http://www.ide.go.jp/Japanese/Publish/Topics/pdf/52_01.pdf).
武内進一[2003],「アジア・アフリカの紛争をどう捉えるか」(武内進一編『国家・暴力・政治：アジア・アフリカの紛争をめぐって』日本貿易振興機構アジア経済研究所, 3～37ページ).
箭内彰子[2006],「通商ルール形成における『開発』視点」(『アジ研ワールド・トレンド』No. 132, 9月, 4～7ページ).
山形辰史[2003],「HIV／エイズ, 結核, マラリアの予防薬・治療薬開発」(平野克己編『アフリカ経済学宣言』日本貿易振興機構アジア経済研究所, 385～418ページ).
――[2005a],「国際公共財としての感染症対策」(『フィナンシャル・レビュー』通巻第75号, 2月, 171～191ページ). (http://www.mof.go.jp/f-review/r75/r75_171_191.pdf).
――[2005b],「国際協力ニュース：ミレニアム開発目標, 5年後の仕切り直し」(『Monthly JICA』第2号, 11月, 26～27ページ). (http://www.jica.go.jp/jicapark/monthly/0511/pdf/01.pdf).
――[2006a],「貧困削減の道半ば——エコノミストの視点から」(『アフリカレポート』(特集：ミレニアム開発目標とアフリカ), No. 42, 2006年3月, 3～7ページ).
――[2006b],「繊維製品貿易——自由化の帰趨」(『アジ研ワールド・トレンド』No. 125, 2月, 20～23ページ).
山崎幸治[1998],「貧困の計測と貧困解消政策」(絵所秀紀・山崎幸治編『開発と貧困：貧困の経済分析に向けて』アジア経済研究所, 73～130ページ).

参考文献

〔外国語文献〕

Banerjee, Abhijit, Shawn Cole, Esther Duflo and Leigh Linden[2005], "Remedying education: evidence from two randomized experiments in India," National Bureau of Economic Research(NBER) Working Paper 11904, Cambridge: NBER.

Commission on Human Security[2003], *Human Security Now*, New York: Commission of Human Security(人間の安全保障委員会事務局訳『安全保障の今日的課題 人間の安全保障委員会報告書』朝日新聞社, 2003年).

Deaton, Angus[1997], *The Analysis of Household Surveys: A Microeconometric Approach to Development Policy*, Baltimore and London: Johns Hopkins University Press.

Commission for Africa[2005], *Our Common Interest*, London: Penguin Books.

Economist, The[2001], "The perpetrators: Who did it?," September 13, Internet Edition.

―― [2002], "Foreign aid: a feast of giving," Asia Pacific Edition, March 23, p. 69.

―― [2005], "The UN's Millennium Development Goals: aspirations and obligations," Asia Pacific Edition, September 10, pp. 65-66.

―― [2006], "Economics focus: is our children learning?," Asia Pacific Edition, July 15, p. 68.

Sachs, Jeffrey D. [2005], *The End of Poverty: Economic Possibilities for Out Time*, New York: Penguin Press.

Summers, Robert and Alan Heston[1991], "The Penn World Table(Mark 5): an expanded set of international comparisons, 1950-1988," *Quarterly Journal of Economics*, Vol. 162, Issue 2, May, pp. 327-368.

UNAIDS(Joint United Nations Programme on HIV/AIDS)[2006], *2006 Report on the Global AIDS Epidemic*, A UNAIDS 10th Anniversary Special Edition, Geneva: UNAIDS.

United Nations[2005], *In Larger Freedom: Towards Development, Security and Human Rights for All*, New York: United Nations. (http://www.un.org/largerfreedom/contents.htm).

―― [2006], *The Millennium Development Goals Report 2006*, New York: United Nations. (http://unstats.un.org/unsd/mdg/Resources/Static/Products/Progress2006/MDGReport2006.pdf).

United Nations Millennium Project[2005a], *Investing in Development: A Practical Plan to Achieve the Millennium Development Goals*, London and Sterling, VA, USA: Earthscan.

United Nations Millennium Project, Task Force on Child Health and Maternal Health[2005b], *Who's Got the Power? Transforming Health Systems for Women and Children*, London and Sterling, VA, USA: Earthscan.

World Bank[2006], *Global Economic Prospects 2006*, Washington, D.C.: World Bank.

World Health Organization(WHO)[2006], *The World Health Report 2006: Working Together for Health*, Geneva: WHO.

第Ⅰ部

雇用を通じた貧困削減

第 1 章

雇用を通じた貧困削減
―― 国際比較研究 ――

東方孝之・山形辰史

はじめに

新千年紀に入り貧困削減に再び大きな注目が集まっている．2000年9月に開催された国連ミレニアム・サミットを契機として，8項目からなるミレニアム開発目標(MDGs)が掲げられ，国際的には開発の第一目標として貧困削減が挙げられるようになった．しかし，MDGs達成のために強調されているのはどちらかと言えばBhagwati[1988]が "Direct Route" と呼ぶ，教育，保健等に関する直接的支援であり，"Indirect Route" すなわち貧困層の所得の成長を通じた貧困削減というメカニズムには焦点が当てられていない．これまで積み重ねられてきた実証分析をみると(Ravallion[2001], Dollar and Kraay[2002], Besley and Burgess[2003])，長期的には経済成長と貧困削減との間には強い正の相関があることが明らかとなっているが，短期的にはすべての国において貧困層が経済成長の「トリックル・ダウン」の恩恵にあずかっているわけではない(Kakwani[2000], Kakwani and Pernia[2000])．そこで短期的にも貧困層に果実をもたらすような経済成長(pro-poor growth)のあり方が，現在問われている．

経済発展の古典的研究であるClark[1957]やKuznets[1966]は，経済発展における産業構造変化の役割に着目した．その結果，一人当たり所得の増加とともに，第2次産業の国民所得に占めるシェアが増加し，第1次産業のシェアは減少するということを見出した[1]．このことから，経済発展において工業部門が大きな役割を果たした，と認識されてきた．

本章はこうした初期の経済発展戦略研究から着想を得て，その方法論を貧困削減分析に応用したものである．これまでの過去の経験を振り返ってみた

---

[1] 上述の先駆的研究に追随し，統計的事実を裏づけたものとして，Chenery and Taylor[1968], Chenery and Syrquin[1975], Chenery et al.[1986]がある．

時，どの生産部門が，どのような役割でもって，低所得国を貧困削減へと導いてきたのだろうか．そうした経験を参考にすれば，貧困削減をリードした産業の役割を促進するような開発戦略を考え得るのではないか．これらが本章の取り組む中心課題である．

同様な観点から分析を行った実証研究としては，Ravallion and Datt[1996]がある[2]．彼らはインドの1951年から1991年にかけての家計データ[3]を用いて分析し，「第1次産業ならびに第3次産業の成長は都市・農村のどちらにおいても貧困を削減したが，第2次産業の成長はどちらにおいても貧困を削減しなかった」と結論づけている．ただし，Eswaran and Kotwal[1994]がそのタイトル Why Poverty Persists in India? で表しているように，Ravallion and Datt[1996]が分析対象とした期間は，インドにおいて貧困削減が他の東アジア諸国と比較して効果的に進まなかった時期である[4]．貧困削減のスピードが遅々としていた時期に，どの産業が貧困削減をリードしたのかを分析するには自ずから困難があるだろうと考えられる．実際，Foster and Rosenzweig[2004]は，Ravallionらとは異なる家計データ[5]を用いて，インドの経済成長率が高まった1990年代後半をも分析対象とした結果，非農業部門の成長が農村部における所得向上に重要な役割を果たした，と結論づけている．

このような趣旨の研究はインドに限定せず，可能な限り多くの開発途上国および現在の先進国[6]の経済発展のプロセスを対象に行う必要がある．国際比較にとりくんだ先行研究としては栗原・山形[2003]がある．これは人口センサスならびに労働力調査といった2次データを用いて9カ国を対象に分析を行ったものである．教育水準を基準として貧困層を定義した上で，貧困削減に成功した国・地域では，貧困層のみに分析の範囲を限定しても，製造業部門で働く労働者の割合が増加していること，その一方で，農業部門のシェ

---

2) Klasen[2004]やLipton and Ravallion[1995]もまたこの問題の重要性を指摘している．
3) National Sample Survey Organization(NSSO)のデータ．
4) インドは1991年以降に経済安定化と経済自由化を本格的に進める構造調整政策を進め，1992〜1997年(第8次5カ年計画期)の成長率はそれ以前を上回る平均6.7%となっている[木曽 2003：2-3]．
5) National Council of Applied Economic Research(NCAER)のパネル・データを用いて分析している．
6) 日本を事例とした分析については第2章の内村論文を参照のこと．

アは減少してきたことを明らかにしている．そしてこれらの国・地域は輸出指向型労働集約的産業の育成に成功していることから，こうした産業を育成することが貧困削減につながりうる，と結論づけている．

　本章は基本的には栗原・山形[2003]の分析方法を踏襲して，各国の雇用の構造変化を分析したものであるが，三つの点でより踏み込んだ分析を試みている．第一に，新しい分析概念として，部門別の相対的貧困密度（集約度）を加えている．第二に，いくつかの国（タイ，メキシコ，ケニア）については，教育水準に加えて，所得や支出を基準に貧困層を定義し，同様の分析を試みている．第三に，対象国の範囲を広げて，合計14カ国を分析している．

　主な分析結果は，以下の3点にまとめられる．第一に，1970年からの約30年間にアジアにおいては，全就業者に占める農業部門従事者の割合が減少する傾向にあったということである．対照的にアフリカでは，このような傾向が一般的には観察されなかった．換言すれば，アジアにおいてはClark[1957]やKuznets[1966]が現在の先進国で過去に見出した傾向が再現されており，アフリカではその傾向が未だ見られない，ということである．第二に，貧困削減に成功した国・地域——その多くがアジアに属している——では概ね，そうでない国・地域と比較して，工業部門が農業部門から労働者を相対的に多く吸収する傾向が観察された．そしてその傾向は貧困層のみを分析対象とした場合においても妥当した．つまり，貧困削減に成功した国・地域において，貧困層の雇用の成長率は，工業部門が農業部門を上回っていた．この傾向は，貧困層を教育水準で定義した場合も支出・所得水準で定義した場合にも確認された．これは栗原・山形[2003]の主要な結論を裏づけ，補強するものである．第三に，対象とした全ての国・地域において，どの観察時点においても農業部門の相対的貧困密度が全産業平均を上回っており，なおかつその値は上昇する傾向にあった．つまり，農業部門は他の部門に比べて就業者に占める貧困層の割合が高く，しかもその比率は年々上昇する傾向にあったということである．以上三つの分析結果から導かれる工業と農業の役割分担は以下の通りである．工業部門は，経済全体のみならず貧困層に分類される労働力に対しても，高い成長率の雇用機会を提供する貧困削減の牽引役であった．これに対し農業部門は，工業部門やサービス産業部門に移ることのできなかった貧困層の受け皿としての役割を果たし続ける，というもので

ある.このように一国の貧困削減のプロセスにおいて,農業,工業両部門はそれぞれに別個の役割を果たしながら,貧困層の生活を支えていく,というストーリーが描かれる.

以下,本章の構成は次の通りである.第1節では1970年から2000年前後までの約30年間におけるアジアとアフリカ各国の雇用の構造変化と貧困人口比率との関係を確認する.第2節では全体の雇用の構造変化ならびに貧困層の雇用の構造変化を分析するためのフレームワークを説明し,第3節でそのフレームワークを用いた国別分析を行う.最後に本章の分析で得られた結果をまとめる.

第1節　雇用の構造変化と貧困削減

土地無しの貧困層にとって,労働力は彼らの持つ唯一の資源である.したがって,どの生産部門が彼らに雇用機会を提供しているか,または提供する潜在力があるか,ということが彼らの所得水準,ひいては厚生水準に決定的な影響を与えることになる.したがって本節ではまず開発途上国全般について,雇用からみた産業の構造変化と貧困削減との関係を簡単に確認することにしたい.Sala-i-Martin[2002]は各国の所得分布,一人当たり所得といったデータを用いて,1970年から1998年にかけての4時点における貧困者数,貧困人口比率を推計している.本節ではその推計値を利用して農業部門就業者割合の変化との関係を確認することにしたい[7].

図1はアジアの12カ国について,図2はアフリカの20カ国について,貧困人口比率を縦軸に,農業部門就業者割合を横軸にとって時間を通じた両者の関係を描いたものである.アフリカについては1970年前後ならびに1998年前後の労働力データが入手できない国が多かったため,それが変化を見かけ上少なくしている場合があるが,二つの図を見比べると,アジアでは貧困

---

7) Sala-i-Martin[2002]は,1ドル/日,2ドル/日の貧困線を用いて貧困者数,貧困人口比率を推計しているが,本章では2ドル/日の推計値を用いている.その理由は,1ドル/日の貧困線を用いた場合には,アジアの多くの国において,1980年から90年の間に,貧困者数がほとんどゼロと推計されていること,また,次節でより詳しく分析する国のうち後発開発途上国(Least Developed Countries: LDC)に指定されているのはエチオピアのみであるので,その他の分析対象国においては対象期間中に,2ドル/日以上の生活水準で暮らす非貧困層がかなりの数に上ること,などによる.

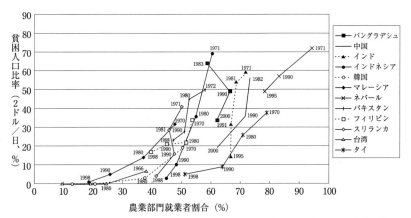

注) 図中の数字は何年の就業者データを用いたかを示す．可能な限り貧困人口比率推計値(1970年，1980年，1990年，1998年)に近い年の就業者データを採用した．
出所) 貧困人口比率はSala-i-Martin[2002]，農業部門就業者割合は，ILO[1975][2003]ならびに各国データ(章末データ一覧参照)．

図1 農業部門就業者割合と貧困人口比率 ── アジア(12カ国)

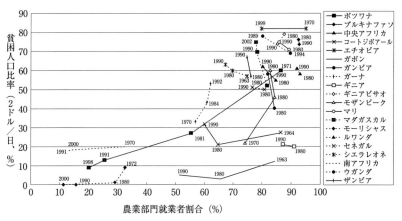

注) 図中の数字は何年の就業者データを用いたかを示す．可能な限り貧困人口比率推計値(1970年，1980年，1990年，1998年)に近い年の就業者データを採用した．
出所) 貧困人口比率はSala-i-Martin[2002]，農業部門就業者割合は，ILO[1975][2003]ならびに各国データ(章末データ一覧参照)．

図2 農業部門就業者割合と貧困人口比率 ── アフリカ(20カ国)

人口比率の低下とともに農業部門就業者割合が低下するという相関関係が明らかな国が多いのに対し，アフリカでは，ボツワナなどの少数の例外を除き，

多くの国が右上隅に固まっているのが分かる．つまり大まかに言えば，貧困人口比率が大きく低下していないアフリカでは農業部門就業者割合に変化がほとんど見られず，貧困削減が大きく進んだアジアでは農業部門就業者割合が目に見えて低下した，とまとめることができる．なお紙幅の関係で本章では割愛したが，ラテンアメリカにおいてはほとんどの国が1970年の時点で農業就業者割合が50％を切っていること，また，農業就業者割合の減少とともに貧困人口比率も減少する傾向は見られるもののアジアほど強くないことが注目される．

以上から，農業－非農業という雇用の構造変化とともに貧困人口比率の低下が起こった様子を確認できた．ただしこれは全就業者の雇用の構造変化を見ているに過ぎず，その変化のなかで貧困層がどの部門に従事していたのか，そして時間とともにどのような部門に雇用されていったかが分からない．よって次節以降ではデータを入手できた14カ国を取り上げ，特に貧困削減に成功した国・地域での貧困層の雇用の構造変化を分析する．

第2節　貧困層の雇用の構造変化──分析方法

1．貧困層の定義

貧困層の雇用構造を分析するにあたっては，第一に貧困層を定義することが必要となる．本来ならば貧困指標は，前節のように所得または支出から定義づけられるのが一般的である(Deaton[1997])が，所得階層別産業別就業者データが時系列で入手できるケースは稀である[8]．そこで，できる限り多くの国を分析対象に含めるべく，産業別に貧困層を特定する際に，所得・支出の代理変数として主に教育水準を用いることにした．より具体的にはSala-i-Martin[2002]の貧困人口比率の推計値を参照して，国毎に就業者データが利用可能な初期時点における貧困人口推計値に最も近い値を取る教育水準区分（例えば「非識字」，「未就学」，「初等教育修了」等）以下の教育水準の人々を「貧困層」と定義する．例えば台湾であれば，初期時点，つまり1970年における貧困人口比率(2ドル/日)は7％と推計されているが(表1)，その値に最も

---

[8] 後に紹介するタイ，メキシコ，ケニア(Paid Workerのみが対象)に加え，1980年代以降は台湾についても労働力調査からデータが利用可能である．

表1 貧困人口比率(推計値:%)

	2ドル/日				1ドル/日			
	1970	1980	1990	1998	1970	1980	1990	1998
台湾	7.0	0.0	0.0	0.0	0.0	0.0	0.0	0.0
韓国	19.0	3.0	0.0	0.0	2.0	0.0	0.0	0.0
インドネシア	69.0	36.0	10.0	3.0	37.0	7.0	0.0	0.0
タイ	38.0	26.0	9.0	5.0	19.0	9.0	0.0	0.0
インド	59.0	54.0	32.0	14.0	21.0	17.0	5.0	1.0
中国	74.0	56.0	36.0	19.0	27.0	20.0	10.0	3.0
メキシコ	20.2	7.1	4.5	1.8	5.8	0.2	0.1	0.0
チリ	10.4	9.9	10.1	2.2	0.6	0.5	0.5	0.0
ベネズエラ	1.4	1.3	4.2	4.8	0.0	0.0	0.1	0.1
ペルー	6.6	2.9	15.3	12.5	0.1	0.0	1.3	1.0
モーリシャス	9.0	1.0	0.0	0.0	0.3	0.1	0.1	0.1
南アフリカ	20.0	17.0	18.0	19.0	5.9	3.2	3.8	4.3
ケニア	74.0	62.0	63.0	63.0	50.0	33.8	35.2	35.0
エチオピア	82.0	80.0	83.0	82.0	60.5	56.5	62.9	61.1

出所) Sala-i-Martin[2002].

表2 本章で用いた貧困層就業者の定義とその全就業者に対する割合(%)

		1970	1980	1990	2000
台湾	非識字	17.0	7.3	4.5	—
	初等教育	74.2	49.7	34.7	18.4
韓国	未就学	23.8	14.8	6.4	3.7
	初等教育	67.4	49.1	25.0	15.4
インドネシア	未就学	43.2	29.6	17.6	7.9
	初等教育未修了	71.8	67.2	45.6	24.0
タイ	未就学	14.4	8.9	5.4	3.4
インド	非識字	62.8	57.5	50.9	—
中国	未就学	—	28.2	16.9	10.0
	初等教育	—	62.6	54.7	42.8
メキシコ	無収入	10.3	—	7.2	8.4
チリ	未就学	—	4.9	2.5	2.3
	初等教育	—	56.3	42.6	27.9
ベネズエラ	未就学	36.4	5.7	—	—
ペルー	未就学	19.0	11.8	—	—
モーリシャス	未就学	21.7	9.4	8.6	4.8
南アフリカ	未就学	37.6	—	15.6	—
エチオピア	非識字	93.1	—	—	73.5

注) 例えば初等教育は初等教育以下の水準(非識字・未就学)も含む.
出所) 章末データ一覧参照.

近いのは非識字就業者の割合である(表2).そこで台湾では非識字就業者を「貧困層」とみなしている(以下,所得・支出で測る場合と比較するため,教育水準で定義した場合には「貧困層」と「　」付きで表す).教育水準を貧困層・非貧困層の識別基準として用いる理由としては,教育水準別産業別就業者数データは開発途上国であっても比較的容易に入手できること,さらに,教育水準と所得水準との間には高い相関関係があるのが一般に知られていること(Schultz[1988]),の2点が挙げられる[9].教育水準を区分基準として用いた「貧困層」は,所得・支出で測った場合でも貧しい蓋然性が高いとはいえ,本章で用いる「貧困層」の区分と所得・支出で定義した貧困層の区分は完全には一致しない.そのような犠牲を払ってはいるが,その代わりに,「貧困層」がある産業に就くことによって貧困から脱出していく,という様子を理解しやすい形で描き出すことを,本章は目的としている.

また産業分類としては,原則として各国ごとに定義され,国際的にも標準的な分類を用いているが,補助的に職種分類に基づくデータも,国・経済によっては,産業分類の不足を補う分類として用いている.具体的に言えば,産業分類の農業に対応する職種分類として「農民および農業労働者」,工業に対応する職種分類として「工具」といった分類を用いることもある[10].

2. フロー効果——貧困層の産業別就業割合[11]

それでは,この教育水準をもとにした「貧困層」就業者データを用いて,貧困削減に貢献した生産部門がどの部門であったかを探ることにしよう.

---

9) ここで留意点として挙げられるのは,一般に国民所得が上がるに従い人々の教育水準の平均値も上がる結果,それぞれの学歴ごとの年齢構成が大きく変わっていくということである.いずれの国でも教育水準が上昇していけば,非識字者や未就学者は減少する(表2).それによって,未就学就業者の年齢層が全体的に高くなっていると考えられる(日本の事例として本書の第2章を参照のこと).全体的な教育水準の上昇に伴い,初期時点(例えば1970年)における教育水準で定義した貧困層の持つ意味合いが,30年後には大きく変化しているかも知れない.本章ではこのような懸念に対処するため,可能な限り多くの,貧困層・非貧困層の識別条件を試し,その条件を変えても結果が頑健かどうか,確認することを旨とした.それらの結果は概ね,本章の結論をより支持しこそすれ,矛盾する結果とはならなかった.

10) 参考までに,国際標準職業分類の旧分類(ISCO-1968)による大分類は以下の通り(国際労働事務局編[2002]).0/1:専門職,技術職および関連職務従事者,2:行政的および管理職従事者,3:書記的および関連職務従事者,4:販売職従事者,5:サービス職業従事者,6:農業・牧畜・林業従事者,漁夫および漁師,7/8/9:生産および関連職務従事者,郵送機関運転者および単純労働者,X:分類不能.

11) 本章のこの部分は基本的に栗原・山形[2003]で用いられた貧困層の定義,分析手法の説明を踏襲している.

第2節 貧困層の雇用の構造変化

　生産部門の雇用機会の創出を通じた貧困削減への貢献度を分析する場合，二つの見方ができる．一つは，それぞれの部門がどれだけ多くの「貧困層」を雇用しているかという観点であり，これはいわばストックとしての雇用の貢献度を示している．もう一つは，それぞれの部門が「貧困層」の雇用をどれだけ増加させたかという観点であり，これはフローの効果を示していることになる．まずは後者の「フローの効果」を一目で理解することのできる分析方法を紹介しよう．

　ある国の生産部門を三つに分けるとすると，総雇用(L)も

$$L_1 + L_2 + L_3 = L \tag{1}$$

のように三分される．ここでは第1部門が農業，第2部門が工業，第3部門がサービス業を表しているとしよう．一方，労働者の生活水準という視点からは，総雇用は「貧困層」(L^P)と非「貧困層」(L^{NP})とに分けられる．

$$L^P + L^{NP} = L \tag{2}$$

ここで「貧困層」の雇用(L^P)のみに着目すると，「貧困層」の雇用も部門別に三分される．

$$L_1^P + L_2^P + L_3^P = L^P \tag{3}$$

(3)式の両辺をL^Pで割ると，次の式が得られる．

$$\frac{L_1^P}{L^P} + \frac{L_2^P}{L^P} + \frac{L_3^P}{L^P} = 1 \tag{4}$$

　(4)式は三つの部門間の雇用シェアの関係を表しており，もし左辺のうちどれか二つの項の値が与えられたならば，残りの項の値が自動的に決定されることになる．(4)式を図で表したものが図3である(簡単化のため，ここではPを省略している)．図では第1部門(農業)の割合を横軸に，第2部門(工業)の割合を縦軸にとっている．ここで仮にある国の初期時点の産業別就業者割合が点Aで表されるとしよう．第1次産業部門，第2次産業部門については，それぞれ右，上へ移動すると，比率が増加したことを示している．残りの第3次産業部門については，点Aを通る45度線の右側の領域に移動した場合には，その比率が減少したことを意味し，その反対に45度線の左

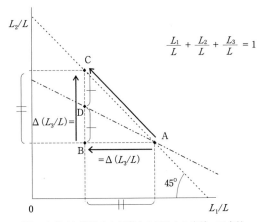

注) 点線は初期時点を通過する傾き1の直線，二点鎖線は傾き1/2の直線．
出所) 栗原・山形[2003]の図1を加工したもの．

図3　3部門の雇用シェアの二次元的表記

側の領域に移動した場合には，その比率が上昇したことを意味する．

　より細かく説明すると，点Aから点Bへの移動は農業部門の労働者の割合が減少し，工業部門の割合には変化がなかったことを示す．よって，農業部門の労働者はサービス業に吸収されたことになる．次に，点Bから点Cへの動きは，農業部門の就業者割合には変化がない一方で，工業部門の労働者の割合が増加したことを示す．この工業部門労働者の増加分はサービス業部門の雇用者の減少によってまかなわれていることになる．最後に，点Aから点Cへの傾き1(正確には−1だが，以下絶対値で表す)，つまり45度線に沿った動きは，農業部門の減少分がそのまま工業部門に吸収されたことを示す．なお，傾きが1/2のときは農業から工業，サービス業に均等に吸収されたことを意味する．

3．ストック効果──相対的貧困密度

　さて，後述するように，本章で分析対象とするほとんどの国・経済において，経済全体の雇用の産業構造は，貧困層の雇用の産業構造と基本的に同じ方向に変化している．したがって，経済全体の雇用に作用するメカニズムが，貧困層の雇用にも，多かれ少なかれ，作用していると考えることができる．

しかし後にみるように,両者の変化の程度は明らかに異なっている.そこで,経済全体の雇用の構造変化と貧困層の雇用の構造変化を関連づける恒等式を用いることによって,両者のスピードの違い,ひいては産業ごとの貧困層のシェアの変化を分析することが可能になる.

このような問題意識から,(4)式の左辺の各項に表されている貧困層の産業別雇用シェアを次式が示すように,二つの要素に分解した($i=1, 2, 3$).

$$\frac{L_i^P}{L^P} = \left(\frac{L_i^P}{L_i} \bigg/ \frac{L^P}{L}\right) \cdot \frac{L_i}{L} \tag{5}$$

(5)式の右辺第2項は,労働者全体の産業別雇用シェアを示している.そして括弧でくくられた右辺第1項は産業ごとの貧困人口比率の,一国全体の同比率に対する割合を表している.この値は,貧困の相対密度または貧困集約度と呼ぶことができよう.というのは,もしこの値が1以上であれば,その産業は一国平均以上の割合で「貧困層」をかかえていることになるからである.言い換えればその場合,当該産業の「貧困層」の密度が全体より高いことになる.このように,(4)式の左辺の各項の変化は,労働者全体の産業構造変化と,産業別の相対的貧困密度の変化とに分解できるのである.

それでは,二つの分析手法を実際に用いて,データを入手することのできた14カ国について実際に分析してみることにしよう.

第3節 貧困層の雇用の構造変化——実証分析

1. アジア

アジアについては台湾,韓国,タイ,インドネシア,インド,中国の6カ国で必要なデータが得られた.

まず,東アジアの経済発展をリードした台湾と韓国について分析しよう.Sala-i-Martin[2002]の推計(表1)によると両経済は,1980年,1990年の時点でそれぞれ2ドル/日の貧困線を基準とした貧困人口比率がゼロと推計されていた(以下,本節においては貧困線として2ドルを採用している.脚注7を参照のこと).図4は台湾の全就業者について1956年から2000年までの変化をプロットしたものである.10年ごとの推移を見ると,まず農業就業者割合が減少し続けていること,産業別では1966年から1980年にかけて傾きが1を

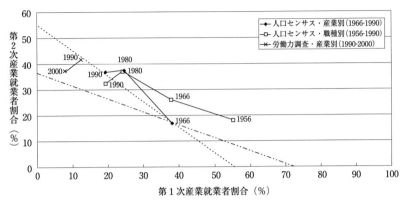

注1) 点線は1966年を初期時点とした傾き1の直線，二点鎖線は傾き1/2の直線．
注2) 職種別データでは，"Production and related workers, transport equipment operators and laborers"を第2次産業就業者と見なして計算した．
出所) 章末データ一覧参照．

図4 雇用の構造変化――台湾（全就業者）

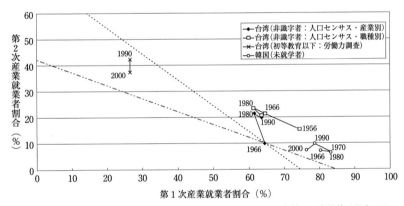

注1) 点線は台湾を基準に，1966年を初期時点とした傾き1の直線，二点鎖線は傾き1/2の直線．
注2) 労働力調査は初等教育以下の教育水準の就業者データを用いている．
出所) 章末データ一覧参照．

図5 雇用の構造変化――台湾・韓国（非識字者・未就学者）

上回っていることが確認できる[12]．このことから，貧困人口比率がゼロとなった1970年から1980年にかけて台湾では，工業部門が農業部門からのみならずサービス業からも雇用を吸収していた[13]時期であったことがわかる．

第3節　貧困層の雇用の構造変化

次に「貧困層」(非識字就業者：以下，各国ごとの「貧困層」の定義については表2を参照)のみに対象をしぼってみると(図5)，産業別データでは1966年から1980年にかけて農業，サービス業から工業部門への雇用の吸収が確認できる．構造変化を示す線の傾きも，図4に示された全就業者の場合より大きいことも注目される．また職種分類に基づいたデータでも，1956年から1980年にかけて農業部門から工業部門への雇用の吸収が見られる．傾きは1/2をやや上回る程度であるため，「貧困層」に分析対象を限った場合においても，農業部門から半分以上が工業部門へと吸収されたことになる[14]．

　台湾同様，分析対象期間中に貧困人口比率がゼロに達した韓国は，全就業者については1970年以降，やや1/2を上回る傾きで左上へ推移している(図は紙幅の関係で省略)．「貧困層」(未就学者)に対象を限定すると(図5)，1970年から1980年にかけてほとんど変化は見られなかったが，1980年から1990年にかけては左上へと1/2を上回る傾きで移動する様子が確認された．以上から，貧困人口比率が1970～1980年代にゼロとなった台湾，韓国において，「貧困層」に関しても農業部門就業者割合の低下ならびに，農業部門から工業部門へと雇用が吸収された(少なくとも傾きが1/2を上回ることから，農業部門から半分以上が工業部門へと吸収された)ことがわかった．

　次に，貧困人口比率が台湾，韓国についで低い水準まで低下したインドネシアとタイのデータを図6から図10に掲げた．Sala-i-Martin[2002]によると，1970～1998年の間に最も大きな貧困人口比率の低下を記録した国がインドネシアである．彼の推計によれば同期間に69%から3%にまで比率を低下させている(表1)．全就業者の雇用構造は1971年から1995年にかけて，ほぼ傾き1/2で左上に推移している(図は省略)．ただし1998年の通貨危機をはさむ1996～2000年の間に，わずかではあるが逆方向(右下)への動きが見られた．一方，「貧困層」(1971年人口センサスで就業者の72%を占める「未就学者

---

12)　職種別を基準にした産業構造変化でみても1956年から1980年にかけての傾きは1/2を上回っている．
13)　以下の記述で「ある産業が別の産業から雇用を吸収した」とある場合，それは前者の産業の雇用成長率より後者の産業の雇用成長率が高いことを意味している．換言すれば「吸収」は純移動の意味である．
14)　「貧困層」の定義の違いによって結果が変わる可能性があることから，貧困層・非貧困層の識別を「初等教育修了」と「それ以上」という基準で行ってみたところ，1966年から1980年にかけての産業別データについては，「非識字者」を貧困層と定義した場合と，ほぼ同じ方向の変化を示すことが確認された．

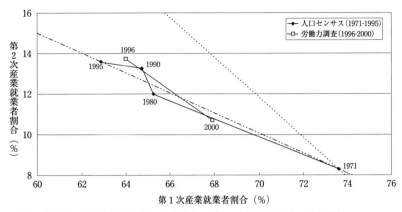

注) 点線は1971年を初期時点とした傾き1の直線,二点鎖線は傾き1/2の直線.
出所) 章末データ一覧参照.

図6 雇用の構造変化 —— インドネシア(初等教育未修了以下)

および初等教育課程未修了者」をここでは「貧困層」と定義している)に分析対象を絞ると(図6. 見やすくするために拡大していることに注意),やはり全就業者の場合とほぼ同じ傾きで左上へと推移していることが確認できる.ただし,1996年から2000年にかけては正反対の変化があったことが注目される.インドンシア政府の推計によれば,この時期の貧困人口比率(消費カロリーをもとに算出された貧困線を下回った人口の割合)は1998年の24%という値をはさんで,17.7%(1996年)から19.0%(2000年)へと上昇している(BPS[2002]).つまり大まかに言えばインドネシアにおいては,貧困削減が順調に進んだ時期には農業から非農業への貧困層の純移動が起こっており,反対に,貧困人口比率が上がった時期には農業から非農業への貧困層の純移動が起こったのである.

　タイのデータも基本的に,貧困削減と非農業への純移動の関係を支持している.まず就業者全体では,1971年からほぼ傾き1/2で左上へと移動している様子が確認できる(図7).「貧困層」(未就学就業者)のみを取り上げると(図8),台湾やインドネシアの場合と同様に,農業シェアの低下はそのポイントは少ないながらも,傾きは全就業者の場合よりも大きくなっている.ところで,タイについては1988年以降,支出・所得階層別職種別家計割合のデータ[15]が得られるため,このデータを用いて同じ分析を行った.まず就業者全

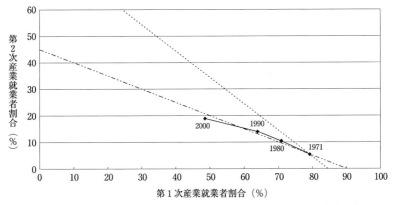

注) 点線は1971年を初期時点とした傾き1の直線,二点鎖線は傾き1/2の直線を表す.
出所) 章末データ一覧参照.

図7 雇用の構造変化——タイ(全就業者)

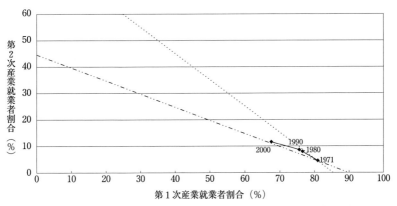

注) 点線は1971年を初期時点とした傾き1の直線,二点鎖線は傾き1/2の直線を表す.
出所) 章末データ一覧参照.

図8 雇用の構造変化——タイ(未就学者)

体の雇用の構造変化を確認すると,1988年から2000年にかけて傾きは1/2をやや下回るものの,左上へと移動していることが分かる(図9).これは図

---

15) 社会経済調査(*Report of the Household Socio-Economic Survey*)データである.この調査結果は,貧困層と非貧困層を区別できる程度に詳細な支出階層別の雇用者数調査結果が得られることが特徴である(重冨[1998]).

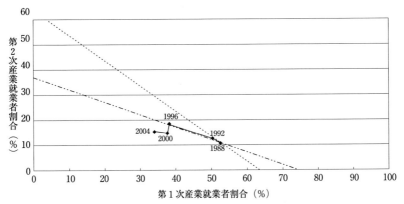

注1) 点線は1988年を初期時点とした傾き1の直線，二点鎖線は傾き1/2の直線を表す．
注2) 第1次産業就業者として，ここでは"Farm Operators"と"Farm Workers"の合計値を用いている．また，第2次産業就業者としては，"Production Workers"を用いている．
出所) 章末データ一覧参照．

図9 雇用の構造変化──タイ(全就業者)

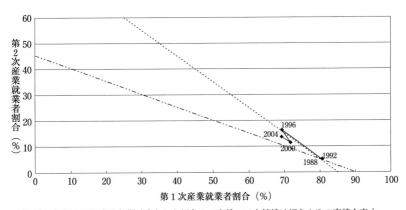

注1) 点線は1988年を初期時点とした傾き1の直線，二点鎖線は傾き1/2の直線を表す．
注2) 第1次産業就業者として，ここでは"Farm Operators"と"Farm Workers"の合計値を用いている．また，第2次産業就業者としては，"Production Workers"を用いている．
出所) 章末データ一覧参照

図10 雇用の構造変化──タイ(下位10%)

7と整合的な変化である．次に貧困層の分析であるが，Sala-i-Martin[2002]推計のタイの貧困人口比率は1990年に9%であった(表1)．そこでこの値をほぼ10%と見なし，1988年の一人当たり支出水準に関する下位十分位(つま

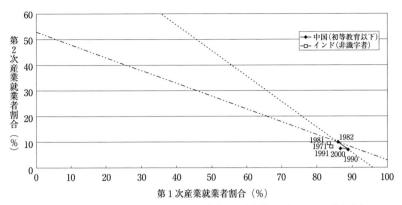

注) 点線は1971年を初期時点とした傾き1の直線，二点鎖線は傾き1/2の直線を表す.
出所) 章末データ一覧参照.

図11 雇用の構造変化 —— 中国・インド(初等教育以下・非識字)

り下位10%)の家計を貧困層と定義した[16]. 図10にこのデータによる貧困層の雇用構造変化が描かれている. 図によれば産業別雇用シェアを示す座標は，初期時点から1996年にかけて傾き1で左上へと移動し，通貨危機後に逆行するものの，2004年には再び左上へとシフトしている. ここで注目すべきは，支出を基準に貧困層を定義した場合でも，1990年代前半に貧困層が農業部門から工業部門へと吸収されていった様子を確認できた，ということである.

アジアの分析対象国の中で産業別雇用シェアに最も変化がなかったのは中国とインドの二大国であった. どちらもSala-i-Martin推計によれば貧困人口比率が大きく低下している. しかし全就業者で見ると，中国は1982年から2000年にかけて農業就業者割合を9.3%ポイント減少させたものの，工業部門の割合にはほとんど変化が見られなかった(図は省略). また，「貧困層」(82年の貧困人口比率推計値を参照し，初等教育修了を識別基準としている)の産業別雇用シェアについても，図11のように大きな変化が見られない. この

---

[16] Sala-i-Martinの推計値によれば，タイは1990年からの10年間に貧困人口比率は約半減したとされるため，1988年に貧困層に含まれていた世帯のうち，その半分が貧困から脱出したはずである. よって，下位10%の家計を時系列で追っていけば，2ドル/日を下回る所得しかなかった層の多くが貧困から抜け出した時期に，どのような職種に就いている家計が多くなっているかを確認することができるだろう.

観察事実の背景としては，中国の人口センサスが他国の人口センサスと比べ，より制約の大きい地域間人口移動の定義を用いている[17]ことが産業別雇用シェア変動の小ささの要因となっている可能性がある．

またインドについては，全就業者のデータに関してわずかながら左上への移動が確認できたが，1970～1990年では傾きは1/2を下回っていた(図は省略)．また，「貧困層」(非識字者)については，ほとんど構造変化が見られなかった(図11)[18]．

以上，他の開発途上地域と比較して，より急速に貧困削減に成功したとされてきたアジアの国・経済の貧困層の雇用構造変化を分析した．簡単にまとめると，まず，全就業者については，前節で確認したように，時間を追って貧困削減が進むとともに農業部門就業者割合を減少させる傾向が，ほとんどの対象国・経済，対象期間で見られた．そしてこの傾向は，台湾，韓国，インドネシア，タイにおいて，貧困削減が急速に進んだ期間には「貧困層」にも妥当した．第二に，より貧困削減に成功した国ほど，農業部門のシェアの低下分が工業部門に吸収される傾向が強いことが観察された．最後に，これが重要な点であろうが，タイにおいては，教育水準ではなく支出水準で貧困層を定義した場合にも，教育水準を基準として「貧困層」を識別した場合と，質的に同じ結果が得られた．

2．ラテンアメリカ

ラテンアメリカではメキシコ，チリ，ベネズエラ，ペルーの4カ国のデータが得られる．

最初に分析するのはメキシコである．メキシコは4カ国の中では1970年時の貧困人口比率が最も高いと推計されているが，1998年の推定値は4カ

---

[17] 一般に人口センサスは，調査日における滞在地を調査の基本とするので，当該滞在地に何日滞在したかを問題にしない．しかし中国の人口センサスにおける「移動人口」は，戸籍登録地から一定の期間(1990年センサスは1年間，1995，2000年センサスは半年間)離れていたことが要件とされている(厳[2005:57])．したがって，中国の人口センサスにおける人口移動は少なめに算出される蓋然性が高い．

[18] ここでの分析は対象をMain Workers(主労働者)のみに限っている．Main WorkersはMarginal Workers(周辺的労働者)とともに1981年センサス以降に導入された分類であり，調査に先立つ1年の半分以上働いた者が主労働者，半分未満の者が周辺的労働者とされる(木曽[2003:3])．こうした分類上の問題が，本章の分析にも影響を与えている可能性もある．

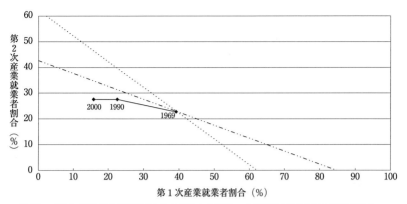

注1) 点線は1969年を初期時点とした傾き1の直線,二点鎖線は傾き1/2の直線を表す.
注2) 1980年は不明(Activities not adequately described)が全体の30%に達するため,利用していない.
出所) 章末データ一覧参照.

図12 雇用の構造変化 ── メキシコ(全就業者)

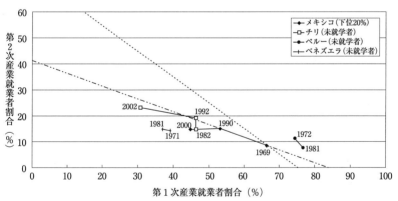

注1) 点線はメキシコを基準に,1969年を初期時点とした傾き1の直線,二点鎖線は傾き1/2の直線を表す.
注2) メキシコについては,1980年は不明(Activities not adequately described)が全体の30%に達するため,利用していない.
出所) 章末データ一覧参照.

図13 雇用の構造変化 ── ラテンアメリカ(未就学者・下位20%)

国中最低であり,これら4カ国の中では最も効果的に貧困を削減させた国である.メキシコの人口センサスには教育水準別産業別雇用データはないが,収入階層別産業別雇用データが存在する.そこでタイの分析の際に用いたの

と同じ方法で，所得下位20%（Sala-i-Martin推計に基づく）の産業別就業者を貧困層と見なして分析した．まず全就業者については（図12），1969年の時点で農業部門就業者割合がすでに少ないことが目を惹く．1969年から2000年にかけての長期的変化[19]は，農業部門の割合の低下と，工業部門の割合のわずかな上昇で特徴づけられる．一方，所得下位20%に対象を限定した場合には（図13），産業別雇用シェアの座標が，1969年から1990年にかけて傾き1/2で左上へとシフトする．メキシコは1970年代の貧困削減がとりわけ急速であったと推計されており（表1），その時期を含んだ1969年から1990年の間に，農業部門から工業部門への雇用の吸収が進んだことが注目される．対照的に，1990年代の貧困削減の速度が緩慢になった時期に工業部門の貧困層雇用シェアが若干（0.5%）低下していることも興味深い．

次にチリは，全就業者については1960年から2002年までの産業別雇用データが得られる．農業部門の就業者割合は一貫して低下し続け，工業部門の割合は1982年の大不況の時期に一度大きく落ちこむが，それ以外は傾向的に低下していた（図は省略）．一方，教育水準別雇用データは1982年以降についてしかデータを入手できないため，「貧困層」（未就学者）については3時点間の分析しかできない（図13）．図から読み取れるのは，1982年から2000年にかけて「貧困層」の農業部門雇用割合が低下していること，座標のシフトの傾きが約1/2であり，全就業者のそれを上回っていたことである．チリは1990年代に貧困人口比率を目に見えて減らしており（表1），メキシコ同様，貧困削減の進んだ時期と「貧困層」の工業部門への雇用吸収の進んだ時期とが重なり合っている．

最後にペルー，ベネズエラに関しては，1970年代の二時点の変化しか捉えられない．4カ国の中でベネズエラは1970年の貧困人口比率が最低で，ペルーがこれに次いでいる．表1に明らかなように，両国の貧困人口比率は1970年代から1990年代後半にかけて，むしろ上昇する傾向を見せている．これに対して貧困層の産業別雇用シェアは，図13に示されているように，非常に小さな変化しか見せていない．ベネズエラの「貧困層」（未就学者）につ

---

[19] 1969，1990，2000年に得られるのと同じ定義の産業別雇用シェアが1980年にも得られるが，この年のデータの約3割の就業先が不明とされているので，本章の分析には用いなかった．

第3節 貧困層の雇用の構造変化

いては農業部門割合がわずかに低下するものの,工業部門割合にほとんど変化が見られない.ペルーの「貧困層」(未就学者)についてはむしろ,わずかではあるものの農業部門のシェアが上昇し,工業部門のシェアが低下している.データが二時点分しか得られないので限定的な分析しかできないが,「貧困層」の雇用に関して農業シェアの低下も工業シェアの上昇も顕著に見られない両国が,貧困削減についても目立った成果を上げていないということが強く印象づけられる.

3. アフリカ

サハラ以南アフリカについては,モーリシャス,南アフリカ,ケニア,エチオピアの4カ国のデータが利用可能である.

まず,貧困削減が大きく進展したモーリシャスであるが,貧困人口比率がゼロになったと推計された1990年にかけて,「貧困層」(未就学者)を対象とした産業別雇用シェア座標が左上へ45度を上回る傾きでシフトしており(図14),貧困層の脱農業化と工業化が進んでいることが注目される.次に,1970年から1998年にかけて貧困人口率にはほとんど変化がないと推計された南アフリカは,「貧困層」(未就学者)の農業部門の割合は低下しているものの,工業部門のシェアには大きな変化がないことが分かる(図14).

ケニアも興味深い分析例を提供している[20].ケニアの貧困人口比率は1970年代の10年間に,1ドル/日の貧困線では50%から34%に,2ドル/日の貧困線では74%から62%に低下したが,それ以降はほとんど変化していない(表1).ケニアについては賃金労働者のみを対象とした所得別産業別労働者数データ[21]が得られるため,貧困層(下位40%)を対象に,産業雇用シェアの変化が分析できる(図14).これによれば,1970年代に1/2を上回る傾きで左上へ座標が大きくシフトしていることが分かる.ただし,その後は農業部門の割合は低下するものの,工業部門の割合に系統的な変化が見られない.これは,貧困人口比率が低下した1970年代に,貧困層の工業部門への雇用の吸収があったこと,そしてそれ以降は,農業部門から工業部門への雇用の吸収が見られないという意味で興味深い観察事実といえよう[22].

---

20) ケニアの製造業の実態については,第4章の西浦論文を参照のこと.
21) このデータには,農業を含む自営業者が含まれていないという点に注意が必要である.

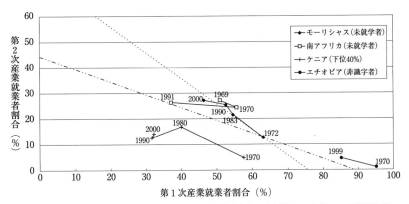

注) 点線はモーリシャスを基準に，1972年を初期時点とした傾き1の直線，二点鎖線は傾き1/2の直線．
出所) 章末データ一覧参照．

図14 雇用の構造変化 —— アフリカ（未就学者・非識字者・下位40%）

最後にエチオピアの分析結果を示そう（図14）．エチオピアはここで取り上げた4カ国でもっとも貧困人口比率が高いうえ，またその値にほとんど変化がない．データの入手の面で制約が大きく，1970年（職種別データ）と1999年（産業別データ）の二時点のデータが得られるのみである．「貧困層」（非識字者）を対象とした産業別雇用シェア座標は，約30年間の間に左上へとシフトしているが，工業部門シェアの上昇はさほど大きくない．

以上14カ国の分析をここで簡単にまとめておこう．まず，Sala-i-Martinによる貧困人口比率の推計値が対象期間中にゼロに達した台湾，韓国，モーリシャスのうち，特に台湾とモーリシャスでは，「貧困層」が農業部門およびサービス業部門から工業部門へと吸収されていった様子が観察された．次に，1970年から1998年にかけて貧困を効果的に削減したタイ，インドネシア，中国，インド，メキシコのうち，タイ，インドネシア，メキシコでは，貧困削減が急速に進行している時期に，「貧困層」が農業部門から工業部門へと吸収されていった．チリ，ケニアの場合も，貧困人口比率が低下した時期に，「貧困層」の農業から工業への雇用吸収が見られた．一方，ベネズエラ，南アフリカ，エチオピアといった貧困削減がほとんど進まなかった国で

---

22) 観察結果の頑健性を確認するために，所得の下位60%を貧困層と定義するデータも作成し分析を行ったが，結果に大きな違いはなかった．

表3 相対的貧困密度——タイ

年	1971	1980	1990	2000
農業, 林業, 漁業	1.02	1.08	1.20	1.39
鉱業	1.10	0.58	0.68	1.51
製造業	0.89	0.87	0.58	0.58
建築業	0.56	0.62	0.54	0.75
電気, ガス, 水供給業	0.00	0.09	0.00	0.12
卸売り, 小売業	1.36	1.27	1.06	0.86
運輸業, 倉庫業, 通信業	0.38	0.35	0.28	0.34
サービス業	0.63	0.49	0.43	0.49
その他	0.10	0.00	0.00	0.00

出所) 筆者計算.

は,「貧困層」の農業部門雇用シェアに低下が見られても,同時に「貧困層」が工業部門への雇用シェアを高めるという現象は見られなかった.結論としていえば,貧困削減と「貧困層」の工業部門への急速な雇用吸収の間に同期化(synchronization)が見られた.

4. 相対的貧困密度

これまでの分析では,貧困削減に対する工業の大きな役割が示唆された.工業が貧困層に与える雇用機会の拡大速度が速いことと,貧困削減の速度との間に密接なつながりがあるように見える.ではその間,農業は貧困層に対してどのような役割を果たすのであろうか.本項では,二つ目の分析手法である相対的貧困密度という新しい概念を用いて,貧困削減のプロセスにおける農業の役割について考察する.

結果を先取りしていえば,農業における相対的貧困密度の水準と時系列的変化は,本章で対象とした国々に関する限り,驚くほど似通っている.そこでここでは,タイを事例として取り上げて,産業別の相対的貧困密度を示し,そのうえで,タイを含む全ての対象国の国際比較を行う.

タイの産業別の相対的貧困密度は表3に掲げられている.繰り返しになるが相対的貧困密度とは,各産業の就業者に占める「貧困層」の割合を,一国全体の貧困人口比率で割ったものである.当該産業の貧困人口比率が国全体の貧困人口比率を上回っていれば1を超え,下回っていれば1未満の値を取る.表3から明らかなのは,「農業,林業,漁業」において1970年代から

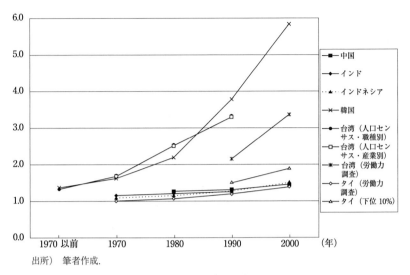

出所) 筆者作成.

図 15 農業部門の相対的貧困密度 —— アジア

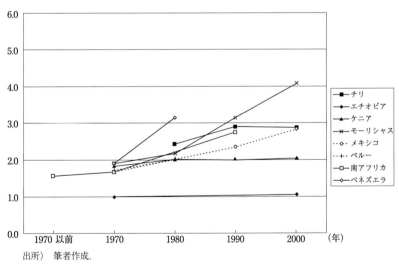

出所) 筆者作成.

図 16 農業部門の相対的貧困密度 —— ラテンアメリカとアフリカ

1990年代まで一貫して，相対的貧困密度が 1 を上回っていることである．「卸売り，小売業」についても同様の傾向が見られるが，同産業の場合には

第3節　貧困層の雇用の構造変化

2000年には値が1を下回っており，時間の経過とともに，同産業における貧困層の「密度」が薄れてきたことを示している．「農業，林業，漁業」に関して今一つ注目されるのは，相対的貧困密度が，時間とともに増加する傾向にあることである．つまり，「農業，林業，漁業」においては貧困層の「密度」が徐々に濃くなっているのである．

このタイの農林漁業に関する二つの観察事実，つまり①相対的貧困密度が1以上であることと，②相対的貧困密度が時間の経過とともに上昇することは本章で分析対象としている全ての国について，ほとんど例外なく該当する．図15と図16は，分析対象国をアジア地域と非アジア地域に分けて，農業を中心とする第1次産業の相対的貧困密度の時系列的推移を示したものである．程度の差こそあれ，①②の二つの特徴が，ほとんどの国，ほとんどの観察時点に妥当することは非常に興味深い．ただ一つの例外はチリの1992年から2002年にかけての変化であるが，それも相対的貧困密度が0.02ポイント低下したに過ぎない．このことから①②の二つの特徴が，対象国においていかに頑健な観察事実であるかがわかる．

この二つの特徴はいったい何を意味しているのであろうか．まず①の特徴は農業を中心とする第1次産業は，常にそれぞれの国の平均水準以上に「貧困層」を抱えていることを意味している．前項までに得られた含意を組み合わせれば，工業部門が「貧困層」の雇用を牽引し，「貧困層」の農業部門での雇用は相対的に縮小していくのであるが，農業部門に残った人々の中で「貧困層」の占める割合は高まっていくと解釈できる．工業部門が「貧困層」を吸収し，貧困から抜け出させていく[23]のに対し，残った「貧困層」は農業部門が養っていく，という見方もできよう．

さらに印象深いことは，②の観察事実によれば，上記のような過程で縮小していく農業部門は，平均以上の密度で「貧困層」を抱え続けるのみならず，時間とともに，そして多くの場合，貧困削減とともに，その密度を高めていくということである．つまり貧困削減の過程で，農業は縮小しつつも「貧困層」の受け皿としての役割がより色濃くなっていく，ということが言えよう．

このように，工業部門が「貧困層」を吸収し，貧困削減への契機を提供す

---

23)　正確に言えば，本章の分析で「製造業が貧困層を雇用することで，貧困から抜け出させる」ということを示してはいない．本書の第3章が，この側面を実証している．

る役割を持つのに対し，農業は，貧困から抜け出せず，貧困状態のままに留まる人々に居場所を提供する，といった役割分担がある，という仮説と整合的な観察事実が，本章で得られたと言える．

おわりに

本章では，アジア，ラテンアメリカ，アフリカの３地域14カ国における貧困層の雇用構造変化について分析を行った．本章で明らかになったのは第一に，ある一時期でも貧困削減が成功した経験を持つ国において，その貧困削減が効果的に進んだ時期には，工業部門の貧困層雇用シェアが上昇する傾向にあった，ということである．対照的に，貧困人口比率が横這い，または悪化した時期には，工業部門の貧困層雇用シェアが上昇することがほとんどなかった．このように貧困層雇用者の工業化と貧困削減は，必要十分的な表裏一体関係ではないが，本章で用いたデータで言えば，工業化が集合論的な意味で，貧困削減の必要条件であることを示しているのである．

本章で明らかになった第二の点は，本章で分析対象とした全ての国・地域において，貧困層が他の部門より相対的に高い比率で農業部門に留まり続けていること，そしてその比率は時間を通じて高まる傾向にあったということである．本章ではこれを，農業の「相対的貧困密度が平均より高く，しかもその密度がより高まっていった」と表現した．

このように，開発途上国の貧困層にとって，農業と工業はそれぞれに別個の補完的な役割を果たしているということが，本章の最も重要な主張である．工業部門は貧困層に雇用機会を拡大する，貧困削減の牽引役である．成長する工業は，より魅力的な条件を労働者に提示することにより，その拡大を可能にしたであろう(本書第３章を参照)．しかし，その流れに乗り遅れた貧困層は，規模が縮小する農業の中に，より密度濃く滞留することとなる．工業を貧困削減の牽引役とするならば，農業はその潮流からこぼれ落ちる貧困層の受け皿としてとしての役割を果たし続ける．そして，貧困層がその経済の中で少数派になればなるほど，彼らに所得を得る機会を与える農業の役割も重要になるのである．

参 考 文 献

〔日本語文献〕

木曽順子[2003],『インド 開発のなかの労働者――都市労働市場の構造と変容』日本評論社.

栗原充代・山形辰史[2003],「開発戦略としての Pro-Poor Growth――貧困層への雇用創出」(『国際開発研究』第12巻第2号, 11月, 3～28ページ).

国際労働事務局編[2002],『国際労働統計年鑑 2000年版』日本ILO協会.

重冨真一[1998],「社会経済調査・家計調査」(末廣昭編『タイの統計制度と主要経済・政治データ』アジア経済研究所, 153～166ページ).

末廣昭[1998],「労働力調査」(末廣昭編『タイの統計制度と主要経済・政治データ』アジア経済研究所, 73～100ページ).

厳善平[2005],『中国の人口移動と民工――マクロ・ミクロ・データに基づく計量分析』勁草書房.

〔外国語文献〕

Badan Pusat Statistik(BPS)[2002], *Statistik Indonesia [Statistical Year Book of Indonesia] 2001*, Jakarta: BPS.

Besley, Timothy and Robin Burgess[2003], "Halving global poverty," *Journal of Economic Perspectives*, Vol. 17, No. 3, Summer, pp. 3-22.

Bhagwati, Jagdish N.[1988], "Poverty and public policy," *World Development*, Vol. 16, No. 5, May, pp. 539-555.

Chenery, Hollis B. and Lance Taylor[1968], "Development patterns: among countries and over time," *Review of Economics and Statistics*, Vol. 50, No. 4, November, pp. 391-416.

Chenery, Hollis and Moises Syrquin[1975], *Patterns of Development, 1950-1970*, London: Oxford University Press.

Chenery, Hollis, Sherman Robinson and Moshe Syrquin[1986], *Industrialization and Growth: A Comparative Study*, New York: Oxford University Press.

Clark, Colin[1957], *The Conditions of Economic Progress*, 3rd edition, London: Macmillan.

Deaton, Augus[1997], *The Analysis of Household Surveys: A Microeconometric Approach to Development Policy*, Baltimore and London: Johns Hopkins University Press.

Dollar, David and Aart Kraay[2002], "Growth is good for the poor," *Journal of Economic Growth*, Vol. 7, No. 3, September, pp. 195-225.

Eswaran, Mukesh and Ashok Kotwal[1994], *Why Poverty Persists in India?: A Framework for Understanding the Indian Economy*, Delhi: Oxford University Press(永谷敬三訳『なぜ貧困はなくならないのか』日本評論社, 2000年).

Foster, Andrew D. and Mark R. Rosenzweig[2004], "Agricultural productivity growth, rural economic diversity, and economic reforms: India, 1970-2000," *Economic Development and Cultural Change*, Vol. 52, No. 3, April, pp. 509-542.

Kakwani, Nanak[2000], "Growth and poverty reduction: an empirical analysis," *Asian Development Review*, Vol. 18, No. 2, pp. 74-84.

Kakwani, Nanak and Ernesto M. Pernia[2000], "What is pro-poor growth?," *Asian Development Review*, Vol. 18, No. 1, pp. 1-16.

Kuznets, Simon[1966], *Modern Economic Growth: Rate, Structure, and Spread*, New Haven: Yale University Press.

Lipton, Michael and Martin Ravallion[1995], "Poverty and policy," in *Handbook of Development Economics*, Vol. IIIB, eds. Jere Behrman and T. N. Srinivasan, Amsterdam: Elsevier Science B. V., pp. 2551-2657.

Office of the National Economic and Social Development Board and UN Country Team in Thailand[2004], *Thailand Millennium Development Goals Report 2004*, downloaded from http://www.undp.or.th/publications/index.html.

Ravallion, Martin[2001], "Growth, inequality and poverty: looking beyond averages," *World Development*, Vol. 29, No. 11, November, pp. 180-1815.

――and Gaurav Datt[1996], "How important to India's poor is the sectoral composition of economic growth?," *World Bank Economic Review*, Vol. 10, No. 1, January, pp. 1-25.

Sala-i-Martin, Xavier[2002], "The world distribution of income (estimated from individual country distributions," *NBER Working Paper*, 8933.

Schultz, T. Paul[1988], "Education investments and returns," in *Handbook of Development Economics*, Vol. 1, eds. Hollis Chenery and T. N. Srinivasan, Amsterdam: Elsever Science B. V., pp. 543-630.

United Nations Development Programme[1999], *Human Development Report of Thailand 1999*, downloaded from http://www.hdrc.undp.org.in/APRI/NHDR_Rgn/Thailand/1999/thailand_nhdr_1999.pdf.

〔データ一覧〕

【台湾】

臺灣省戶口普查處[1959],『中華民國戶口普查報告書[General Report the 1956 Census of Population]第二卷:臺灣省 第三冊:人口之教育程度(上)』.

――[1973],『中華民國五十五年臺閩地區戶口及住宅普查報告書[General Report the 1966 census of population and housing Taiwan-Fukien Area]第二卷:臺灣省 第三冊:人口之教育程度(上)』.

行政院戶口普查處[1982],『中華民國六十九年臺閩地區戶口及住宅普查報告[General Report the 1980 census of population and housing Taiwan-Fukien Area]第二卷:臺灣省 第四冊:經濟特徵(二)』.

Census Office of Executive Yuan[1992], *An Extract Report on the 1990 Census of Population and Housing, Taiwan-Fukien Area, Republic of China, Part I.*

行政院主計處[1990],『中華民國七十九年臺灣地區人力運用調查報告[Report on the

Manpower Utilization Survey in Taiwan Area, 1990]』.
——[2000],『中華民國八十九年臺灣地區人力運用調查報告[Report on the Manpower Utilization Survey in Taiwan Area, 2000]』.

【韓 国】
Economic Planning Board[1969], *1966 Population Census Report of Korea*.
——[1973], *1970 Population and Housing Census Report, Vol. 2, 10% Sample Survey, 4-1 Economic Activity*.
——[1982], *1980 Population and Housing Census Report, Vol. 2, 15 Percent Sample Survey, 3-1 Economic Activity*.
Korean Statistical Association[1992], *1990 Population and Housing Census Report, Vol. 6, Economic Activity*.
Korea National Statistical Office[2002], *2000 Population and Housing Census Report*.

【タ イ】
National Statistical Office, *Report of the Labor Force Survey, Whole Kingdom, July-September(or August)*の 1971, 1980, 1990, 2000 年版.
——, *Report of the Household Socio-Economic Survey, Whole Kingdom*の 1988, 1992, 1996, 2000, 2004 年版. 一人当たり支出階層別データを用いての下位 10 ％の家計が及ぶ範囲は以下の通りであった. 1988 年は 0～250 バーツならびに 250～499 バーツの階層の 24％, 1992 年は 250～499 バーツの 51％(0～249 バーツの階層ももちろん含むが, 以下省略), 1996 年は 750～999 バーツの 6％, 2000 年は 500～999 バーツの 54％, 2004 年は 1000～1499 バーツの 20％.

【インドネシア】
Biro/Badan Pusat Statistik, *Penduduk Indonesia[Population of Indonesia]*の 1971, 1980, 1990, 2000 年版.
——, *Keadaan Angkatan Kerja di Indonesia[Labor Force Situation in Indonesia]*の 1996, 2000 年版.

【イ ン ド】
Registrar General & Census Commissioner[1972a], *Census of India 1971, Series 1 India, Part II-B(ii) General Economic Tables*の Table B-III, Part A.
——[1972b], *Census of India 1971, Series 1 India, part II-B(iii) General Economic Tables*の Table B-IV, Part A.
——[1987], *Census of India 1981, Series 1 India, Part III-A(i) General Economic Tables*の Table B-4, Part A ならびに Part B.
——[1998a], *Census of India 1991, Series 1 India, Part III-B Series, Economic Tables, Vol. 1*の Table B-3(S).
——[1998b], *Census of India 1991, Series 1 India, Part III-B B Series, Economic Tables, Vol. 3(Part-1)*の Table B-3(F).

【中 国】
国务院人口普查办公室, 国家统计局人口统计司编[1985],『中国 1982 年人口普查资

料:电子计算机汇总(1982 Population Census of China: Results of Computer Tabulation)』.
――[1993],『中国1990年人口普查资料(Tabulation on the 1990 Population Census of the People's Republic of China)』.
――,国家统计局人口和社会科技统计司编[2002],『中国2000年人口普查资料(Tabulation on the 2000 Population Census of the People's Republic of China)』.

【メキシコ】
Instituto Nacional de Estadistica, Geografia e Informatica, *Censo General de Poblacion y Vivienda*[*General Census of Population and Housing*]の1969, 1980, 1990, 2000年版.

【チ リ】
Direccion de Estadistica y Censos[19--?], *XIII Censo de Poblacion*[*Population Census*]: *29 de Noviembre de 1960, Serie A*.
Instituto Nacional de Estadisticas[1971], *XIV censo de poblacion y III de vivienda, 1970, Muestra de adelanto de cifras censales*.
――[1986], *Poblacion, Tomo I, Total pais*(*XV censo nacional de poblacion y IV de vivienda*).
――[1992], *Censo de poblacion y vivienda, Chile 1992: resultados generales*.
――[2002], *Poblacion, pais-region*(*Censo 2002; Resultados, Vol. 1*).

【ベネズエラ】
Oficina Central de Estadistica e Informatica, *Censo General de Poblacion y Vivienda* [*General census of Population and Housing*]の1971, 1981年版.

【ペルー】
Instituto Nacional de Estadistica, *Censos Nacionales*[*National Census*]の1972, 1981, 1993年版(ただし, 1993年人口センサスからは教育水準別産業別データは入手できず).

【モーリシャス】
Central Statistical Office, *Housing and Population Census of Mauritius*の1972, 1983, 1990, 2000年版.

【南アフリカ】
Bureau of Statistics/Central Statistical Service, *Population Census*の1960, 1970, 1991年版.

【ケニア】
Central Bureau of Statistics, *Statistical Abstract*の1972, 1982, 1991, 2002年版.

【エチオピア】
Central Statistical Office[1974], *The Demography of Ethiopia*(*Statistical Bulletin 10, Results of the National Sample Survey, Second Round, Vol. 1*).

参 考 文 献

―― [2000], *Analytical Report on the 1999 National Labour Force Survey, March 1999*(*Statistical bulletin 234*).

【ボツワナ】
Republic of Botswana[1972], *Report on the Population Census 1971*.
Central Statistics Office[1987], *Analytical Report*(*1981 Population and Housing census*).
―― [1994], *Summary Statistics on Small Areas: for Settlements of 500 or More people*(*1991 population and Housing Census*).
―― [2003], *National Statistical Tables, August 2001*(*2001 Population and Housing Census*).

【ガーナ】
Ghana Statistical Service [1995], *Analysis of Demographic Data, Vol. 1: Preliminary Analysis Reports*.

【その他】
ILO[1975], *Year Book of Labour Statistics 1975*.
―― [2003], *Key Indicators of the Labour Market*, 3rd edition.

第2章

日 本
──高度成長が導いた貧困削減──

内 村 弘 子

はじめに

　日本における近代経済成長は19世紀終わり，明治期をその端緒とする．その後，日本経済は，20世紀前半の戦争期，そして戦後復興期を経て1960年代まさに飛躍的な成長を経験し，1970年代以降先進国へと発展を遂げる．そして，その経済発展は，国民総生産，所得水準の急増のみならず，日本における貧困層の削減に大きく寄与した．この貧困削減は，経済成長に伴う雇用の拡大，産業間・地域間の所得格差の改善によってもたらされた．本章は，経済成長とともに貧困削減を実現していった戦後日本の経験を経済成長と雇用[1]の創出という視点から再検討する．

　日中戦争以来8年超におよぶ戦争期を経て，敗戦直後の日本経済は壊滅的な状態にあった．1946年の鉱工業生産は戦前の1割にまで落ち込んだ(経済安定本部官房統計課[1947])．日本経済の状況は，「国家財政は赤字をつづけ，重要企業も赤字になやみ，国民の家計もまた赤字に苦しんでいるのがわが国経済の現状」(経済安定本部[1947：53])という，いわゆる「三重苦」であった．戦後日本の経験はこのような壊滅的な経済状態からの「復興」であり，その基礎的条件は必ずしも今日の開発途上国経済のそれと重なるわけではない．しかし，少なくとも戦前戦後の日本経済は，産業構造，就業構造ともに主要部門は農業であり，また農村の貧しさ(安場[1989])など，今日，開発途上国が置かれている状況と共有する点も多い．そして，産業・就業構造という意味において農業国であった日本経済は，戦後の復興期から高度成長期を経て先進国へと発展を遂げ，同時に貧困削減を実現していく．このような日本経

---

[1] 以下，本章は「雇用」と「就業」をほぼ同義として用いる．厳密には統計上「雇用」に自営業者は含まれない場合がある．本章第2節の分析では『就業構造基本調査報告』を用いており，分析対象は厳密には「就業者」であり，自営業者も含まれる．

第2章 日　本

済の発展，さらに貧困削減の過程を一つの事例として取り上げることは決して今日的意義を失うものではないと考えられる．現在，開発途上国が抱える貧困という問題を念頭に，戦後日本が経験した経済発展と貧困削減の道のりを探っていく．

　本章では，特に貧困層の就業機会の創出という視点から，経済発展の過程において，各産業部門が担った役割に焦点を置いて分析を行う．第1節では，まず，終戦直後，そして復興期から高度成長期にかけての産業・就業構造の変化，そして就労者の教育水準の変遷について概観する．加えて，これら変遷に影響を与えたと考えられる諸政策についてふれる．第2節では産業構造の変化と貧困層の就業機会の創出について，第1章で用いた手法を日本の時系列データに応用して分析し，第1章の比較となる視点を提供する．ここでは高度成長期末からのデータを用いて，貧困層の就業機会の創出という役割を中心的に担ったのはどの産業部門だったのか，また就業機会創出という観点からみると各産業部門はどのような役割を担ったのか，という2点を主な分析課題とする．「おわりに」では，以上の分析結果から得られた知見のまとめを述べる．

第1節　戦後復興から高度経済成長へ

　ここでは，敗戦直後の荒廃と混乱から高度成長期にかけての日本経済の歩みを産業部門や就業構造の変化，そしてその背景となる諸政策という視点からたどる．

　1937年に始まる日中戦争は太平洋戦争へと拡大し，戦争期は8年超におよんだ．長期間にわたる戦争，そしてその敗戦の結果，日本は基本的経済基盤の多くを失った．その損失は土地や資源，産業基盤，社会・生活基盤に及び，日本経済は壊滅的な状態に苦しんでいた．

1．生産水準と産業構造

　戦中の空襲による産業施設の破壊，また機械設備の劣化・屑化，さらに終戦による軍需生産の停止，そして貿易の停止などから，戦後の産業生産はほとんど機能不全の状態に陥っていた．終戦直後の生産活動は，表1にみる通

表1 戦前戦後の主要経済指標

	人口	経済成長率	鉱工業生産		卸売物価	消費者物価	鉱工業生産 1955=100			
	1,000人	実質, %	1955=100	増加率, %	前年比, %	前年比, %	製造工業	石油・石炭製品業	繊維工業	製材
1940			100.2				97.0	54.2	102.7	49.3
1941			103.4	3.2			100.2	64.0	83.1	61.7
1942			100.5	-2.8			97.4	63.9	65.7	58.3
1943			101.6	1.1			98.5	64.2	43.0	51.6
1944			103.5	1.9			101.2	51.1	22.9	45.7
1945	71,998		44.6	-56.9			42.9	14.7	8.8	27.3
1946	73,114		18.0	-59.6	400.0		16.1	6.6	14.6	41.7
1947	78,101	8.4	22.6	25.6	195.0		20.1	7.9	19.7	55.0
1948	80,002	13.0	29.8	31.9	164.4	82.5	26.9	12.1	22.4	63.8
1949	81,773	2.2	38.7	29.9	62.8	32.2	35.7	15.2	29.9	64.0
1950	83,200	10.9	47.4	22.5	18.1	-7.2	44.7	27.9	42.5	67.2
1951	84,573	13.0	65.5	38.2	38.7	17.7	63.1	45.2	60.3	100.7
1952	85,852	11.7	70.2	7.2	2.2	5.4	68.0	58.6	68.6	107.1
1953	87,033	6.3	85.7	22.1	0.7	6.3	84.2	74.9	82.5	102.5
1954	88,293	5.8	92.9	8.4	-0.7	6.5	92.4	87.1	89.6	100.4
1955	89,276	8.8	100.0	7.6	-1.9	-1.0	100.0	100.0	100.0	100.0

出所)「1主要経済指標」,「2-1生産指数(付加価値ウエイト・昭和30年基準)」,通商産業省通商産業政策史編纂委員会編[1992].

り戦前の半分以下の水準に激減した．鉱工業生産は終戦の年には前年から半減，その翌年にはさらに半減となり，1946年の水準は実に1940年の18％程度でしかない．その後約10年を要し，1955年にほぼ戦前の水準に回復する．その歩みは平坦なものではなく，1950年辺りまでの緩慢な足取りの後，急速に回復する．さらに詳しく生産活動の動向をみると(表1)，戦後すぐは軽工業の生産が盛んになり，その後重化学工業の回復が目立ってくる．

次に国内総生産の産業部門別構成の推移をみると(表2)，1950年代初め，農林水産業部門と製造業部門はほぼ同じ割合を占めるが，その後1955年を境に製造業部門の割合が急増する様子がわかる．1952年に20％弱だった製造業部門の割合は1960年には30％超に達し，その後高度成長期を通じてその水準を維持している．1950年代初めは製造業部門と同様に20％弱の割合であった農林水産業部門は，1955年を境に低下の一途をたどる．サービス部門(その他サービスを含む)は1955年時点ですでに約4割を占めるものの，

表2　国内総生産の産業部門別構成比(名目,%)

産業部門	1952	1955	1960	1965	1970	1975	1980
農林水産業	18.5	19.9	13.1	9.8	6.1	5.5	3.7
鉱業	2.5	2.0	1.5	1.0	0.8	0.5	0.6
製造業	19.3	28.4	34.6	33.7	36.0	30.2	29.2
建設業	3.1	4.5	5.6	6.6	7.7	9.7	9.4
サービス・その他サービス		40.1	40.1	43.8	45.3	47.7	50.5
サービス業		10.1	7.5	7.8	9.6	11.0	11.7
その他サービス		30.0	32.6	36.0	35.7	36.7	38.8

出所)　内閣府経済社会総合研究所編[2001].

その後1960年代中頃まではあまり大きな変化をみせない．1965年辺りを境に，サービス部門は着実にそのシェアを高め，1970年代中頃には国内総生産の約半分を占めることになる．

1950年代後半，つまり日本経済が回復期から成長期へ進む時期，国内総生産に占める農林水産業部門の割合は低下する一方，それを代替する形で製造業部門の割合が増加した．そして，高度成長期後半の1960年代半ば以降，農林水産業部門の割合は引き続き低下し，製造業部門の割合はあまり大きく変動しないなか，サービス部門の割合が増加し，日本経済は先進国的色彩を濃くしていく．

2．生活の窮乏と混乱

戦争は多大な人的被害をもたらしたが，終戦にともなう復員，引揚げ等によって2年間のうちに国内の人口は600万人も増加した．その一方で，生産活動は壊滅的状態にあり，約1250万人が失業の危機にあったという(中村[1990])．実際，終戦から1947年にかけて人口は急増しており，その後も1948年，1949年と年200万人近くの増加を続ける(表1)．さらに，終戦年の米の凶作は人々の窮乏に追い打ちをかけた(経済企画庁[1957])．食糧危機は深刻さを増し，1946年春以降，食糧配給の遅配・欠配が続いた．1946年は収穫期までの食糧供給の急激な低下が推測され，「1000万人の餓死者が真剣に危惧された」(五百旗頭[2001:291])という．

また，表1にみたように，1946年の生産水準は1940年の18%程度でしかなく，終戦直後の生産活動は停止寸前の状態であったといえよう．このよ

表3　産業部門別就業構造と労働力人口

就業構造(％)

	1930	1940	1950	1955	1960	1965	1970
農林水産漁業	49.6	44.0	48.3	41.0	32.6	24.6	19.4
鉱業	1.1	1.8	1.6	1.4	1.2	0.7	0.4
建設業			3.9	4.5	6.1	7.1	7.6
製造業			15.9	17.6	21.9	24.5	26.0
サービス業，その他			30.2	35.5	38.2	43.0	46.7

労働力人口(万人)

	1947	1950	1955	1960	1965	1970
農林水産漁業	1,745	1,810	1,654	1,449	1,212	886
製造業	674	623	756	951	1,157	1,377
サービス業	408	638	1,165	1,401	1,583	1,895

出所)　『国勢調査』並びに『労働力調査』(労働力調査は通商産業省通商産業政策史編纂委員会編[1992])に基づき筆者作成.

うな供給不足に加えて，戦後の臨時軍事費支払い，貯蓄引出しの増加などから，日本経済は終戦直後から激しいインフレーションに見舞われることになる(香西[1981])．表1にみるとおり，1946年の卸売物価は実に前年の400％増，翌年も前年比約200％増と，まさに「狂乱的」な上昇をみせる．終戦直後の日本経済は人口の増加，供給の激減，急激なインフレーションと非常な混乱のうちにあり，人々の生活も窮乏と混乱に覆われていた．

3. 就業構造と教育水準

このような混乱と窮乏から回復，さらに高度成長という激変のなかで，いずれの産業部門が大量の労働人口を吸収し，人々はいかに生活の基盤を築いたのか．終戦にともなって復員，引き揚げた人々の一部は農村に戻ったとされる(猪木[2000])．表3からも戦後に増加した人口が農林水産漁業部門(主に農村)に吸収された様子がうかがえる．こうして，戦前に低下傾向にあった農林水産漁業部門の就業割合は，戦後再び増加した．1950年時点で総就業者の約半数はこの部門で就業していた．その後，日本経済が回復の足取りを速め，本格的な成長に向かう1955年から1960年にかけて，農林水産漁業部門の就業割合は急速に縮小していく．一方，製造業部門の割合は大きく増加する(表3)．またこの時期，サービス部門(その他サービスを含む)の就業人口

も大幅に増加する.

1950年代半ば以降,就業構造における農林水産漁業部門のシェアは低下を続ける一方,製造業部門のシェアは上昇する.そして高度成長も半ばに差し掛かる1965年,就業人口に占める農林水産漁業部門と製造業部門の割合はほぼ同じ水準となる.製造業部門とサービス部門は,新規労働力に加えて農林水産漁業部門からの移転労働力をも吸収した様子がうかがえる(表3).

このような就業構造の変化は,農家の兼業化や若年労働者のいわゆる「集団就職」などとしても捉えられている.農家の兼業化は,その世帯員が非農業部門で就業することから農業外所得を増加させ,大規模農家と小規模農家という農家(内)の所得分配の改善,さらに農業部門と非農業部門の相対所得という産業間の所得分配の改善をもたらしたと指摘される(寺崎・溝口[1997]).初等教育(新制中学校)を終えた若年労働者が地方から集団で移動し就職するという集団就職は1950年代中頃から活発になり,その多くは電気機器などの製造業部門に就業したという(猪木[2000]).

こうした就業構造の変化は,経済発展,そしてそれに伴う産業構造の変化によって導かれたと考えられる.1960年代以降,サービス部門は産業構造と就業構造においてともに40%超の割合を占める(表2,表3).製造業部門は産業構造では30%超,そして就業構造では25%前後の割合を占める.1960年代後半,農林水産漁業部門は就業人口の20%前後の割合を占めているものの,産出ベース(産業構造)のシェアはすでに10%をきっている.表3にみたように,農林水産漁業部門の就業者数は1950年代中頃以降,加速度的に減少していったが,他の産業部門と比較すると,農林水産漁業部門は依然として産出水準に比べて就業者数が多いという特徴がみられる.

次に,第2節の分析において重要な要素となる教育水準の推移についてみてみる.終戦直後,中等教育[2]への進学率は急激に上昇し,その後も着実な上昇をみせる(表4).しかし,その水準に着目すると,日本経済が本格的な回復を始める1950年代,中等教育機関への進学率は5割前後であり,それは言い換えると5割前後の者が初等教育以下の教育水準で就業していたということになる[3].その割合は日本経済が高度成長期に入る1960年前後でも

---

[2] ここでの中等教育の定義は,表4の注にある通りである.
[3] 進学しなかった者が全て就業したとは限らず,正確には無業の状態にあった者も含まれる.

表4 中等教育機関への進学率(%)

1930	18.3	1960	57.7
1935	18.5	1965	70.7
1940	25.0	1970	82.1
1945	45.3	1975	91.9
1950	46.7	1980	94.2
1955	51.5		

注) 昭和22(1947)年以前は(尋常科またはそれと同程度の)卒業者のうち,旧制中学校・高等女学校(実科を除く)・実業学校および師範学校(第1部)のそれぞれ本科へ進学した者の割合.昭和23(1948)年以降は,新制中学校を卒業して新制高等学校(本科)へ進学した者の割合.昭和40(1965)年以降は,中学校卒業者のうち,高等学校本科・別科・高等専門学校に進学した者(就職進学した者を含み,浪人は含まない)の占める比率.
出所) 1930~1960年は「日本の成長と教育」,文部省[1962].1965~1980年は総務庁統計局[1988].

4割前後にのぼる.1951年(昭和26年)の中学校卒業(初等教育水準)者の産業別就業状況では,農業と製造業の割合が高く,それぞれ45.4%,28.8%を占める(文部省[1953]).低教育層の就業先として農業部門と製造業部門の重要性がうかがえる.また,都道府県による進学率の差異から,工業化の進展と進学率との関連も指摘されている(文部省[1962][1964]).

次に生産年齢人口の教育水準をみると(表5),未就学者は戦前からすでに低く,戦後は極めて低い水準であることを確認できる.一方,初等教育水準者は日本経済が高度成長期に差し掛かる1960年でも6割以上の割合であり,逆に高等教育水準者の割合は5%程度と低い.日本経済が戦後の混乱から回復する1950年代以降,中等教育水準の割合が上昇し,1960年代には生産年齢人口の約3割を占めるまでになる.

4. 政策的背景

終戦直後の混乱と荒廃から,日本経済はまさに驚異的な復興・成長を遂げ,同時に貧困問題も大きな改善をみせる.このような経済開発の背景には,終戦後の米国の占領・対日政策や日本政府の復興・経済政策,または朝鮮戦争

表5　生産年齢人口の教育水準(%)

	未就学者	初等教育卒業者	中等教育卒業者	高等教育卒業者
1935	7.1	82.1	9.2	1.6
1950	2.3	78.5	15.8	3.4
1960	0.5	63.9	30.1	5.5
1970	0.3	54.1	35.7	9.8
1980	0.2	37.6	45.7	16.6

注)　1970年，1980年については，総務省統計局[2003]のデータを用いて筆者算出．
出所)　1935～1960年は「我が国の教育水準」，文部省[1964]．1970年，1980年は総務省統計局[2003]．

の勃発など様々な政策や偶発的な事柄があった．これらは，日本経済の動向に直接的，あるいは間接的に影響を与えたと考えられる．この時期の諸政策は，戦後の回復期そして成長期の日本経済にいかなる影響を与え，またどのように導いたのか．

　終戦後の混乱期，日本経済に直接的な影響を与えたのは米国の占領・対日政策であろう．敗戦直後，占領政策の重点は日本の非軍事化並びに民主化におかれていた．日本の賠償についてはポツダム宣言においてすでにふれられていたが，その内容は具体的なものではなかった．賠償内容が具体的に示されたのは1945年12月7日に公表されたポーレー賠償使節団の中間報告においてである．その内容は，日本政府の予想をはるかに超える厳しいものであった．軍需に直結しうる重化学工業はもとより，軽工業をのぞく重工業は壊滅してしまう程であった(中村[1990])．しかし，この賠償内容は米国の対日政策の変化によって実際には大きく緩和されることになる．米ソ対立，そして東西冷戦という世界情勢から，1947年以降，米国の対日政策は日本経済の安定・復興に重点が移り，その具体策は先に言及した賠償内容の大幅な軽減や日本経済への援助となって現れる(経済企画庁[1957])．先にみたように，1946年，1947年の日本経済はまさにどん底にあった．米国の政策変更は，東西冷戦という世界情勢下において戦略的意味から発生したものであるが，窮乏にあえいでいた日本経済を助け，混乱を収拾する重要な背景の一つとなったことは確かであろう．

　さらに日本経済の混乱収集に向けた対日政策として言及すべきは，経済安定化計画である「経済九原則」[4]，そして1949年のいわゆる「ドッジ・ライ

ン」であろう．ドッジ・ラインの要点は少々乱暴かもしれないが一言でいうと，「均衡予算」の強行実施である．ドッジ・ラインによって，終戦直後より高騰を続けていた物価は急速に収束する．1946年に前年比400%増を記録した卸売物価は，1950年には同18.1%増にまで落ち着き，消費者物価にいたっては同7.2%減となる(表1)．しかし，強烈な緊縮政策の実施は景気の急激な後退をもたらした．景気低迷が深刻さを増し，いかに対応すべきかが大きな問題として浮上してきたとき，朝鮮戦争が勃発する．日本経済はこの偶発的「特需」によって深刻な景気低迷から脱することになった．ドッジ・ラインの功罪については様々な議論があるものの，インフレの収束は日本経済のその後の回復，成長の重要な基礎的要件の一つを築いたといえよう[5]．

　では，戦後，日本政府の経済復興に向けた政策はいかなるものであったか．本章のテーマである経済成長と就業機会の創出という視点から注目されるのは，日本経済が本格的な回復軌道にのる以前に作成された経済復興計画委員会報告書である．これは，1948年に第一次試案が作成され，その後，経済復興計画委員会によって改訂が重ねられ，1949年5月に最終報告書としてまとめられたものである．実際には，先にみた経済九原則，ドッジ・ラインの影響，そして最終的には吉田首相の一蹴によって，この報告書は公のものとはならずに終わる．公の経済計画書として実行には移されなかったものの，この時点ですでに後の日本経済が実際に歩んでゆく産業・雇用構造の変遷を促すべく政策が練られていたということは注目に値しよう．

　同報告書では，日本経済の活路として貿易の重要性が指摘され，当面の課題として産業構成の高度化をあげ，鉱工業に重点をおくことが示唆される．さらに雇用については，「労働生産性の向上と，産業構成の変化に即した雇用配分の適正化に重点を置いていく」(経済復興計画委員会[1949：197])としている．戦後，人口の増加と経済の疲弊から失業問題は深刻さを増していた．この報告書も，完全失業者のみならず，不完全就業者，潜在失業者を含む失業問題そして貧困・低所得という問題に言及している．貿易につながる産業の振興を通じた経済の復興，加えてそれに伴う産業構造の変化から就業機会の

---

4) これは正確には，日本政府に対する指令であった．
5) 加えて，この時期，価格・物資の統制撤廃が進んだことも重要な要件の一つと考えられる．

第2章　日　本

増加を促し，失業問題や貧困・低所得問題にも長期的に応えていく，という戦略がこの報告書に読み取れる．

果たして，このような戦略，政策方針はその後の長期経済計画で基本路線として受け継がれる．1957年の新長期経済計画では「雇用吸収力が高く，エネルギー消費の少ない機械工業，そしてその機械工業の基礎となる鉄鋼業，さらに輸出商品としての化学製品などの発展をはかる」(経済企画庁[1960:408-409])とされている．経済の本格的な回復，そして続く高度成長期への橋渡しの時期となる1950年代後半，日本の産業政策の特徴は合理化とその側面支援といえよう．なかでも鉄鋼第二次合理化計画，電力五ヵ年計画，石油化学第一期計画等の重要性が指摘される(安場・猪木[1989])．

このような高度成長への準備期間を経て，1960年に閣議決定されるのが国民所得倍増計画，池田首相のいわゆる「所得倍増計画」である．その主要目的は，①社会資本の充実，②産業構造の高度化，③貿易と国際経済協力の促進，④人的能力の向上と科学技術の振興，⑤二重構造の緩和と社会的安定の確保(石川[1960])とされる．5番目の目的に関して，成長に伴う雇用機会の創出によって失業や不完全就業の問題解決を図るために，経済成長に伴う構造変化に即した人口移動，そして産業間の労働移動を推進することの必要性が指摘されている．さらに，雇用の改善について，それは単に労働力の増加に伴う失業者を吸収するに留まらず，積極的に低所得層を解消していくことであるとしている[6]．

「所得倍増計画」において国民所得というマクロの経済成長目標の設定のみならず，それによって貧困・低所得という問題の改善を図ることを積極的課題として明示している点は注目に値しよう．ここに，戦後，日本政府の経済成長そして失業，貧困問題に対する一つの考え方を見出せる．それは，産業構造の高度化，第二次産業そして貿易の振興による経済成長，さらにそのような経済成長，産業構造の変化を通じた雇用機会の創出による失業，貧困問題の改善，という政策思考である．先にみたように，日本経済は，終戦直後の混乱期から復興期にかけて米国の対日政策・援助や偶発的な外的要因な

---

[6] この点に関して，社会保障の充実並びに社会福祉の向上が重要な課題として挙げられている．これらの具現化のために，新国民健康保険法が1958年に，国民年金法は1959年に制定され，そして1961年には国民皆保険・国民皆年金が達成される．

どの影響をうけつつ，1950年代からの本格的回復そして続く高度成長期を通じて経済発展と貧困削減を同時的に達成していく．

はじめに留意したように，戦後の日本経済の経験は「復興」という意味から，今日の開発途上国の基礎的条件と必ずしも一致しない．しかし，生産基盤の欠如，資源の欠乏，人々の窮乏という実質的状況において共有する面は少なくない．日本経済の経験は，製造業を中心とした成長，それに伴う就業構造の変化と雇用の創出によって，経済成長と貧困の改善をともに達成した事例といえよう[7]．以下では，貧困層に焦点をあて，戦後，激変を経験する日本経済において，彼らを取り巻く就業構造の変動を探る．

第2節　産業・就業構造の変化と貧困層の就業

前節でみたように，日本経済は戦後，混乱から回復，そして成長へと大きな変化を経験する．本節では，日本経済が経験した変遷において，なかでも産業構造と就業構造の変化について第1章と同様のアプローチ(手法)を用いて分析する．具体的な分析課題は，貧困層の就業機会の創出という役割を中心的に担ったのはどの産業部門であったか，また就業機会の創出という意味で各産業部門はどのような役割を担ったか，という2点である．

1.　手法・データ

ここでは，日本の時系列データを用いて，就業構造に着目した第1章と同様のアプローチ(栗原・山形[2003])によって分析する．以下，まず簡単にこの手法について説明する．

産業部門別の就業構造

$$\frac{L_i}{L} \tag{1}$$

$$\frac{L_i^P}{L^P} \tag{2}$$

---

[7] もちろん，このような成長は良い結果のみを生み出したものではない．公害などそれがもたらした負の側面も指摘される．

ここでiは産業部門，Pは貧困層，Lは就業者数である．(1)は，産業部門別の就業割合を示す．例えば，製造業部門の就業者は総就業者の何割を占めるか，という割合を表す．(2)は同様の割合を貧困層についてみている．つまり，農林水産漁業部門に就業する貧困層は全貧困層就業者の何割を占めるかという割合を示す．まず(1)の時系列の変化をみることから，日本経済における就業構造の変化を追う．そして，(2)にみる貧困層の就業構造の変化から貧困層の就業機会という役割を中心的に担った産業部門について分析する．

産業部門別の相対的貧困密度

$$\frac{L_i^P}{L^P} = \left(\frac{L_i^P}{L_i} \bigg/ \frac{L^P}{L}\right) \cdot \frac{L_i}{L} \tag{3}$$

(3)式の右辺第1項に着目すると，これは各産業部門の総雇用における貧困層の割合と全産業(平均)におけるそれとの比率を表す．ここでは第1章にならって，これを相対的貧困密度と呼ぶ．例えば，農林水産漁業部門の総雇用に占める貧困層の割合と全産業の総雇用における貧困層割合の比率を示す．農林水産漁業部門の総雇用に占める貧困層の割合と全産業のそれが等しい場合，相対的貧困密度は1となる．農林水産漁業部門での割合が全産業の割合と比べて高い場合は1以上となる．つまりその場合，農林水産漁業部門は産業全体と比べて貧困層雇用の吸収率(密度)が高いということになる．各産業の密度を比較することから，貧困層への就業機会の創出について各産業部門がどのような役割を担ったかを分析する．

貧困層の定義についても第1章と同様に教育水準によって定義し，第1章で分析された現在の開発途上国との比較的視点を提供する．本節では，初等教育以下(未就学，小学校卒，(旧)高等小学校卒，新制中学校卒)[8]を貧困層と定義する．教育水準によって貧困層を定義することから一つの問題が生じ得る．それは，教育水準の向上によって，次第に貧困層(低教育水準層)の年齢層が高くなるということである．前節でみたように，日本経済が復興に向かう1950年代，中等教育への進学率は5割前後であり，未だ初等教育水準以下で就業する割合は低くなかった．しかし，戦後，日本の教育水準は一貫して

[8) ここでの初等教育水準の定義は，本節の分析に用いた『就業構造基本調査報告』の定義に基づく．

第2節　産業・就業構造の変化と貧困層の就業

上昇しており，ここで指摘した貧困層(低教育水準層)の年齢層が時とともに高くなるという問題は，本節の分析にもあてはまると考えられる．この貧困層の高齢化という問題の影響を緩和するために，本節では貧困層全体の分析に加えて，若年貧困層と中高年貧困層それぞれについて分析する[9]．

産業部門は，次の5部門に分類する．農林水産漁業部門(農林業，水産業，漁業)[10]，鉱業部門，建設業部門，製造業部門，サービス部門(サービス業，その他サービス)[11]である．前節でみたように，終戦直後，農林水産漁業部門の就業割合は増加し，1950年時点で全就業者の約半数がこの部門で就業していた．その後，製造業部門やサービス部門での就業割合が増加し，農林水産漁業部門での就業割合は継続的に低下する．以下では，1960年代末から1970年代にかけて全体の就業構造はどのように変化するか，さらに貧困層の就業動向においても同様の傾向がみられるか，そして各産業部門は貧困層の雇用(就業)にどのような役割を果たしたか，という課題について上に示した手法を用いて詳しく分析する．

本節の分析では，就業者の教育水準と産業部門別の就業構造を捉えるために，『就業構造基本調査報告』から適したデータを用いた．『就業構造基本調査報告』は，1956年(昭和31年)から出版されているが，ここでは教育水準別の就業者のデータを必要とするため1968年以降のデータによって分析を行った．1960年代末は高度成長期も終わりの時期にあり，第1節にみた戦後の回復期からの動向を追えないという限界がある．本節では全体の就業構造に留まらず，本章のテーマである貧困層の就業構造に焦点をあて，高度成長期終わりから日本経済が先進国的色彩を濃くしていく1970年代について分析を行う．

2. 就業構造の変化と貧困層への就業機会

第1節(表3)では，戦前から高度成長期にかけての就業構造の変化をみた．

---

9)　ここで若年貧困層は15〜24歳，中高年貧困層は35〜54歳の貧困層と定義する．
10)　用いた統計の分類・表示に基づき，『就業構造基本調査報告』から用いたデータについては農林水産漁業部門，また第1節で用いた『国勢調査』並びに『労働力調査』からのデータは農林水産漁業部門，そして『国民経済計算報告』からのデータは農林水産漁業部門とする．
11)　ここでは，サービス業に加えてその他サービス：金融保険業，不動産業，流通業，小売・卸売業，通信業，飲食業，運輸業，公務を含む．この分類は，分析で用いる『就業構造基本調査報告』に基づく．

第2章　日　本

　農林水産漁業部門の就業割合は終戦直後に増加するが，1950年代中頃より低下の一途をたどる．一方，日本経済の回復から高度成長期にかけて，製造業部門，サービス部門での就業割合は増加する．ここでは，高度成長期も終わりに差し掛かる1960年代末から1970年代にかけて，人々は主にどのような部門に就業したのか，なかでも貧困層の就業にとっていずれの産業部門が重要であったのか，という点について分析する．

　まず1960年末以降の産業構造の変化についてみると(表2)，農林水産業部門は1950年代半ば以降低下を続け，1980年時点では5%を切る水準になっている．製造業部門は高度成長期を通じて35%前後の割合で推移するが，第一次石油ショックを境に減少傾向に転じる．それを代替する形でサービス部門の割合が増加する．加えて建設業部門も期間を通して産業構造におけるその比重を増している．

　産業構造がこのような変遷をみせるなか，就業構造はどのように変化したのか．全就業者の就業構造についてみると(表6(1))，農林水産漁業部門の就業割合は1960年代末から1970年代にかけて一貫して低下している．製造業部門は1970年代，減少傾向にあるがそのテンポは緩やかで，25%前後の割合で推移している．ここではすでに高度成長期も終わりの1960年代末からの就業構造であるため，製造業部門の就業割合はすでに安定的な推移にあると考えられる．産業構造においては先にみたように第一次石油ショックを境に製造業部門の減少傾向は鮮明になるが，就業構造では石油ショック前後に大きなギャップはみられない．一方，1970年代，サービス部門(サービス業とその他サービス含む)の就業割合は一貫して増加傾向にあり，1979年には54%と全就業者の半数以上がサービス部門に就業している．これは高度成長期以降の経済の先進国化，サービス化の反映であると考えられる．

　では貧困層の就業構造はどのように変化しているのか．まず貧困層全体についてみると(表6(2))，農林水産漁業部門，製造業，サービス部門，いずれも変化の動向は全就業者のそれと同様であることがわかる．しかし，各産業部門の就業割合の水準には貧困層と全就業者との間に差異が見られる．全就業者と比べ貧困層の就業割合は農林水産漁業部門で高く，サービス部門において低い．また貧困層の建設業部門での就業割合は10%以上の水準で期間を通じて増加傾向にある．

表6 就業構造の推移(％)

(1)全就業者の就業構造

	1968	1971	1974	1977	1979	1982
農林水産漁業	21.0	17.4	14.3	12.4	11.1	10.0
鉱業		0.4	0.3	0.2	0.2	0.2
建設業		7.9	8.7	8.9	9.7	9.5
製造業	25.6	27.2	26.8	25.7	24.8	24.7
サービス・他	53.3	47.1	49.8	52.7	54.1	55.4
その他	0.0	0.0	0.1	0.1	0.1	0.2

(2)貧困層の就業構造

	1968	1971	1974	1977	1979	1982
農林水産漁業	31.4	27.5	23.9	21.4	20.8	19.9
鉱業		0.6	0.4	0.4	0.3	0.3
建設業		10.1	11.3	12.0	13.1	13.4
製造業	25.6	28.0	28.6	27.9	26.7	27.2
サービス・他	43.0	33.8	35.8	38.3	39.0	39.0
その他	0.0	0.0	0.1	0.1	0.1	0.1

(3)若年貧困層の就業構造

	1968	1971	1974	1977	1979	1982
農林水産漁業	10.3	8.8	7.0	6.7	6.0	4.8
鉱業		0.4	0.2	0.2	0.2	0.3
建設業		12.7	14.5	17.9	19.3	21.2
製造業	43.1	42.8	41.3	36.0	32.6	28.1
サービス・他	46.6	35.3	37.0	38.9	41.8	45.3
その他	0.0	0.0	0.0	0.2	0.1	0.3

(4)中高年貧困層の就業構造

	1968	1971	1974	1977	1979	1982
農林水産漁業	35.0	29.8	25.3	20.6	18.3	15.1
鉱業		0.8	0.6	0.5	0.4	0.4
建設業		9.6	11.1	12.1	13.5	14.1
製造業	22.9	27.0	28.7	29.7	29.8	31.6
サービス・他	42.1	32.8	34.2	37.1	37.9	38.7
その他	0.0	0.0	0.1	0.0	0.1	0.1

出所)『就業構造基本調査報告』各年のデータを用いて筆者計測.

次に貧困層を若年貧困層と中高年貧困層にわけ，それぞれの就業構造についてみる．まず若年貧困層の就業構造をみると(表6(3))，農林水産漁業部門での就業割合の低さが目立つ．一貫して低下するトレンドは就業者全体，貧困層全体と同様であるが，その水準は就業者全体の水準をも大幅に下回る．一方，製造業部門での就業割合が高い．1970年代中頃まで，若年貧困層の製造業部門での就業割合は40％を超える水準で推移している．これは貧困層全体のそれを10ポイント以上上回る水準である．しかし1970年代後半からは急速な減少傾向にある．その減少を代替する形で増加しているのが建設業部門とサービス部門である．

若年貧困層と貧困層全体との目立った違いは，製造業部門での就業割合の高さ，加えて建設業部門での就業割合の高さ(水準)と1970年代中頃からのその急速な増加である．これらから，若年貧困層の就業において，その総量(水準)として重要な役割を果たしたのは製造業部門とサービス部門であることがわかった．加えて，特に1970年代中頃以降，建設業部門の役割も増している．また，若年貧困層と比べ中高年貧困層では，全貧困層と同様に農林水産漁業部門での就業割合が相対的に高いというのが特徴である(表6(4))．これは同部門の高齢化という全体的な特徴の反映でもあると考えられる．

就業構造の推移をみると，農林水産漁業部門とサービス部門での就業割合は全就業者，貧困層全体，若年貧困層そして中高年貧困層，いずれにおいても同様の傾向にある．つまり，農林水産漁業部門での就業割合は1970年代を通じて低下し，一方でサービス部門での就業割合は増加する．これは，前節でみた経済成長にともなう産業構造の変化と一致した動きである．製造業部門については，ここでは高度成長期も終わりの1960年代末以降について分析しているため，同部門での就業割合に大きな変動は若年貧困層を除いてない．若年貧困層については先にみたように1970年代半ば以降，同部門での就業割合が減少する一方，建設業部門やサービス部門での就業割合が増加している．

就業割合の水準に関して，中高年貧困層では農林水産漁業部門の重要性が指摘される．一方，若年貧困層については，貧困層全体と比べて製造業部門と建設業部門の重要性が見出された．全就業者と比べるとその水準は低いものの，サービス部門での就業割合は貧困層においても3割から4割を占めて

いる．つまり，雇用の「総量」という意味で，この時期すでにサービス部門は貧困層にとっても重要な就業先となっていたということがわかる．加えて，若年貧困層については，製造業部門も雇用の総量として重要な役割を果たしていた．先にみたように，いわゆる「集団就職」として中学校を終えた若年労働者が製造業に就業したピークは1950年代後半から1960年代にかけてである．ここでみている1970年代はすでにそのピークを過ぎていると考えられるものの，製造業部門は若年貧困層にとって依然として重要な就業先であったことを指摘できよう．

3. 産業部門別貧困密度

貧困層を「量」として雇用するという意味において，1960年代末以降，重要な産業部門はサービス部門であった．加えて，若年貧困層にとっては，製造業部門も依然として重要な産業部門であった．では，この時期，貧困層の就業機会の創出という意味で，それぞれの産業部門はどういった役割を果たしたのか．ここでは，上記(3)式に示した産業部門別の相対的貧困密度を用いて，貧困層の雇用について各産業が果たした役割を考える．この相対的貧困密度は，ある産業部門，例えば農林水産漁業部門の総就業者における貧困層就業者の割合が全産業(平均)のそれと同じ場合に1となる．農林水産漁業部門の密度が1以上の場合は，同部門の総就業者における貧困層の割合が全体(平均)のそれより高いということになる．つまり，農林水産漁業部門は貧困層を集約的に雇用していると解釈できる．

まず貧困層全体についてみると(表7(1))，農林水産漁業部門と建設業部門の相対的貧困密度の高さが目立つ．両部門の密度はその高さのみならず，期間を通じて上昇傾向にあり，1982年時点で建設業部門は1.4，そして農林水産漁業部門は2.0に達している．一方，製造業部門は期間を通じて1前後で推移しており，サービス部門は1以下である．これらから，農林水産漁業部門と建設業部門ではその全就業者に占める貧困層の割合が相対的に高い，つまり貧困層が集約的に就業している産業部門であることがわかる．一方，先にみた総量として多くの貧困層が就業するサービス部門は，その全就業者に占める貧困層の割合は相対的に低い．

次に若年貧困層と中高年貧困層それぞれについてみる(表7(2)，(3))．中高

表7　産業部門別相対的貧困密度

(1)全貧困層

	1968	1971	1974	1977	1979	1982
農林水産漁業	1.49	1.58	1.67	1.73	1.88	2.00
建設業		1.27	1.29	1.34	1.35	1.41
製造業	1.00	1.03	1.07	1.09	1.08	1.10
サービス・その他	0.81	0.72	0.72	0.73	0.72	0.70

(2)若年層

	1968	1971	1974	1977	1979	1982
農林水産漁業	1.44	1.59	1.70	1.86	1.94	2.32
建設業		1.69	1.80	2.22	2.29	2.68
製造業	1.24	1.25	1.31	1.36	1.36	1.14
サービス・その他	0.80	0.67	0.66	0.63	0.65	0.70

(3)中高年層

	1968	1971	1974	1977	1979	1982
農林水産漁業	1.38	1.41	1.47	1.51	1.63	1.71
建設業		1.21	1.24	1.29	1.33	1.39
製造業	1.01	1.06	1.09	1.11	1.10	1.15
サービス・その他	0.81	0.73	0.73	0.75	0.74	0.73

出所)　『就業構造基本調査報告』各年のデータを用いて筆者計測.

年貧困層は各産業部門間の密度に大きな相違はなく，またその時系列的な変化もあまり大きくないという特徴がみられる．密度の水準については，中高年貧困層においても全貧困層と同様に農林水産漁業部門と建設業部門の密度が相対的に高い．これらから，中高年貧困層については，産業部門による貧困層雇用の密度にあまり大きな差はないものの，その中でも農林水産漁業部門と建設業部門の貧困層雇用密度が他の産業部門と比べて相対的に高いことが指摘される．

　一方，若年貧困層では各産業部門間の密度の相違が全貧困層や中高年貧困層より大きい．建設業部門の密度が非常に高く，1970年代を通じて上昇し，1982年時点で2.6に達している．加えて農林水産漁業部門の密度も全貧困層と中高年貧困層のそれよりも高い水準となっている．製造業部門の密度も全貧困層や中高年貧困層のそれよりも高い水準となっているものの，農林水産漁業部門や建設業部門より低い．高度成長期も終わりの1960年代末以降に

おいて，建設業部門並びに農林水産漁業部門が若年貧困層を集約的に雇用していた産業部門であったことが指摘される．さらにこれら産業部門における貧困層就業の密度，つまりこれら産業部門の若年就業者全体に占める貧困(若年貧困)層の割合は期間を通じて上昇傾向にあることが見出された．

水準に差異はあるものの，貧困層，中高年貧困層そして若年貧困層のいずれにおいても，農林水産漁業部門と建設業部門の相対的貧困密度が高いことがわかった．つまり，これら産業部門の総雇用における貧困層の割合は全産業(平均)のそれより高いということが示された．またこの集約の傾向は，若年貧困層においてより強い．特に建設業部門に就業する若年に占める貧困(低教育水準)層の割合の高さは特徴的である．一方，サービス部門の密度は全貧困層，中高年貧困層，そして若年貧困層のいずれにおいても1以下となっている．つまりこの産業部門の全就業者に占める貧困層の割合は全産業(平均)のそれより低いということになる．他の産業部門と比べるとサービス部門では非貧困(高教育水準)層がより集約的に就業していると理解できる．

4. 各産業部門の役割

1960年代末から1970年代にかけて，農林水産漁業部門での就業割合が低下する一方，サービス部門の割合は増加した．そして製造業部門の就業割合は期間を通じて25%前後の割合で安定的に推移した．貧困層の就業構造もこの変化の大きな流れを共有する．しかし，各産業部門の水準(就業割合)は就業者全体と貧困層，さらに中高年貧困層，若年貧困層で異なる．若年貧困層についてはその変化の動向も多少異なった様相をみせる．

「総量」という意味で若年貧困層の就業に重要な役割を果たしたのは製造業部門とサービス部門であった．加えて，1970年代後半以降，建設業部門の重要性も増している．中高年貧困層においては，これらに加えて農林水産漁業部門でも貧困層の就業割合は期間を通じて20%前後の割合を維持している．しかし，これには農業の高齢化という日本農業の全体的な特徴も反映されていると考えられる．

サービス部門は，「総量」として多くの貧困層の就業先となった．それは，経済発展に伴う産業構造の変化，つまりサービス部門の成長によって多くの労働力がこの部門に吸収された結果である．一方でサービス部門の全就業者

に占める貧困層就業者の割合は全産業のそれより低く，この産業部門では他の産業部門と比べて相対的に非貧困層の就業割合が高い．

製造業部門も貧困層の就業先として，期間を通じて重要な産業部門であった．しかし，サービス部門と異なりその割合は減少傾向にあった．これは経済の先進国化・サービス化に伴う変化と捉えられる．日本経済が先進国化するなか貧困層の就業先として，製造業の重要性は次第に低下していったと考えられよう．

農林水産漁業部門並びに建設業部門はその産業規模の小ささから，「量」という意味で貧困層に多くの雇用機会を提供してはいないものの，これらの産業部門の全就業者に占める貧困層の割合は高いことが示された．これらの産業部門は貧困層雇用の受け皿的役割を果たしていたと考えられる．また，その傾向は期間を通じて一層強くなっている．特に若年貧困層については，建設業部門は総量としてもその役割を増していた．

おわりに

終戦直後，日本経済は混乱と窮乏に覆われていた．その後，約10年を要して日本経済は復興し，続いて飛躍的な成長を遂げる．その背景には，米国の対日政策・援助やその他偶発的な外的要件，加えて終戦直後からの日本政府の経済復興・成長政策があった．そこでは，産業の高度化，貿易を通じた経済成長が意図されており，第二次産業に重点を置いた戦略であった．終戦に伴う人口増と出産増もあり，戦後の日本経済にとって失業，生活の窮乏は深刻な問題であった．政府の政策では，経済成長，産業構造の高度化によって雇用機会を生み出し，それによって失業ひいては貧困・低所得という問題の改善を図るという戦略が意識されていた．

戦後の日本経済の経験は，経済発展と貧困削減を同時に達成した事例と考えられよう．経済発展に伴って就業構造も変化した．戦後に増加した農林水産漁業部門での就業割合は，日本経済が本格的に回復する1950年代半ば以降減少に転じ，その後低下の一途をたどる．この時期，代わって製造業部門の就業割合が増加する．これは第二次産業を中心とした経済発展に伴う就業構造の変化と捉えられる．加えて，サービス部門での就業割合も増加するが，

おわりに

この部門の就業増加は，日本経済がより先進国化していく1960年代末以降にそのテンポを増すことになる．

このような就業構造の変化の大きな流れは貧困層の就業構造でも共有される．しかし，全就業者と貧困層の就業構造では各産業部門の割合(水準)に相違がみられ，さらに若年貧困層ではより顕著な差異がみられる．貧困層にとって「総量」として重要な就業先となった産業部門は製造業部門とサービス部門であった．製造業部門は若年貧困層にとってより重要な就業先であった．一方，中高年貧困層にとっては農林水産漁業部門も重要な就業先であった．また，農林水産漁業部門と建設業部門は，規模的に製造業部門やサービス部門ほど大きくないものの，同部門の総就業者に占める貧困層の割合は高く，貧困層の就業の受け皿的役割を果たしていたと考えられる．

戦後，政府の開発政策から大きく逸脱することなく日本経済は順調な発展を遂げたといえよう．その間，経済発展に伴う産業構造の変化に呼応して就業構造も変化した．そのような背景のもと，多くの貧困層が製造業部門やサービス部門に就業する機会を得たと考えられる．そして規模は限られるものの，貧困層の雇用の受け皿として農林水産漁業部門や建設部門が果たした役割も注目に値しよう．このような経済発展に伴う就業構造の変化，貧困層への就業機会の創出によって，日本経済は戦後の混乱から経済成長と貧困削減を同時に達成したものと考える．

こうした経験について，今日の開発途上国との比較から次のことを指摘しておくべきであろう．経済発展，産業構造の変化に呼応した就業構造の変化そして就業機会の増加という背景には，そのような人口・労働力の移動を妨げる要因がなかった，または少なかったということがあろう．つまり，当時日本では，人口そして労働力の地理的または産業間の移動を妨げる制度的な障害が比較的少なかったと考えられる．実際，1950年代半ば以降，農村から都市へ，そして農林水産漁業部門から製造業さらにはサービス部門へと，労働力の地域を超えた産業間移動が進行する．農業の機械化等による同部門の労働節約化は農家一戸あたりの農業従事者数を減少させた．また地域間・産業部門間の格差減少に向けて，農業人口を削減し経済発展過程における非農業部門での労働需要に応える，というのは政策的に意図されたところであった(猪木[2000])．これらは農家における非農業従事者を増加させ(農家の兼

業化),また新規労働力の地方から都市への移動という流れを押し進めた(安場・猪木[1989]).このような労働・人口移動は,後に問題となる地方の過疎化,農家の後継難という負の側面を併せ持つものの,日本経済がその発展に伴う就業構造の変化さらには就業機会の増加を実現し得た背景とされよう.現在,このような背景を備える開発途上国は決して多くないと考えられる.今日,開発途上国の経済成長と貧困削減を考えるにあたって,日本経済の経験を再検討するとき,このような制度・政策的背景を無視することはできないであろう.

　また,先にも述べたように戦後日本の経験は,戦争による壊滅的な経済状態からの復興であり,その基礎的条件は必ずしも今日の開発途上国経済のそれと重なるわけではない.しかし,戦前戦後の日本経済の主要部門は産業構造・就業構造ともに農林部門であり,また農村の貧しさ,都市部の失業など,今日の開発途上国と共通する面も指摘される.このような特質をもつ日本経済は戦後の復興から高度成長期を経て先進国へと発展を遂げ,同時に貧困の削減も実現していく.本章は,このような日本経済の経験を一事例として取り上げ,政策的背景とともにデータを追うことから再検討を行い,経済成長に伴う貧困削減の一つの過程を提示した.

　最後に,貧困という問題を考えるにあたり,本章の分析の限界にふれておきたい.本章は就業者に焦点をあてた分析であるため,非就業者の貧困層にはふれておらず,自ずとその限界がある.貧困という問題を考えるにあたって,非就業者の貧困は重要な課題であり,その問題にふれていないというのは大きな限界であることは否定できない.本章の最大の目的は,経済成長,産業構造の変化と貧困層の就業構造との関連を分析し,戦後日本の経験を経済成長と雇用の創出という視点から再検討することであった.本章ではこの目的に即して,戦後可能な限り早い時期からのデータを用いて分析を行った.日本経済の経験は第二次産業の発展を通じた成長であった.これは偶発的な成り行きというよりも,政策として意識されたものであり,その政策はマクロの経済成長のみならず,それに即した産業構造・就業構造の変化から雇用機会の創出を意図したものであった.上にふれたように,本章の分析には大きな限界がある.それにもかかわらず,戦後の日本経済の経験は,このような開発戦略とその具現化の事例を提供するものであるといえよう.

参 考 文 献

石川一郎(経済審議会会長)[1960],「国民所得倍増計画(全文)」(大来佐武郎『所得倍増計画の解説』日本経済新聞社, 165～246 ページ).
五百旗頭誠[2001],『日本の近代 6 戦争・占領・講和』中央公論新社.
猪木武徳[2000],『日本の近代 7 経済成長の果実』中央公論新社.
栗原充代・山形辰史[2003],「開発戦略としての Pro-Poor Growth」(『国際開発研究』第12巻第2号, 11月, 3～28 ページ).
経済安定本部[1947],「経済実相報告書 附経済緊急対策」(『復刻経済白書 第1巻』日本経済評論社, 1975年, 3～58ページ).
――官房統計課[1947],『経済実相報告書 統計編』印刷所奥村商会.
経済企画庁[1957], 中山伊知郎監修, 経済企画庁戦後経済史編纂室編『戦後経済史(総観編)』大蔵省印刷局.
――[1960], 中山伊知郎監修, 経済企画庁戦後経済史編纂室編『戦後経済史(経済政策編)』大蔵省印刷局.
経済復興計画委員会[1949],「経済復興計画委員会報告書」(中村隆英・原朗編『経済復興計画 資料・戦後日本の経済政策構想 第三巻』東京大学出版会, 1990年, 187～254 ページ).
香西泰[1981],『高度成長の時代』日本評論社.
総務省統計局[2003],『平成 12 年国勢調査 編集・解説シリーズ No. 4 男女, 年齢, 配偶関係, 教育の状況別人口』総務省統計局.
総務庁統計局[1988],『日本長期統計総覧 第 5 巻』日本統計協会.
総理府統計局[1957],『昭和 15 年 国勢調査報告』産業統計研究社.
――[1954],『昭和 25 年 国勢調査報告』大蔵省印刷局.
――[1959],『昭和 30 年 国勢調査報告』大蔵省印刷局.
――[1964],『昭和 35 年 国勢調査報告』大蔵省印刷局.
――[1967],『昭和 40 年 国勢調査報告』大蔵省印刷局.
――[1969],『昭和 43 年就業構造基本調査報告 全国編』日本統計協会.
――[1972],『昭和 46 年就業構造基本調査報告 全国編』(株)坂根商店.
――[1973],『昭和 45 年 国勢調査報告』日本統計協会.
――[1975],『昭和 49 年就業構造基本調査報告 全国編』日本統計協会.
――[1978],『昭和 52 年就業構造基本調査報告 全国編』日本統計協会.
――[1980],『昭和 54 年就業構造基本調査報告 全国編』日本統計協会.
――[1983],『昭和 57 年就業構造基本調査報告 全国編』日本統計協会.
通商産業省通商産業政策史編纂委員会編[1992],『通商産業政策史 第 16 巻統計・年

表編』財団法人通商産業調査会.
寺崎康博・溝口敏行[1997],「家計の所得分布変動の経済・社会および産業構造的要因——日本の経験」(溝口敏行・松田芳郎編『アジアにおける所得分配と貧困率の分析』多賀出版, 51～85 ページ).
内閣府経済社会総合研究所編[2001],『長期遡及主要系列 国民経済計算報告——平成2年基準(昭和 30 年～平成 10 年)』内閣府経済社会総合研究所国民経済計算部.
内閣統計局[1935],『昭和五年 国勢調査報告』東京統計協会.
中村隆英[1990],「『資料・戦後日本の経済政策構想』とその時代背景」(中村隆英・大森とく子編『日本経済再建の基本問題 資料・戦後日本の経済政策構想 第1巻』東京大学出版会, i～xxi ページ).
文部省[1953],「わが国の教育の現状」『教育白書』.(http://www.mext.go.jp/b_menu/hakusho/html/hpad195301/index.html).
――[1962],「日本の成長と教育」『教育白書』.(http://www.mext.go.jp/b_menu/hakusho/html/hpad196201/index.html).
――[1964],「我が国の教育水準」『教育白書』.(http://www.mext.go.jp/b_menu/hakusho/html/hpad196401/index.html).
安場保吉[1989],「歴史のなかの高度成長」(安場保吉・猪木武徳編『日本経済史 8 高度成長』岩波書店, 273～309 ページ).
安場保吉・猪木武徳[1989],「概説 1955～80 年」(安場保吉・猪木武徳編『日本経済史 8 高度成長』岩波書店, 1～56 ページ).

第3章

バングラデシュとカンボジア
―― 後発国のグローバル化と貧困層 ――

山形辰史

はじめに

　第二次世界大戦後，約50年の間に，当時のいくつかの最貧国が目覚ましい経済発展を遂げた．その代表は日本や韓国，台湾といった東アジア経済であり，その発展パターンは輸出指向開発と呼ばれた．そして，この発展パターンは東南アジア経済へと引き継がれ，これらの諸国・経済の発展は「東アジアの奇跡」と呼ばれた(World Bank[1993])．

　当初，輸出指向開発は，市場メカニズムが作り出す価格インセンティブ(当時の東アジアの場合には低賃金)のみによるものと見なされ，低賃金労働者に雇用機会を与えることで貧困削減にもつながると理解されていた(Amjad ed.[1981], Balassa and Associates[1982], Pang ed.[1988], World Bank[1990])．しかし世界銀行が『東アジアの奇跡』(World Bank[1993])を出版した頃から風向きが変わってくる．日本や韓国，台湾の介入主義的産業政策と良好な初期条件(人的資源等)に注目が集まるに及んで，東アジアの経験は「容易に真似できない事例」という見方が広まってくる(Rodrik[1994], Wood[1994])．そのうえ1995年の世界貿易機関(World Trade Organization: WTO)の設立，1997年のアジア通貨危機の勃発による東アジア経済の挫折で，東アジア的発展パターンの後発開発途上国(Least Developed Countries: LDCs)への応用可能性に対する疑義は決定的なものとなった[1]．これらの結果として，東アジアをモデルと

---

[1] これについては，①現在の東アジアの経済水準が，最貧国のそれと大きくかけ離れてしまったこと，②1997年のアジア通貨危機後の東アジアの経済停滞により，東アジア・モデルの妥当性に疑義が呈されていること，③1995年のWTO設立以降，WTOの無差別原則が適用された結果，自国企業を優遇する輸出促進政策の採用が難しくなっていること，④中国やインドの台頭により，後発開発途上国に，これら二大国と競合することへの無力感が広がっていること，の四つを山形[2006a]において挙げた．

した経済発展モデルへの関心が薄れているのである．そしてそれに代わって，2000年の国連ミレニアム・サミットで採択されたミレニアム宣言と，それを支えるミレニアム開発目標[2]の実現を通じて，LDCsの貧困削減を進めることが期待されている．

しかし貧困削減を何年もの間持続させるためには，ドナーの援助のみならず，開発途上国の側の自律的な経済成長が必要である．ミレニアム開発目標はあくまで目標であって，それを達成する手段や道筋まで示されているわけではない．このような問題意識はSachs[2005]，United Nations Millennium Project[2005]にも共有されている．

ミレニアム開発目標の目標2から7を推進することによって，開発途上国のジェンダーの平等化が図られ，教育・保健水準は向上し，生活環境も改善するかも知れない．しかし，それによって所得が増加して目標1に掲げられた貧困削減が達成されるだろうか．LDCsが経済成長を始めて，自律的に貧困削減を実現するとしたら，一体どのようなパターンが有り得るのだろうか．

その一例として本章で取り上げるのが，輸出向け労働集約産業の発展による貧困層(中でも女性)への雇用機会創出と，それによる貧困削減である．これについてはFukunishi et al.[2006]，山形[2006a]が取り上げているほか，Sachs[2005]も，特にバングラデシュの輸出向け縫製業の例を引き，大きく取り上げている．本章では，成長著しく，しかもそれによって大きな貧困削減をもたらしたと見られているバングラデシュとカンボジアの縫製業の発展パターンと，その貧困削減効果を検証する．本章と趣旨を同じくする実証研究がFukunishi et al.[2006]，Yamagata[2006b]，山形[2004]でなされており，これらを通じてバングラデシュとカンボジアの輸出向け縫製業の企業データ[3]が収集されている．本章ではそのデータを用いて，バングラデシュとカンボジアの縫製業の比較をしつつ，それぞれの成長の源泉，および貧困削減効果について分析する[4]．

---

2) ミレニアム開発目標については本書の「はじめに」を参照のこと．
3) これらのデータはいずれも2003年8～10月の間に収集されたものである．いずれも筆者を含むアジア経済研究所の研究者が，両国の研究機関(バングラデシュについてはUniversity of DhakaのInstitute of Business Administration，カンボジアについてはLIDEE Khmer)と共同で収集した．詳しくはFukunishi et al.[2006]および山形[2004]，Yamagata[2006b]を参照のこと．このうちカンボジアのデータについては，以下のサイトでダウンロード可能である：http://www.ide.go.jp/English/Publish/Dp/Abstract/062.html.

本章の結論は，バングラデシュとカンボジアにおいて，衣類という労働集約産業の発展が大きな貧困削減効果を持つこと，両国の縫製業が平均的に見て，一定程度の収益性を持っていたこと，そして両国の縫製業の発展パターンが必ずしも同一ではなく，多様性を見せていること，の3点である．

　本章は以下のように構成される．次節では世界の衣類貿易の現状と，その中に占めるバングラデシュとカンボジアの地位について述べる．第2節では，企業調査の結果を基に，縫製業の発展が両国の貧困削減にどのように影響を与えているかを分析する．第3節では両国の縫製業の生産面での特性を指摘し，同産業の発展パターンの多様な可能性を示す．最後に第4節において，本章で紹介したバングラデシュとカンボジアの労働集約的縫製業を中心とした輸出指向開発戦略が，他のLDCsにどの程度応用可能であるか，という点について議論する．

第1節　世界の衣類貿易におけるバングラデシュとカンボジアの地位

　LDCであるバングラデシュにおいて1980年代から輸出向け縫製業が急成長を遂げていることは既に知られていた（村山[1997], Bhattacharya and Rahman [2001], Easterly[2001], Hoque, Murayama and Rahman[1995], Kabeer and Mahmud [2004], Murayama ed.[2006], Quddus and Rashid[2000], Rhee[1990], Zohir[2001], Zohir and Paul-Majumder[1996]）．また縫製業が，それまでバングラデシュにおいて雇用機会がなかなか与えられなかった女性労働力を大規模に雇用したことも注目されていた．このように輸出向け縫製業がバングラデシュにおける貧困削減に大きなインパクトを与えていたにもかかわらず，それが高く評価されなかったのには理由がある．繊維・衣類貿易は1950年代から主要輸出国と輸入国との間で管理貿易下にあり（山澤[1984]），1974年には多国間繊維取り決め（Multi-Fiber Arrangement: MFA）が締結されて，管理貿易の適用国，適用品目の範囲が拡大された．このような繊維・衣類に関する管理貿易は1995年のWTO設立時に自由化の対象とされ，10年後の2005年までの間

4）　同様の趣旨の分析として山形[2005], Yamagata[2006a]がある．

第3章 バングラデシュとカンボジア

に段階的に数量規制を完全撤廃することが決定された(外務省[1996]). MFA下ではクォータ(quota)と呼ばれる輸入数量上限が,輸入国によって,輸出相手国ごと,品目ごとに細かく定められており,その完全撤廃がそれまでの輸出国の構図をどのように変えるかということについて大きな関心が集まった.バングラデシュを始めとするいくつかのLDCsが管理貿易下で衣類輸出を伸ばしていたのであるが,2005年1月1日の完全自由化の後には,これらのLDCsが衣類輸出急減という大きな打撃を被るのではないかと懸念されていた(Adiga[2004], Buerk[2004], de Jonquières[2004]).中でもWTOのディスカッションペーパー(Nordås[2004])においてなされた一つの予測が世界で大きく取り上げられた.その要諦は,完全自由化後には中国が大きく輸出を伸ばし,それにインドが続き,それ以外の国々は,バングラデシュ等のLDCsを筆頭に,衣類輸出が落ち込む,というものであった.

実際には,自由化後の2005年前半,予想通り中国とインドが大きく衣類輸出を伸ばしたものの,バングラデシュやカンボジアを始めとするいくつかのLDCsの中には衣類輸出の成長を維持した国々もあった.そのうえ,中国からアメリカとEUへの衣類輸出急増を受け,2005年後半には中国対アメリカ,中国対EUの間で衣類輸出を制限する協定が結ばれるに至った(山形[2006b]).その結果として2005年以降も,バングラデシュ,カンボジアの衣類輸出成長は続いている[5].

表1と2にアメリカとEU15カ国の衣類輸入データを示した.それぞれ輸入相手国上位5カ国とバングラデシュ,カンボジアの値を示している.2005年のアメリカ市場は,2004年とほぼ同程度の成長(5.88%)を見せた(表1).そんな中,2005年の中国の衣類輸出額の成長率は56.75%の伸びとなり,この伸び率は前年の2倍以上であった.インドの成長率も34.29%と非常に高い値となった.これらの点はNordås[2004]の予想通りであったが,次の点は予想になかったものであった.それは,5位のインドネシアおよび8位,13位のバングラデシュ,カンボジアも20%程度の輸出成長を果たしたことである.表2に明らかなようにバングラデシュ,カンボジアともにEU市場に対してはマイナス成長を記録している.しかし,両国にとっての2大市場

---

[5] 2005年前半に各輸出国で起こった変化については,ILO[2005]も参照されたい.インド,バングラデシュ,スリランカについてはMurayama ed.[2006]も参照のこと.

表1 アメリカへの衣類輸出――上位5カ国とバングラデシュ,カンボジア

順位	輸出元	輸出額(百万ドル)			変化率(%)	
		2003年	2004年	2005年	2003年〜04年	2004年〜05年
	世界全体	62,911	66,875	70,807	6.30	5.88
1	中国	8,690	10,723	16,808	23.39	56.75
2	メキシコ	7,098	6,845	6,230	-3.56	-8.98
3	香港	3,732	3,878	3,523	3.93	-9.16
4	インド	2,056	2,277	3,058	10.74	34.29
5	インドネシア	2,155	2,402	2,882	11.47	19.99
8	バングラデシュ	1,759	1,872	2,268	6.45	21.15
13	カンボジア	1,229	1,418	1,702	15.42	20.06

注) データベースのWorld Trade Atlasから抽出したアメリカ商務省データを用いている. 衣類はHarmonized System(HS)コードの61番と62番を合わせたものと定義している. 順位は2005年の輸出額を基準としている.
データの出所) U.S. Department of Commerce, Bureau of Census.

表2 EUへの衣類輸出――上位5カ国とバングラデシュ,カンボジア

順位	輸出元	輸出額(百万ドル)			変化率(%)	
		2003年	2004年	2005年	2003年〜04年	2004年〜05年
	世界全体	56,918	65,552	69,642	15.17	6.24
1	中国	10,913	13,714	20,334	25.66	48.27
2	トルコ	8,112	9,348	9,790	15.24	4.72
3	バングラデシュ	3,471	4,578	4,346	31.90	-5.08
4	ルーマニア	4,124	4,572	4,285	10.87	-6.28
5	インド	2,599	3,020	3,988	16.23	32.02
19	カンボジア	475	643	587	35.27	-8.77

注) 表1に同じ.
データの出所) Eurostat.

である両市場への輸出額を足し合わせた額は,2005年にそれぞれ2.54%(バングラデシュ),11.06%(カンボジア)というプラスの成長率を記録した.また,最新データによれば,バングラデシュ,カンボジアともに2006年半ばまで,対前年同期比でいずれも高成長を記録している[6].

[6] アメリカについては2006年9月まで,EUについては2006年7月までのデータが公表されている.バングラデシュ衣類の対米輸出は前年同期比で25.82%増,カンボジアは26.90%増である.同様にバングラデシュ衣類の対EU輸出は前年同期比で32.51%増,カンボジアは18.77%増である.

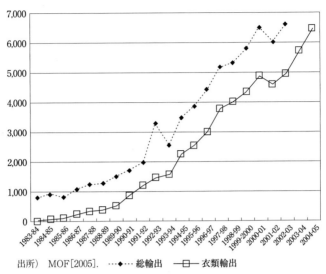

出所) MOF[2005]. ・・・◆・・・ 総輸出 ―□― 衣類輸出

図1 バングラデシュの総輸出と衣類輸出(百万米ドル)

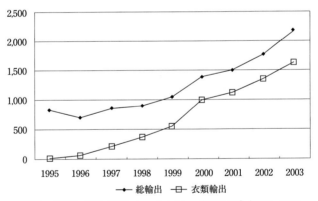

―◆― 総輸出 ―□― 衣類輸出

出所) (1995〜2001年)Hach and Acharya[2002:19];(2002〜2003年)Sothea and Hach[2004].

図2 カンボジアの総輸出と衣類輸出(百万米ドル)

　このようにバングラデシュとカンボジアはLDCsでありながら，2005年の繊維・衣類貿易自由化以降も輸出向け衣類生産を大きく拡大させている．バングラデシュの輸出向け衣類生産は1980年代に韓国企業の参入によって

大きく成長し，現在では輸出の4分の3を占めるに至っている．図1により，1980年代半ばから今日まで，衣類以外の輸出額にほとんど変化が無く，バングラデシュからの輸出の伸びのほとんどが衣類輸出のみで達成されていることがわかる．同様にカンボジアの輸出向け衣類生産は1990年代半ばから始まった(山形[2004])．衣類以外の輸出が減少傾向にある中，衣類輸出は成長を続け，2003年にはバングラデシュと同様に，総輸出の約4分の3を占めるに至っている(図2)[7]．

2005年の自由化を乗り切ったことで，バングラデシュ，カンボジアの衣類輸出にはさらに大きな展望が開けると同時に，その貧困削減への貢献にも，これまで以上の期待が寄せられている．次節では，両国における衣類産業の貧困削減効果を分析する．

第2節　輸出向け縫製業の貧困削減に対する貢献

バングラデシュ，カンボジア両国において輸出向け縫製業は，経済全体を牽引する産業であり，かつまた貧困削減を主導する産業と見なされている．ここで「経済全体を牽引する」というのには二つの側面がある．一つには前述のように輸出の4分の3を占める業種であるので，両国がグローバル化するための窓口としての意味合いである．今一つの意味合いは，製造業をリードする業種という意味合いである．両国は縫製業以外に，国際競争力を確立した製造業を持っていないというのが現実である．

このように，バングラデシュ，カンボジア両国において輸出向け縫製業は社会経済全体に大きな変化をもたらしている．しかしここでより詳しく論じたいのは，同産業の発展が両国の貧困削減についても大きなプラスの効果をもたらしているということである．この点について以下では，賃金，雇用(特に女性)，昇進の三つの側面から分析する．分析に用いたデータについてはFukunishi et al.[2006]，山形[2004]，Yamagata[2006b]に詳述されている．

---

7) 1983/84年度から2003/04年度までの21年間のバングラデシュの縫製品輸出額の平均成長率は，その対数値をトレンドに回帰させた回帰係数によれば，24.4%である．同じ方法によって計算したカンボジアの縫製品輸出額の平均成長率は1995〜2003年の間に48.3%であった．このような急成長が，数年にわたり労働者に比較的高い賃金を提示し続ける原動力になったものと思われる．

これらはいずれも2003年の両国で収集された縫製企業データである．

1. 貧困線より高い賃金水準

貧困削減の効果を見るために第一に注目したいのは，バングラデシュ，カンボジア両国において輸出向け縫製業が，特別なスキルを持たない労働者に，所得が貧困線を越すに十分足りる水準の賃金を提供しているということである．

表3は上述の企業調査の結果から，両国における縫製労働者の代表である縫製工とその補助工員[8]の平均賃金水準(月額)を示したものである．これによれば，バングラデシュにおける経験年数1年未満の補助工員の平均賃金は男女の違いに関わらず21ドル[9]である(表3)．補助工員は，特別な技術を持たない労働者が縫製業で初めて就く職であるので，バングラデシュにおいて一般の労働者の初任給が平均で21ドルと見なすことができる．補助工員は経験を積めば賃金率が上がる傾向にあるが，全補助工員を平均しても23ドルになるに過ぎない．その一方で，縫製工に昇進すると約1.5倍の賃金が得られる．

カンボジアにおいては，45ドルの最低賃金が厳密に適用されているため，経験年数1年未満の補助工員に対してさえ，平均で45～46ドルといった，バングラデシュの同経験年数の補助工員の賃金の2倍以上の額が支払われている[10]．カンボジアの一人当たり所得はバングラデシュのそれと同程度か，むしろやや低い程なので，表3に示された，バングラデシュとカンボジアの縫製業における，同職種，同経験年数の労働者の賃金格差には目を見張るものがある．

さてバングラデシュにおいて，月21ドルという賃金水準は，二つの意味で比較的「高い」水準といえる．一つには，バングラデシュにおける貧困線

---

[8] 「補助工員」はhelperの訳である．これに対して「縫製工」はミシンを操作するoperatorの訳である．通常，補助工員はミシンを操作せず，補助作業にのみ従事する．補助工員は縫製業において，特別なスキルを持たない労働者が最初に就く職種である．ただしカンボジアにおいては，縫製工と補助工員の区別がバングラデシュほど明確ではないと言われている．

[9] 調査時においてはバングラデシュの通貨であるタカを単位としてデータが集められた．表3のバングラデシュの数値はタカ単位の賃金を2003年の平均為替レートである58.15タカ/ドルで変換した値である．

[10] 2003年におけるカンボジアの最低賃金は米ドル単位で設定され，その額は45ドルであった．詳しくは山形[2004]，Yamagata[2006b]を参照のこと．

表3 バングラデシュとカンボジアの縫製労働者の平均賃金(月額, 2003年, 米ドル)

職 種	経験年数	バングラデシュ		カンボジア	
		男	女	男	女
縫製工	1年未満	35	34	54	51
	全縫製工	38	38	59	57
補助工員	1年未満	21	21	45	46
	全補助工員	23	23	51	50

出所) Fukunishi et al.[2006]および山形[2004], Yamagata[2006b].

に比べて高い,という点が注目される.バングラデシュの首都ダカにおいて2000年に推定された貧困線(月額)は食糧貧困線が649タカで総合貧困線が893タカであり(BBS[2003]),それぞれ当時の平均為替レートである50.3タカ/ドルで計算すると12.9ドル,17.8ドルに相当する.2000〜2003年の間の物価上昇率はそれほど高くない[11]ので,21ドルという額はこれらの水準より高く,補助工員が自分自身を養う限りにおいて,縫製業での雇用は貧困線より高い所得を提供していることがわかる.もちろん,通常一人の稼ぎ手は扶養家族を抱えているのであり,2000年のバングラデシュの平均従属人口比率は0.776である(BBS[2003]).つまり自分を含めて1.776人分の所得を稼ぐ必要があり,21ドルという水準は,それには及ばないことに留意する必要がある.

今一つ21ドルという賃金の高さを示すものは,縫製業以外の雇用機会において提供される賃金である.表4に,バングラデシュで1999/2000年度に実施された家計調査を元にした所得階層別月平均収入を示した.これはOsmani et al.[2003]が掲げた表を元に作成したものである.これによれば,農業部門の収入は所得階層が上層である自営業主を除けば,全て21ドルより低い.調査時点が異なり物価水準を考慮する必要があるにせよ,最下層の自営業主が8ドル,賃雇用労働者が15ドルしか得ていないことから,少なくとも最下層の労働者が縫製業の補助工員の職を得た場合,収入がかなり増

---

11) MOF[2005:255]によれば,1999/2000〜2002/03年度の3年間の消費者物価上昇率は7.3%なので,この率で換算すれば1999/2000年度の総合貧困線の17.8ドルは,2002/03年度の19.1ドルと同等と考えられる.

表4 バングラデシュの農村地域における業種別就業形態別所得階層別平均収入(1999/2000年度,月額,米ドル)

就業形態／所得階層	農業		非農業		
	自営	賃雇用(臨時雇)	賃雇用(臨時雇)	自営	賃雇用(常雇)
最下層	8	15	20	19	28
中程度の貧困層	13	18	25	33	35
中程度の非貧困層	18	18	28	43	43
上層	24	19	36	119	62
全貧困層	11	17	23	28	32
全非貧困層	20	18	30	78	53
全家計	16	17	26	58	48

注) 上記の値はOsmani et al.[2003:40]のtable IV.2の日額の値を以下のような方法で月額米ドルに換算したものである.1カ月の労働日数として25日を仮定し,日額の値に25日をかけることで月額の収入を推定している.なお為替レートとしては2000年平均の50.3タカ/ドルを用いている.なお,Osmani et al.[2003]が用いた原データは,BBS[2003]に詳述されている家計データである.

加することがわかる.

カンボジアの貧困線もバングラデシュの水準と同レベルである.1999年のプノンペンにおける食糧貧困線と総合貧困線はそれぞれ1日0.45ドルと0.63ドルであり(Council for Social Development[2002:31]),これに30日をかけるとそれぞれ13.5ドル,18.9ドルとなる.これらの水準に比べて縫製業の補助工具の受け取る45〜46ドルという賃金はかなり高い.1999年のカンボジアの平均従属人口比率は0.891なので,大まかに言って,一人の経済活動人口が一人弱の非経済活動人口を養っていることになる.45〜46ドルという水準は貧困線の二人分の所得を超える額なので,仮に経済活動人口の全てが縫製業に従事した場合,人口全体が貧困から脱却できることになる.また,いくつかの農村調査は,縫製工場に家族の一員が従事している家計の収入が,その縫製労働者の送金により,他の家計と際立って豊かな生活をしていることを示している(天川[2004],小林[2004]).

このように比較的高い賃金を得る労働者は,そもそも高いスキルや教育水準を持っていたからこそ,高い賃金が支払われたと考える向きもあろう[12].

---

12) Wood[1994]は,東アジアにおける輸出工業化を主導した労働力の教育水準は高かった,として,教育水準や技術水準の低い労働力が輸出向け製造業に雇用される可能性については否定的であった(Wood[1994:6]).

表5 バングラデシュとカンボジアの縫製工場労働者の教育水準に関する経営者の意識(%)

		初等教育	前期中等教育	後期中等教育以上
バングラデシュ	縫製工	44.3	55.2	0.5
	補助工員	96.2	3.8	0.0
カンボジア	縫製工	80.4	17.2	2.5
	補助工員	87.9	10.8	1.3

注) 各企業における職種別平均教育水準を経営者に回答してもらい,それぞれの回答の,全体に対する割合を算出した値を示している.例えば,バングラデシュの縫製業の経営者の44.3%が,自社の縫製工の平均教育水準は初等教育卒業程度と見なしている,ということを意味する.バングラデシュにおける「初等教育」は5年間であり,「前期中等教育」はその後の3年間を指している.カンボジアにおいては前者が6年,後者が3年である(岡田[2006]).
出所) Fukunishi et al.[2006]および山形[2004],Yamagata[2006b].

しかしバングラデシュ,カンボジア両国の輸出向け縫製業については,数多くの教育水準の低い労働者が,縫製工やその補助工員といった主たる労働力として雇用されていることが既に指摘されている(Hach, Huot and Boreak[2001], Hoque, Murayama and Rahman[1995], Zohir and Paul-Majumder[1996]).Hoque, Murayama and Rahman[1995]はバングラデシュにおける独自の労働者調査により,縫製工やその補助工員に未就学であるばかりか非識字の労働者がかなりの割合で雇用されていることを指摘している.Hach, Huot and Boreak[2001]のカンボジアでの調査によれば,彼等の調査対象企業の労働者のうち,約6割の学歴が小学校卒であったという.

前述の2003年の企業調査により,Fukunishi et al.[2006]および山形[2004]も,バングラデシュ,カンボジアの輸出向け縫製業における核労働力と言える縫製工およびその補助工員の教育水準が,それほど高くないことを確認している.表5によれば,バングラデシュにおいては調査対象企業の経営者(回答者)の44.3%が自社の縫製工の平均教育水準は初等教育修了程度と認識している.また,自社の縫製工の平均教育水準が後期中等教育修了以上と認識している経営者は皆無である.補助工員については,96.2%の経営者が初等教育修了程度と考えている.経営者達は労働者採用の際に教育水準を一つの採用基準として重視するのが常であるから,経営者達の認識はかなりの程度現実の労働者の教育水準を反映していると考えられる.

同様に,カンボジアにおいては8割以上の回答者(経営者)が自社の縫製工,

補助工員の教育水準が初等教育修了程度と認識している(表5).

これらのことから言えるのは,両国において輸出向け縫製産業の核となる労働力である縫製工やその補助工員には,特別に高い教育水準が求められていないということである.現地における観察事実としても,それまで家庭で雇われるメイド以外に都市での雇用機会の無かった農村の女性に同産業が初めて大口の雇用機会を与えたことが知られているので,特別高い教育水準,特殊な技術を持った労働者のみが雇われているのではないことは明らかである[13].

もちろん両国における縫製工の労働条件は決して好ましいものとは言えない.両国とも,労働環境(換気,トイレ含む),労働災害の予防・手当,長時間労働,児童労働,虐待等,改善すべき点は多い(Begum and Paul-Majumder [2006:63-79], Hall [1999], Hoque, Murayama and Rahman [1995:102-106], Paul-Majumder [2003]他).カンボジアにおいては,2004年にWTOに加盟する前まで適用されていたアメリカとの二国間協定が労働条件の遵守を謳い,それが厳しく適用されてきたことから,全体としてはバングラデシュの縫製工場の労働条件よりは労働者にとって好ましい職場環境になっていると言える.しかしそれでも抜き打ち労働条件検査の度に多くの工場で問題が指摘されている[14].

その一方で,バングラデシュでもカンボジアでも,多くの労働者が農村で得られる雇用機会より魅力的な職場を求めて縫製工場のある都市に移動してきたことは事実である(Afsar [2001:108-119],日本労働研究機構 [2002:74-103]).カンボジアの場合には,農村で得られる雇用機会に比べて報酬が格段に高い上に,季節的繁閑のない安定的な雇用機会と捉えられている(天川 [2004:363-365]).それは日本の明治・大正時代の「女工哀史」の場合と同様である(山本 [1968:「興亡・岡谷製糸」の章]).工場の労働条件は良いとは言えないが,それが農村での労働条件,生活条件を下回っているとも言い難いのである.

---

13) Sachs [2005:10-14]には,バングラデシュの農村の女性労働者達が都市の縫製工場で雇われている様を示す,生き生きとした叙述が見受けられる.

14) アメリカとの二国間協定に基づく抜き打ち検査を実施している国際労働機関(International Labour Organisation:ILO)が検査を行う毎に,(時には工場名入りで)レポートをまとめている.ILOのプログラムであるBetter Factory Cambodiaの下記のサイト(http://www.betterfactories.org/ILO/resources.aspx?z=7&c=1)を参照のこと.二国間協定と工場検査の経緯に関するまとめとしては,山形 [2004:56-61]を参照のこと.

表6 調査対象企業の縫製部門の縫製工および補助工員の女性比率(%)

	バングラデシュ	カンボジア
縫製工	55	90
補助工員	58	84

注) 上記の値は,対象を製造部門の中でも縫製部門に限定し,縫製部門における縫製工と補助工員の対象企業全体における女性比を算出したものである.
出所) Fukunishi et al.[2006]および山形[2004], Yamagata[2006b].

2. 高い女性雇用比率

バングラデシュ,カンボジア両国の輸出向け縫製業発展の貧困削減に関する二つ目の重要なポイントは,同産業が,両国において様々な意味で不利な立場に置かれがちである女性労働力の経済的エンパワメントに貢献しているということである.パルダという女性隔離の習慣があるバングラデシュにおいては,この点における意義は非常に大きい(村山[1997]).

1999/2000年度の工業統計データで見ると縫製業はバングラデシュにおいて約103万人を雇用している(製造業全体の39.2%)が,その男女比は32:68である(BBS[2004]).2003年に実施された上述の縫製工場調査においても,バングラデシュの標本企業においては縫製工の55%,縫製部門の補助工員の58%が女性である[15](表6).

カンボジアにおいては,2003年に縫製業は約17万5000人を雇用しており,この数はカンボジアの製造業全体の約半分に相当する.カンボジアの縫製業における女性労働者比率の高さはより際立っている.Hach, Huot and Boreak[2001]の調査によれば,縫製工場労働者の85%が女性であるという.また,2003年調査によれば,縫製工の90%および縫製部門の補助工員の84%が女性によって占められている(表6).

このようなバングラデシュ,カンボジアの輸出向け縫製業における高い女

---

15) この値は前述の1999/2000年度の工業統計の値(68%)より低く,他の先行研究の値も,どちらかと言えば工業統計の値の方に近い(Bhattacharya and Rahman[2001:235], Hoque, Murayama and Rahman[1995:145], Zohir and Paul-Majumder[1996:43]).

性労働比率と，表3で確認した，男女問わず貧困線よりやや高めの賃金水準を考え合わせると，両国の縫製業が，特に女性の貧困削減に対して大きな役割を果たしていることがわかる．

3. 昇進の可能性

最後に，補助工員の縫製工への昇進の可能性について分析しよう．表3で見たように，補助工員が縫製工に昇進し，ミシンを自分の手で扱えるようになれば，賃金はバングラデシュの場合に60〜70％，カンボジアの場合でも10〜20％上昇する．補助工員から縫製工への昇進はどれほど困難なのだろうか．

この問いに対する答えを得るために，Fukunishi et al.[2006]，山形[2004]，Yamagata[2006b]は，経営者に対して，「一般に補助工員が縫製工に昇進するに際してどのぐらいの年月が擁すると考えられるか」という質問を行い，その平均値，中央値を算出した．そしてこれを，実際に補助工員から縫製工への昇進に要する時間の代理変数として採用した．これらの推計値は，実際の現象ではなく経営者の胸の内の感覚を表しているに過ぎない，という意味で不正確さを免れないものの，経営者が補助工員の縫製工への昇進に関して，どの程度の時間を標準と考えているかを知ることができるという長所がある．

これらの推計値はバングラデシュにおいて平均8.6カ月，中央値6カ月，カンボジアにおいて平均10.1カ月，中央値6カ月と算出された．より詳細に言えば，両国共に「6カ月」と答えた経営者が最も多く，その次に多い答えは「12カ月」であった．つまりバングラデシュでもカンボジアでも標本の半数以上の経営者は，補助工員が半年後に縫製工としてミシンを扱っていてもおかしくないと考えており，多くの経営者は1年以内に補助工員が縫製工に昇進すると考えている，ということを表している．この意味で，補助工員から縫製工への昇進に非常に大きな困難はないと考えられる．このことは表5に示されたように，縫製工に対して特段高い教育水準が想定されていないという観察事実とも整合的である．

ここで留意すべき点が二つ挙げられる．表3は経験年数1年未満の縫製工，補助工員の賃金とともに，全縫製工および全補助工員の賃金も掲げている．ここから，経験年数の長い労働者の賃金が経験年数1年未満の賃金と大きく

変わらないことが見て取れるであろう．このことは，昇進がない限り，経験年数が増加するだけでは賃金があまり上昇しないことを含意している．第2の留意点は，これまでの表に現れていないことであるが，縫製工より上への位の職種への昇進は，補助工員から縫製工への昇進より困難だと見られることである．具体的に縫製工より上の位としてあるのは品質管理者と作業監督者であり，これらの職種の人々は縫製工よりかなり高い賃金を得ている[16]．しかし，バングラデシュの場合にはそれらの職種は男性労働者が支配的であり(Fukunishi et al.[2006:41])，カンボジアにおいては中国大陸からの出稼ぎ女性が作業監督者として採用される例が多く見られた(山形[2004:76])．したがって，補助工員から縫製工への昇進は比較的容易であっても，その後の昇進は容易ではないと考えられる．

第3節　縫製業発展の多様な可能性

前節で，バングラデシュ，カンボジア両国において輸出向け縫製業の発展が，貧困削減に大きく貢献しうるということがわかった．しかし同産業自体の発展可能性が大きくなければ，貧困削減の効果も限定的にならざるを得ない．そこで以下では，両国縫製業の収益性を分析し，発展可能性を検討する．また，両国の縫製業にはこれまで見てきたような共通点のみならず，大きな相違点も存在するので，それらの点についても詳述する．これらの相違点は輸出向け縫製業の発展パターンの多様性を期待させるものである．

1. 収益性

縫製業のような労働集約産業は，低所得国において低賃金を武器として一時期国際競争力を得たとしても，その後の展開は賃金切り下げ競争という悪循環(race to the bottom)にならざるを得ず，早晩存立基盤を失ってしまうので，そのような発展はあだ花でしかない，という見方がある．いわゆる国際

---

[16] より具体的に言えば，バングラデシュにおいては品質管理者(quality controller)も作業監督者(supervisor)も縫製工の2倍以上の賃金を得ている．カンボジアにおいては，経験年数が短い縫製工と品質管理者の賃金には大きな違いがないが，それを除けば，両職種につく労働者は縫製工の2倍程度かそれ以上の賃金を得ている(Fukunishi et al.[2006:37]，山形[2004:75])．

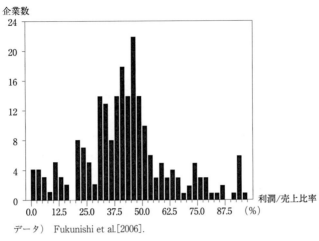

データ) Fukunishi et al.[2006].

図3 利潤/売上比率を基準とした標本企業分布——バングラデシュ

価値連鎖(global value chain)という観点を重視する研究の中のいくつかはこのような前提に立ち,より付加価値率,または収益率の高い生産部門に上昇(industrial upgrading)していくことが,低所得国にとって最も蓋然性のある発展パターンであると主張している(Gereffi et al.[2001], Kaplinsky[1993], Kaplinsky and Morris[2001], UNIDO[2002: 105-115]).

しかし輸出向け縫製産業の収益性は,上記の論者が想定するほど低いのであろうか.本稿で用いている企業調査の結果は,多くの標本企業の収益性は比較的高いことが示されている.

図3は上述のバングラデシュ・データにおける標本企業の利潤[17]の売り上げに対する比率を基準とした度数分布を示している.第一に注目したいことは,今回の標本として抽出された企業の中に,利潤が負の企業がなかったということである.また標本企業の利潤/売上比率の平均値は43.1%,中央

---

17) ここで「利潤」とは,売上げから中間投入財(糸,布,その他),光熱費,賃金,利子支払い,家賃・地代,保険支払い等を差し引いた額と定義している.両国の輸出向け縫製業は一般に注文を得て初めて生産を開始する注文生産なので,売上額と生産額の間に乖離はないと仮定した.工場や工場用地を企業所有者が保有している場合,また同様に,企業所有者が手持ち資金を融資として生産に用いている場合には,これらの概念上の家賃・地代や利子をデータとしては補足できず,帰属計算をしていないことに注意が必要である.ただし,筆者らが2001年に行った同様のニットウェア産業調査では,企業規模を基準にごく大雑把な帰属計算を施しており,その場合でも,以下の分析結果と同様の結果が得られていることを記しておく(Bakht et al.[2006]).

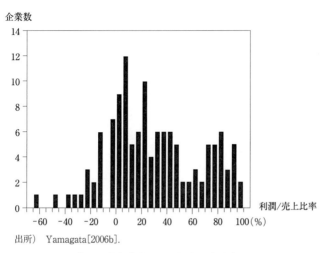

出所) Yamagata[2006b].

図4 利潤/売上比率を基準とした標本企業分布——カンボジア

値は 42.5% であり，両者とも低いとは言えない値を示している．さらに同比率が 70% を超える標本企業が全体の1割を超えるだけあることから，かなりの高い収益性を示している企業が無視できない数だけあることも注目される．このようにバングラデシュの輸出向け縫製業の収益性は，「賃金切り下げ悪循環」論者が想定しているほど悲惨な状態ではない．また，このような高い平均収益性が，1980 年代初頭以来 20 年以上発展を続けてきたバングラデシュ縫製業においてなお観察されることも特筆される．単なる創業者利益ではない，構造的な優位性がバングラデシュ縫製業にあることさえ期待される．

カンボジアの場合[18]にも同様のことが言える(図4)．カンボジアの標本には利潤が負の企業が全体の 20% 弱含まれている．しかし標本全体の利潤/売上比率の平均は 30.2%，中央値が 24.9% であるうえ，図4から明らかなように利潤/売上比率が 80～90% を示している企業も無視し得ない数だけ存在する．これらのことから，カンボジアの輸出向け縫製業の収益性も，平均的に見れば，比較的高いと見られる．

これらの結果は，両国の縫製業が比較的長い期間にわたって毎年 20～30

---

18) ここでは Yamagata[2006b]と同様に，付加価値の値が負と示されている企業や，データの制約から利潤の計算ができない企業は，対象から除かれている．

％という高成長を遂げてきたという事実と整合的である．両国とも，既存企業の縫製業からの退出が継続的に一定程度あったことが報道されており，経営状態が悪い企業がそこそこの割合で常に存在したことも事実である．しかし，同時に新規参入も，退出を凌駕するほどあった[19]わけで，業界全体としては高収益性を背景に，企業数も生産も伸長したと言える．

2. 多 様 性

このように貧困削減効果，収益性ともに共通の特徴を示したバングラデシュ，カンボジア縫製業であるが，非常に際立った相違点も示している．最初に指摘したいのが平均企業規模と企業数の違いである．

(1) 企業数と企業規模

表7は両国の業界団体のリストから得られる雇用者データを分析したものである．バングラデシュについては最大の業界団体であるBangladesh Garment Manufacturers and Exporters Association (BGMEA)，カンボジアについては全ての輸出向け縫製企業をカバーするGarment Manufacturers Association in Cambodia (GMAC)を取り上げている[20]．この表で明らかなようにバングラデシュには3000社以上の企業[21]がある一方で，カンボジアには200社程度の企業しかない．図1と2からわかるように，2003年時点でバングラデシュの衣類の輸出額はカンボジアの輸出額の3～4倍程度しかない．これに対して企業数では15倍以上の開きがあるわけで，これはカンボジアの1企業当たりの規模がバングラデシュのそれより，かなり大きいこと

---

19) このように参入退出が活発な中で，産業自体は成長していく，という産業発展パターンは，少なくとも中進国・経済にとっては珍しいものではない．Aw, Chen and Roberts [2001], Roberts and Tybout eds.[1996], Tybout[2000]等を参照のこと．

20) バングラデシュにはBGMEAの他にニットウェア生産の中心地のNarayanganjに本部を置くBangladesh Knitwear Manufacturers and Exporters Association (BKMEA)という業界団体もある．カンボジアにはGMAC以外の関係業界団体はない．アメリカへの輸出枠を得るためにはGMACに加盟する必要があったことから，直接輸出をしない下請企業以外は，全ての輸出向け縫製企業がGMACに加盟していたと考えてよい．

21) BGMEA以外の業界団体の存在も考慮すれば，バングラデシュには2003年当時で4000社程度の輸出向け縫製企業があったと考えられる．一つの留意点は，BGMEAのメンバーとしては，一つの企業から複数の事業所が加盟している場合が少数あるのに対して，GMACのメンバーについてはそのような例はない．しかし全体の傾向としては，本文で述べたところと大きな違いは生じない．

表7 バングラデシュとカンボジアにおける輸出向け縫製企業数と企業別雇用者数(2003年)

	バングラデシュ	カンボジア
企業数	3,115	196
雇用者数：平均	399	903
雇用者数：中央値	313	559
雇用者数：最大値	7,600	9,500
雇用者数：最小値	18	18
雇用者数：標準偏差	373	1,098

データの出所）GMAC 企業リスト(2003年)および BGMEA[2003]．

を意味する．事実，表7によれば，バングラデシュの企業当たり平均雇用者数が約400人であるのに対して，カンボジアのそれは約900人である．両国ともに企業規模にはかなりの散らばりがあるものの，カンボジアでは企業分布の中心がより大規模な企業に，バングラデシュではより小規模な企業に，位置していることがわかる．

(2) 所有者の構成

両国の企業規模の違いの一端は，資本構成の違いによって説明されるものと考えられる．というのはバングラデシュとカンボジアの輸出向け縫製業には，企業の所有者の構成に大きな違いがあるからである．2003年時点でのバングラデシュの大半の輸出向け縫製業が100％現地資本であり，その特徴は2003年調査結果にも現れている(表8)．一方，カンボジアの企業のほとんどが何らかの形で外資の所有関係を有しており，標本164社のうち125社が100％外資であり，100％現地資本の企業は14社に過ぎない．市中を回ってみても，カンボジアの工場は大きな敷地を構え，塀を巡らせて門番に警護させ，その中で生産活動を行うのが典型なのに対して，バングラデシュの多くの縫製工場は，町中の雑居ビルの階上の数階を占める形で操業している．もちろんバングラデシュにも，郊外の広地や輸出加工区に大規模な生産設備を構える工場がたくさんある．しかし大まかな傾向として，バングラデシュにおいては，現地の企業主が少額の資本を元手に縫製工場を経営するパターンが典型といってよいであろう．

バングラデシュの輸出向け縫製業とて，当初から現地資本主導で発展した

表8 バングラデシュとカンボジアの縫製企業の所有形態

	バングラデシュ	カンボジア
100% 外資	2	125
外資と現地資本の合弁	0	7
100% 現地資本	220	14
その他(無回答を含む)	0	18
標本企業数	222	164

出所) Fukunishi et al.[2006], 山形[2004], Yamagata [2006b].

わけではない.1980年代初めから韓国企業の海外進出の一環として,バングラデシュでの輸出向け縫製業が創始されたことは有名である(Rhee[1990], Easterly[2001]).しかしその後,現地資本の企業が急増し,外資のプレゼンスが相対的に低下したのである.対照的に,カンボジアの輸出向け縫製業は,中国大陸や香港,台湾の企業の国際展開の一環として位置づけられている場合が多い.

上に示したようなバングラデシュとカンボジアにおける発展パターンの多様性は,低廉な労働力を活用した労働集約的工業化の,他の多くのLDCsに対する適用可能性に期待を抱かせるものである.大企業中心でなくとも,またいつまでも外資系企業に依存しなくとも,バングラデシュは衣類輸出を継続的に拡大することができた.対照的にカンボジアは,そのスタートは遅かったにもかかわらず,周辺国から大規模な直接投資があったことで,バングラデシュに迫るばかりの縫製業発展を実現した.これらの例は,いくつか不利と思われる条件があったとしても,それが必ずしも致命傷にはならないことを示している.

しかしそれらの多様性のみをもって,バングラデシュとカンボジアで成功した新たな輸出指向工業化戦略が,他のLDCsにも適用可能であると断言することはできない.次節でこの課題への考察を行う.

第4節　輸出指向工業化戦略の他の LDCs への適用可能性

　これまで見てきたように，LDCs であるバングラデシュやカンボジアでも衣類という労働集約的工業製品に競争力を持ち，その発展を自国の貧困削減に大いに役立てている．これはかつての東・東南アジア諸国が工業化を始めた際のパターンと類似しており（山形[2006a]，Amjad ed.[1981]，Pang ed.[1988]，World Bank[1990]），バングラデシュ，カンボジア両国が，今後周辺の東南アジア諸国と同様の経済成長を果たすかどうかが注目されるところである．

　ここで問題となるのは，他の LDCs もバングラデシュやカンボジアと同様に，衣類を始めとする労働集約財に競争力を得て，輸出拡大や工業化の起爆剤とすることができるか，ということである．事実，スワジランド，ハイチ，マダガスカル，レソトといった，かつてはアメリカや EU に衣類輸出を大きく伸ばしていた LDCs も，2005年の繊維・衣類貿易自由化後に，ハイチを除き，軒並み衣類輸出が停滞ないしは縮小している．また LDCs ではないが，サハラ以南アフリカ諸国としてはケニアや南アフリカもまた，繊維・衣類貿易自由化前の輸出向け縫製業成長と（福西[2004]），自由化後の停滞とを経験している．さらに一昔前に，衣類輸出をて̇こ̇に経済発展を遂げた国として注目を集めたモーリシャス（Subramanian and Roy[2003], Wellisz and Saw[1993]）もまた，現在は衣類輸出が縮小している．しかしながら，これらのサハラ以南アフリカ諸国も，自由化以前には一定程度の期間に輸出向け縫製業の高成長を果たしたのであるから，今後再び発展する可能性を否定するのは早計であろう．

　低賃金を活用した労働集約財の輸出拡大を通じた貧困削減というバングラデシュやカンボジアで実現したパターンの，他の LDCs での再現可能性を検討するうえで，注目すべき点が二つある．一つは労働以外の生産投入財，中でもインフラストラクチュアの整備状況であり，今一つは賃金水準である．これらの点について，順次検討していこう．

第3章　バングラデシュとカンボジア

1. 物的・制度的インフラストラクチュア

　バングラデシュやカンボジアの縫製業で雇用されている労働者の教育水準や技術水準が，少なくとも新規採用時においてはそれほど高くないことを既に見た．労働力の質が実態上大きな問題とならないのであれば，低賃金労働力はコスト削減の観点から大きな魅力となる．資本はカンボジアの場合のように国外から流入する可能性があるし，その資本によってミシン等の機械を輸入することもできる．このように輸出向け縫製業の場合には，労働と資本は低所得国でも得られるので，それ以外の投入物，例えば港湾や道路，電気や水といった物的インフラストラクチュアや，企業設立，貿易，租税等々の手続きに関わる制度的インフラストラクチュアが，整備されているかどうかが問題となる．

　しかし容易に想像がつくように，物的・制度的インフラストラクチュアの整備状況は通常のLDCsにおいて十分ではなく(Batra, Kaufmann and Stone [2003], World Bank[2004])，バングラデシュ，カンボジアもこの点において例外ではない．特に汚職についてバングラデシュは，ここ数年にわたり非常に厳しい評価を得てきた．

　表9に定評のある汚職指数の下位13カ国を掲げた．これはドイツの非営利団体のTransparency Internationalによる実感汚職指数(Corruption Perceptions Index)である．2006年の指数によれば，バングラデシュは下から数えて5位タイ(上から数えて156位タイが4カ国あるから)である．しかしバングラデシュは，このリストに2001年に初登場して以来，2005年までの5年間にわたり，常に最下位を維持してきたのである．2006年はようやく最下位から脱出したものの，お世辞にも制度的インフラストラクチュアが整っているとは言えない．表9によればカンボジアもバングラデシュより1ランク上であるに過ぎず，両国ともに，汚職については世界最低ランクに属していると言わざるを得ない．

　これらのことを違う角度から見れば，LDCsの中でバングラデシュやカンボジアよりも物的・制度的インフラストラクチュアが整っている国があっても全くおかしくない，ということである．バングラデシュとカンボジアは少なくとも，インフラストラクチュアの点で何らかの優位性を持っていたとは

表 9 実感汚職指数の下位 13 カ国 (2006 年)

順位	国	スコア
151	ベラルーシ	2.1
151	カンボジア	2.1
151	コートジボアール	2.1
151	赤道ギニア	2.1
151	ウズベキスタン	2.1
156	バングラデシュ	2.0
156	チャド	2.0
156	コンゴ民主共和国	2.0
156	スーダン	2.0
160	ギニア	1.9
160	イラク	1.9
160	ミャンマー	1.9
163	ハイチ	1.8

出所) Transparency International のホームページ(http://www.transparency.org/).

考えられない.

2. サハラ以南アフリカの賃金水準

今一つ重要な論点として挙げたいのは,低所得国で低賃金労働力が得られるかどうか,という問題である.その答えは自明ではない.具体的に言えば,バングラデシュやカンボジアの一人当たり所得は1年に300〜400ドル程度であって,多くのサハラ以南アフリカ諸国も,それと同程度かそれより低い水準の一人当たり所得を得ている.しかし,公表されているデータによれば,サハラ以南アフリカ諸国の製造業賃金は一般にバングラデシュやカンボジアの縫製業の賃金よりはるかに高い(平野[2002]).事実,ケニアの場合では,縫製業の経験年数1年未満の補助工具の賃金は月額で60〜70ドル程度であり,バングラデシュの21ドル,カンボジアの45ドルと比べてかなり高い水準にある(福西[2005], Fukunishi et al.[2006]).その理由,背景についてはより踏み込んだ分析が必要なので,次章(西浦[2008])に譲るが,ここで指摘しておきたいことは,低所得国の賃金水準が高所得国に比べて低いことは一般的であるものの,低所得国同士,しかも一人当たり所得がほとんど同じレベル

である国々の間であっても上述のような賃金格差が見られることである．国際的な賃金格差は，国際経済学的にも（Learmer and Levinsohn[1995 : 1354-1361]），経済成長理論的にも（Lucas[1988]，Parente and Prescott[2000]），説明が試みられている．低所得国の間の賃金格差の決定因は次章の分析以下，今後の課題とせざるを得ない．

おわりに

　本章で強調したのは，20～30年前に大きく取り上げられた労働集約財を対象品目とした輸出指向開発戦略が，現代の貧困削減の文脈でも重要性を失っていない，ということである．1960～1980年代の東・東南アジアの経済発展とその結果としての貧困削減は，低賃金労働力を活用した労働集約的工業化に端を発すると考えられた．その後，東・東南アジア諸国の工業化が労働集約的工業から，資本集約的産業や技術指向産業に重点を移していくのにつれ，労働集約的工業が東・東南アジアの工業化の初期において果たした役割が忘れ去られた．また当時日本の開発経済学者の間で広く読まれた渡辺[1985]のタイトルに象徴されるように，「成長のアジア」たる東・東南アジアにおいて妥当した経済発展の論理が，「停滞のアジア」と見なされた南アジアや他のLDCsにまで適用されうるとは考えられていなかった．
　本章で取り上げたバングラデシュとカンボジアの輸出向け縫製業の発展も，管理貿易下で一時的に輸出が伸びているのであって，2005年初に繊維・衣類貿易が自由化されれば産業自体が立ちゆかなくなる可能性が大きく取りざたされていた．しかし両国はLDCsの衣類輸出国の中で，2005年以降も増勢を保っている[22]．したがって，両国の衣類輸出の成長要因を管理貿易だけに帰することはできないし，労働争議等の問題を平和裡に解決すれば，両国の縫製業は今後も発展する可能性が高い．
　本文中に述べてきたように，輸出向け縫製業は両国において，あまり教育水準の高くない男性・女性の低所得層を，他の雇用機会よりも，また貧困線よりも高い賃金で，大きな雇用機会を与えるという重要な役割を果たしてき

---

22) この他，LDCsの中ではハイチも，2005年以降，衣類輸出の成長を維持している．

た．競争力を維持し，輸出成長が続けば，その貧困削減効果も持続するであろう．したがって，東・東南アジアでかつて採用され，現在バングラデシュとカンボジアで効果が現れている「労働集約的製造業品輸出の主導による貧困削減」というモデルの，他の低所得国への適用可能性を真剣に考えていくべきである．

参 考 文 献

〔日本語文献〕

天川直子[2004]，「カンボジア農村の収入と就労――カンポンスプー州の雨季米作村の事例」(天川直子編『カンボジア新時代』日本貿易振興機構アジア経済研究所，327～377 ページ).

岡田知子[2006]，「学校へ行こう――就学率と教育制度」(上田広美・岡田知子編著『カンボジアを知るための 60 章』明石書店，263～267 ページ).

外務省経済局国際機関第一課編[1996]，『解説 WTO 協定』日本国際問題研究所.

小林知[2004]，「カンボジア・トンレサープ湖東岸地域農村における生業活動と生計の現状――コンポントム州コンポンスヴァーイ郡サンコー区の事例」(天川直子編『カンボジア新時代』日本貿易振興機構アジア経済研究所，275～325 ページ).

西浦昭雄[2008]，「ケニア――製造業の高賃金と低雇用」本書，第 4 章.

日本労働研究機構[2002]，『カンボジア 外資系衣料産業の拡大と雇用変動』日本労働研究機構.

平野克己[2002]，『図説アフリカ経済』日本評論社.

福西隆弘[2004]，「アフリカ諸国における製造業の国際競争力――評価と要因分析」(『アジア経済』第 45 巻第 8 号，8 月，38～61 ページ).

――[2005]，「ケニア縫製産業の国際競争力――バングラデシュとの比較」(平野克己編『アフリカ経済実証分析』日本貿易振興機構アジア経済研究所，235～263 ページ).

村山真弓[1997]，「女性の就労と社会関係――バングラデシュ縫製労働者の実態調査から」(押川文子編『南アジアの社会変容と女性』アジア経済研究所，45～81 ページ).

山形辰史[2004]，「カンボジアの縫製業――輸出と女性雇用の原動力」(天川直子編『カンボジア新時代』日本貿易振興機構アジア経済研究所，49～102 ページ).

――[2005]，「最貧国の貧困削減への Policy Coherence」(国際協力銀行開発金融研究所開発研究グループ編『地域経済アプローチを踏まえた政策の一貫性分析――東アジアの経験と他ドナーの政策』国際協力銀行開発金融研究所，169～188 ページ). (http://www.jbic.go.jp/japanese/research/pcd/pdf/10.pdf).

――[2006a]，「輸出指向開発再論――後発発展途上国の労働集約的工業発展の可能性」(『国民経済雑誌』第 193 巻第 1 号，1 月，1～16 ページ).

――[2006b]，「繊維製品貿易――自由化の帰趨」(『アジ研ワールド・トレンド』No. 125，2 月，20～23 ページ).

山澤逸平[1984]，「繊維産業」(小宮隆太郎・奥野正寛・鈴村興太郎編『日本の産業政

策』東京大学出版会, 345〜367 ページ).
山本茂実[1968],『あゝ野麦峠——ある製糸工女哀史』朝日新聞社.
渡辺利夫[1985],『成長のアジア 停滞のアジア』東洋経済新報社.

〔外国語文献〕

Adiga, Aravind[2004], "Hanging by a thread: textile factories throughout Asia face extinction as a long-standing global trade pact is set to expire," *Time*, November 1, pp. 36-38.

Afsar, Rita[2001], "Gender dimensions of labour migration in Dhaka city's formal manufacturing sector," in Carol Miller and Jessica Vivian eds. *Women's Employment in the Textile Manufacturing Sectors of Bangladesh and Morocco*, Geneva: United Nations Research Institute for Social Development, pp. 103-150.

Amjad, Rashid ed.[1981], *The Development of Labour Intensive Industry in ASEAN Countries*, Bangkok: International Labour Organisation, Asian Employment Programme.

Aw, Bee Yan, Xiaomin Chen and Mark J. Roberts[2001], "Firm-level evidence on productivity differentials and turnover in Taiwanese manufacturing," *Journal of Development Economics*, Vol. 66, No. 1, October, pp. 51-86.

Bakht, Zaid, Md. Salimullah, Tatsufumi Yamagata and Muhammad Yunus[2006], "Competitiveness of a labor-intensive industry in a least developed country: a case of the knitwear industry in Bangladesh," mimeographed, Chiba, Japan: Institute of Developing Economies.

Balassa, Bela and Associates[1982], *Development Strategies in Semi-industrial Economies*, Baltimore: Johns Hopkins University Press.

Bangladesh Bureau of Statistics(BBS)[2003], *Report of the Household Income and Expenditure Survey, 2000*, Dhaka: BBS.

—— [2004], *Report on Bangladesh Census of Manufacturing Industries(CMI), 1999-2000*, Dhaka: BBS.

Bangladesh Garment Manufacturers and Exporters Association(BGMEA)[2003], *Members Directory 2002-2003*, Dhaka: BGMEA.

Batra, Geeta, Daniel Kaufmann and Andrew H. Stone[2003], *Investment Climate around the World: Voices of the Firms from the World Business Environment Survey*, Washington, D.C.: World Bank.

Begum, Anwara and Pratima Paul-Majumder[2006], *Engendering Garment Industry: The Bangladesh Context*, Dhaka: University Press Limited.

Bhattacharya, Debapriya and Mustafizur Rahman[2001], "Female employment under export-propelled industrialization: prospects for internalizing global opportunities in Bangladesh's apparel sector," in Carol Miller and Jessica Vivian, eds. *Women's Employment in the Textile Manufacturing Sectors of Bangladesh and Morocco*, Geneva: United Nations Research Institute for Social Development (UNRISD) and United Nations Development Programme(UNDP), pp. 219-262.

Buerk, Roland[2004], "Social upheaval feared when end of import quotas hits Bangladesh," *Financial Times*, July 24-25.
Council for Social Development, Kingdom of Cambodia[2002], *National Poverty Reduction Strategy, 2003-2005*, Phnom Penh: Council for Social Development.
de Jonquières, Guy[2004], "Clothes on the line: the garment industry faces a global shake-up as quotas end," *Financial Times*, July 19, p. 9.
Easterly, William[2001], *The Elusive Quest for Growth: Economists' Adventures and Misadventures in the Tropics*, Cambridge, Massachusetts and London, England: MIT Press(小浜裕久・織井啓介・冨田陽子訳『エコノミスト 南の貧困と闘う』東洋経済新報社, 2003年).
Fukunishi, Takahiro, Mayumi Murayama, Tatsufumi Yamagata and Akio Nishiura [2006], *Industrialization and Poverty Alleviation: Pro-Poor Industrialization Strategies Revisited*, Vienna: United Nations Industrial Development Organization(UNIDO).(http://www.unido.org/file-storage/download/?file%5fid=59561).
Gereffi, Gary, John Humphrey, Raphael Kaplinsky and Timothy J. Sturgeon[2001], "Introduction: globalisation, value chains and development," *IDS Bulletin*, Vol. 32, No. 3, July, pp. 1-8.
Hach, Sok, Chea Huot and Sik Boreak[2001], *Cambodia's Annual Economic Review 2001*, Phnom Penh: Cambodia Development Resource Institute.
——and Sarthi Acharya[2002], *Cambodia's Annual Economic Review 2002*, Issue 2, Phnom Penh: Cambodia Development Resource Institute.
Hall, John A.[1999], *Human Rights and the Garment Industry in Contemporary Cambodia*, Stanford: Stanford Law School.
Hoque, Khondoker Bazlul, Mayumi Murayama and S. M. Mahfuzur Rahman[1995], *Garment Industry in Bangladesh: Its Socio-Economic Implications*, Joint Research Program Series No. 16, Tokyo: Institute of Developing Economies.
International Labour Organization(ILO)[2005], *Promoting Fair Globalization in Textiles and Clothing in a Post-MFA Environment*, Geneva: International Labour Office.
Kabeer, Naila and Simeen Mahmud[2004], "Globalization, gender and poverty: Bangladeshi women workers in export and local markets," *Journal of International Development*, Vol. 16, No. 1, January, pp. 93-109.
Kaplinsky, Raphael[1993], "Export processing zones in the Dominican Republic: transforming manufactures into commodities," *World Development*, Vol. 21, No. 11, November, pp. 1851-1865.
——and Mike Morris[2001], *A Handbook for Value Chain Research*.(http://www.globalvaluechains.org/).
Leamer, Edward E. and James Levinsohn[1995], "International trade theory: the evidence," in Gene M. Grossman and Kenneth Rogoff eds. *Handbook of International Economics*, Vol. III, Amsterdam: Elsevier Science B.V., pp. 1339-1394.
Lucas, Robert E., Jr.[1988], "On the mechanics of economic development," *Journal of Monetary Economics*, Vol. 22, No. 1, July, pp. 3-42.
Ministry of Finance(MOF), Government of the People's Republic of Bangladesh [2005], *Bangladesh Economic Review 2005*, Dhaka: MOF.
Murayama, Mayumi ed.[2006], *Employment in Readymade Garment Industry in*

参考文献

Post-MFA Era: The Case of India, Bangladesh and Sri Lanka, Chiba: Institute of Developing Economies. (http://www.ide.go.jp/English/Publish/Jrp/pdf/jrp_140_03.pdf).

Nordås, Hildegumn Kyvik[2004], "The global textile and clothing industry post the agreement on textiles and clothing," *WTO Discussion Paper*, No. 5, Geneva: WTO. (http://www.wto.org/english/res_e/booksp_e/discussion_papers5_e.pdf).

Osmani, S. R., Wahiduddin Mahmud, Binayak Sen, Hulya Dagdeviren and Anuradha Seth[2003], *The Macroeconomics of Poverty Reduction: The Case Study of Bangladesh*, Dhaka: United Nations Development Programme (UNDP).

Pang Eng Fong ed.[1988], *Labour Market Developments and Structural Change: The Experience of ASEAN and Australia*, Singapore: Singapore University Press.

Parente, Stephen L. and Edward C. Prescott[2000], *Barriers to Riches*, Cambridge: MIT Press.

Paul-Majumder, Pratima[2003], *Health Status of the Garment Workers in Bangladesh*, Project Report No. 1, Dhaka: Bangladesh Institute of Development Studies.

Quddus, Munir and Salim Rashid[2000], *Entrepreneurs and Economic Development: The Remarkable Story of Garment Exports from Bangladesh*, Dhaka: University Press Limited.

Rhee, Yung Whee[1990], "The catalyst model of development: lessons from Bangladesh's success with garment exports," *World Development*, Vol. 18, No. 2, February, pp. 333–346.

Roberts, Mark J. and James R. Tybout eds.[1996], *Industrial Evolution in Developing Countries: Micro Patters of Turnover, Productivity, and Market Structure*, New York: Oxford University Press.

Rodrik, Dani[1994], "King Kong meets Godzilla: The World Bank and *The East Asian Miracle*," in Albert Fishlow, Catherine Gwin, Stephan Haggard, Dani Rodrik and Robert Wade, *Miracle or Design?: Lessons from the East Asian Experience*, Policy Essay No. 11, Washington, D.C.: Overseas Development Council, pp. 13–53.

Sachs, Jeffrey D.[2005], *The End of Poverty: Economic Possibilities for Out Time*, New York: Penguin Press (鈴木主税・野中邦子訳『貧困の終焉——2025年までに世界を変える』早川書房, 2006年).

Sothea, Oum and Sok Hach[2004], *Cambodia Economic Watch*, Phnom Penh: Economic Institute of Cambodia.

Subramanian, Arvind and Devesh Roy[2003], "Who can explain the Mauritian miracle?: Meade, Romer, Sachs, or Rodrik?," in Dani Rodrik ed. *In Search of Prosperity: Analytic Narratives on Economic Growth*, Princeton and Oxford: Princeton University Press, Chapter 8, pp. 205–243.

Tybout, James R.[2000], "Manufacturing firms in developing countries: how well do they do, and why?," *Journal of Economic Literature*, Vol. 38, No. 1, March, pp. 11–44.

United Nations Industrial Development Organization (UNIDO) [2002], *Industrial Development Report 2002/2003: Competing through Innovation and Learning*,

Vienna: UNIDO.
United Nations Millennium Project[2005], *Investing in Development: A Practical Plan to Achieve the Millennium Development Goals*, London: Earthscan.
Wellisz, Stanislaw and Philippe Lam Shin Saw[1993], "Mauritius," in Ronald Findlay and Stanislaw Wellisz eds. *Five Small Open Economies: The Political Economy of Poverty, Equity, and Growth*, New York: Oxford University Press, pp. 219–255.
Wood, Adrian[1994], *North-South Trade, Employment and Inequality: Changing Fortunes in a Skill-Driven World*, Oxford: Clarendon Press.
World Bank[1990], *World Development Report 1990: Poverty*, New York: Oxford University Press.
――[1993], *The East Asian Miracle: Economic Growth and Public Policy*, New York: Oxford University Press(白鳥正喜監訳, 海外経済協力基金開発問題研究会訳『東アジアの奇跡――経済成長と政府の役割』東洋経済新報社, 1994年).
――[2004], *World Development Report 2005: A Better Investment Climate for Everyone*, Washington, D.C.: World Bank and New York: Oxford University Press.
Yamagata, Tatsufumi[2006a], "Two dynamic LDCs: Cambodia and Bangladesh as garment exporters," *Economic Review*(Economic Institute of Cambodia), Vol. 3, No. 3, July–September, pp. 8–12. (http://www.eicambodia.org/downloads/files/ER_Vol3_No3_Two_Dynamic_LDCs.pdf).
――[2006b], "The garment industry in Cambodia: its role in poverty reduction through export-oriented development," *Cambodian Economic Review*, Issue II, December, pp. 81–136.(http://www.cea-cambodia.org/pdf/Cambodian_Economic_Review_II.pdf).
Zohir, Salma Chaudhuri[2001], "Social dimensions of the growth of garment industry in Bangladesh: 1990–97," in Pratima Paul-Majumder and Binayak Sen eds. *Growth of Garment Industry in Bangladesh: Economic and Social Dimensions*, Dhaka: Bangladesh Institute of Development Studies, pp. 76–105.
――and Pratima Paul-Majumder[1996], *Garment Workers in Bangladesh: Economic, Social and Health Condition*, Research Monograph 18, Dhaka: Bangladesh Institute of Development Studies.

第4章

ケニア
——製造業の高賃金と低雇用——

西 浦 昭 雄

はじめに

現在,貧困削減が世界的な関心を集めている.国連は1990〜2015年の期間に所得が1日1ドル未満の人口割合を半減させることをミレニアム開発目標(Millennium Development Goals: MDGs)の一つ目の目標に設定している.世界銀行によれば,東アジア・大洋州は29.6%(1990年)から11.6%(2002年)へと目標を達成し,1日1ドル未満人口が最も多い南アジアでも同割合が41.3%(1990年)から31.2%(2002年)に低下するなど一定の改善がみられた.しかし,サブサハラ・アフリカ(以下,アフリカと略す)では,2002年の同割合が44.0%と他地域よりも高く,しかも1990年の44.6%と比べてもほとんど改善していない(World Bank[2006:73]).

アフリカで貧困削減が改善しない理由の一つには,経済成長が低迷していることがあげられる.アフリカの経済成長率は1980〜1990年が年間平均で1.7%であったが,1990〜2003年にはそれが2.8%に上昇した.しかしながら,この2.8%という年間成長率は,東アジア・大洋州の7.6%,南アジアの5.4%と比べて低い.しかも,1990年〜2003年期間のアフリカにおける人口増加率の年間平均が2.5%と高かったために,一人当たり国民所得(GNI)は500ドル(2003年)と依然として低水準にとどまっている(World Bank[2005]).

アフリカにおいて就業人口の62.5%を占める農業の重要性はいうまでもない(平野[2004:146]).しかし,穀物の土地生産性が低迷し,新たな耕地面積の大幅な増加が期待できない農業のみで短期間に貧困削減を達成することは困難であり,経済成長という観点からは製造業の発展も不可欠な要素であると考えられる.アフリカ製造業の特徴は低雇用と高賃金にある.つまり,第一に,大多数のアフリカ諸国は製造業部門の総労働力人口に占める割合が

表1 アジアとアフリカ諸国の製造業労働コスト

(単位:ドル〔年間〕)

	一人当たりの国民総所得(GNI)(2004年)	一人当たりの労働コスト(1995~1999年)注1)	一人当たりの賃金注2)
アジア			
バングラデシュ	440	671	464
中国	1,500	729	
インド	620	1,192	1,529
ベトナム	540	711	802
スリランカ	1,010	604	740
アフリカ			
エチオピア	110	1,596	957
コートジボワール	760	9,995	6,159
ケニア	480	810	2,372
ジンバブウェ	620	3,422	4,555
ザンビア	400	4,292	

注1) 1995~1999年のうち,データ入手最新年.
注2) データ入手年は,ジンバブウェ1996年,コートジボワール1997年,バングラデシュ1998年,ベトナムとケニア2000年,スリランカ2001年,インド2003年,エチオピア2004年.
出所) 「一人当たりの賃金」はUNIDO[2006].その他はWorld Bank[2006]より作成.

1%未満であるように,アフリカの製造業は雇用吸収力が劣っている.第二に,少ない労働力を雇用して相対的に高い賃金を支払っており,製造業の労働コストは一般的に高い(平野[2002]).表1は,アジアで比較的所得が低い5カ国とアフリカの5カ国の製造業における労働コストと平均賃金を比較したものである.一人当たりの年間労働コストは,アジアではインドを除けば750ドル未満であるのに対して,アフリカでは大きく上回っている.ケニアはこれらのアフリカ諸国の中では810ドルと低いが,別の統計(一人当たりの賃金)では2372ドルでありアジア諸国の数値を大きく上回っている.

では,なぜアフリカでは労働コストが高いのであろうか.本章ではケニアなどを事例にその要因を検討していきたい.アフリカ製造業に関する実証研究をレビューした福西[2004]は,国際競争力の要因となる為替レート,要素賦存,労働コスト,生産性のいずれについても,アフリカ製造業の他の開発途上国と比べて不利な状態にあることを指摘している.しかし,アフリカの為替レートについては1990年代以降の為替切り下げによって均衡レートに近づいており,アフリカと他の開発途上国の製品輸出パフォーマンスを為替レートで説明することは困難である.また,アフリカの資源豊富・労働希少

という要素賦存パターンは相対的に高い労働コストをもたらしている．しかし，要素賦存パターンの影響を取り除いた単位労働コストでみてもアフリカ諸国は相対的に高いことから，要素賦存という点についても賃金差を説明できる範囲を超えており，アフリカ製造業のパフォーマンスに決定的な影響力を与えているとはいえない．労働コストや生産性については不完全な労働市場が影響していると示唆されるが，十分な実証がなされているとはいえない（福西[2004：54-55]）．

そこで福西[2005]は，企業データをもとにケニア衣料産業の国際競争力について実証分析を行っている．この結果，ケニアの生産コストの高さは，生産性と比較して賃金が高いことが原因となっていることが判明した．高い賃金は，賃金の何らかの下方硬直性によって要素価格の均等化が行われていないためであり，ケニアの衣料産業の生産量は要素賦存パターンが予測するよりも過少となっている．こうしたケニアの賃金の下方硬直性をもたらす原因として福西は，最低賃金制度，労働組合，効率賃金という三つの可能性を示している（福西[2005：257-258]）．

つまり，アフリカにおける失業問題や貧困問題の深刻さを考えると，製造業の雇用吸収力を上げることが期待されるが，そのための大きな障害となっているのが高賃金問題である．しかしながら，アフリカの高賃金をもたらす要因については，不完全な労働市場の存在が指摘されるにとどまり，十分に解明されているとはいえないのである．

したがって本章では，ケニア製造業の課題である高賃金・低雇用問題への分析視角として，最低賃金，労働組合，団体協約（collective bargaining agreement）といった労働者保護制度に注目し，こうした労働者保護制度が賃金や雇用にどのような影響を及ぼしているかについて考察することを目的としている．

その際，ケニアでの観察事実を相対化するために，隣国のウガンダにおける労働者保護制度と比較対照していく．ウガンダは1980年代の混乱後に復興をとげ，同国の経済成長率は1990〜2000年が7.1％，2000〜2004年が5.8％であった．なかでも製造業は同期間，12.2％，7.0％と好調である．ケニアとウガンダの労働者保護制度を比較することによって，ケニア特有の課題と東アフリカ共通の課題を峻別でき，ケニア製造業の高賃金・低雇用問題に

表2 ケニアとウガンダの最低賃金制度と団体協約

	ケニア	ウガンダ
最低賃金制度	あり(毎年のように更新)	実質的になし
団体協約	実施(活発)	実施(今後,活発になる可能性)
団体協約交渉の開始条件	労働者の過半数が労働組合に加入	過半数条件なし

出所) 筆者作成.

対する理解の深化につながることが期待できる.

　これらに関連する先行研究としては,APSG[2004]やMazumdar[2002]がケニアの賃金分析について詳細に分析している.また,Manda[2002]が世界銀行のRPED[1]データをもとにケニア製造業の賃金水準決定要因について明らかにしている.さらに,Manda[2004]はグローバリゼーションのケニア労働市場に対する影響について論じている.しかし,本章のテーマである労働者保護制度の観点からケニア製造業にアプローチした研究となると皆無といってよい.ウガンダにいたっては,賃金分析や労使関係,団体協約に関する学術的な成果は見あたらない.したがって本章では,最低賃金や労働組合に関する先行研究の成果を活用するとともに,2006年8〜9月に実施したケニアとウガンダへの現地調査によって集められた情報を組み合わせることにより,ケニア製造業の高賃金・低雇用問題解明の糸口になることを目指している.

　では序論的に,ケニアとウガンダの最低賃金制度と団体協約について概括しよう(表2).まず最低賃金制度については,ケニアでは毎年のように更新されているが,ウガンダでは実質的にない状況が続いている.団体協約については両国で実施されているが,ケニアの方が活発である.しかし,団体協約交渉の開始条件は,ケニアでは労働者の過半数が労働組合に加入していることが条件であるが,ウガンダでは,2006年に労働組合法が改正されて過半数の必要がなくなった.

　次に表3は,ケニアとウガンダの本章に関連するILO条約の批准状況を

---

1) RPEDデータとは,世界銀行が推進する「企業開発に関する地域プログラム」(Regional Program on Enterprise Development: RPED)で収集したことを指す.まずRPEDでは,ブルンジ,カメルーン,コートジボワール,ガーナ,ケニア,タンザニア,ザンビア,ジンバブウェの8カ国を対象に,各国ごとに4分野(繊維・衣料,食品加工,木材加工,金属加工)にわたる200企業を抽出し,1992〜1996年のうち3年間にわたりデータを収集した.

表3 ケニアとウガンダのILO条約の批准状況

	ケニア	ウガンダ
第87号　結社の自由及び団結権保護条約(1948年)	未批准	2005年批准
第98号　団結権及び団体交渉権条約(1949年)	1964年批准	1963年批准
第131号　最低賃金決定条約(1970年)	1979年批准	未批准

出所）ILO[2006]をもとに筆者作成.

まとめたものである．第98号「団結権及び団体交渉権条約」(1949年)は両国とも批准している．第87号「結社の自由及び団結権保護条約」(1948年)については，ウガンダは2005年に批准しているが，ケニアは未批准のままである．反対に，第131号「最低賃金決定条約」(1970年)をケニアは批准しているが，ウガンダが未批准である．

本章の構成は以下の通りである．第1節では，最低賃金制度と労働組合の賃金・雇用・分配効果について先行研究をレビューする．第2節では，ケニア製造業における雇用・賃金水準を歴史的に紹介しながら，最低賃金制度の影響について分析する．第3節では，ケニアの労使関係に注目し，労働組合や団体協約の影響について考察する．第4節では，ウガンダの最低賃金制度，労使関係，団体協約の実態を明らかにしていく．

本章の結論を先取りすると，最低賃金制度，労働組合，団体協約といった労働者保護制度が，ケニア製造業が抱える高賃金・低雇用問題の一つの要因になっていることが示唆された．なかでも，1995年前後からの実質賃金の上昇は，最低賃金よりも団体協約の方の影響を受けている可能性が強いことがわかった．さらに，実質賃金の上昇はインフォーマル部門[2]の雇用増加やフォーマル部門の正規雇用を減少させるなど，ケニア製造業における「雇用の不安定化」を招いている．

第1節　最低賃金制度と労働組合

本節では，ケニアの高賃金と低雇用問題の分析視角を得るために，最低賃金制度と労働組合に関する理論分析と実証分析のサーベイを行う．

---

[2] 一般的には露店商や家政婦など，行政の保護や規制を受けていない経済活動部門を指す.

第4章 ケニア

1. 最低賃金制度の雇用・分配効果

(1) 最低賃金制度の雇用効果

　最低賃金制度は，労働基本権に基づき労働者保護の見地から導入されている．世界中で導入されており，国によっては産業別，地域別，職種別で最低賃金が定められている．

　最低賃金制度には波及効果(spillover effect)とつなぎ止め効果(bunching effect)の二つの効果があるといわれている(De Fraja[1999])．波及効果とは，最低賃金の上昇によって最低賃金水準以上の賃金を得ている労働者の賃金も上昇することである．また，つなぎ止め効果とは多くの労働者が最低賃金水準で雇用されることである．

　競争市場においてある産業に最低賃金制度を適用すると，最低賃金が労働市場の均衡水準以上の場合はその適用産業は賃金水準が押し上げられることで労働需要が減少する．他方，最低賃金の非適用産業には労働供給が増加するために賃金水準は低下し，労働需要は増加する．最低賃金制度の雇用効果は両産業の雇用を合わせたもので決まるが，通常は全体としての雇用は減少するものとみられている．しかし，労働市場が買い手独占(monopsony)であれば，最低賃金が買い手独占賃金水準よりも高く，競争的な賃金水準よりも低い場合に雇用は増加するのが一般的である(Brown[1999], Saget[2001])．

　Brown[1999]はアメリカにおいて最低賃金制度による若年労働者の雇用への影響を計測した先行研究結果をレビューしている．まず，ティーン・エイジ雇用への影響であるが，最低賃金率が10%上昇したとすると，22の時系列分析の全てで雇用が減少している(-2.96～-0.52%の範囲)．しかし，ティーン・エイジの失業率への影響については結果が分かれている．計測した12分析のうち9の分析では増加を示したが(最大で+3.65%)，残りの3分析では僅かながら減少した．次に，回帰分析の手法を用いて，同様に最低賃金率が10%上昇した場合の雇用への影響を16～19歳，16～24歳の二つのカテゴリーごとに計測すると，16～24歳雇用への影響については9分析全てで減少したが(-3.6～-0.7%の範囲)，16～19歳雇用になると17分析中7分析では雇用が増加する(+0.2～+3.7%の範囲)という結果になった．

　他に最低賃金制度が雇用を減少させる効果をもつ結果を示したものとして

Meyer and Wise[1983]がある．同論文では1978年のアメリカの人口調査 (Current Population Survey: CPS)データを基に分析し，1978年に最低賃金制度がなかったと仮定すると，学校を離れた若者男性が少なくとも7％多く雇用されていたとしている．また，1990年代に最低賃金が3倍になったインドネシアを対象に最低賃金の雇用効果を分析したSuryahadi et al.[2003]は，最低賃金の上昇がホワイト・カラー労働者を除く都市フォーマル部門雇用に悪影響をおよぼすと結論している．同論文の推計では，10％の最低賃金の上昇で全体では1％の雇用が減少するが，とくに女性と若者の雇用が3％，低学歴労働者の雇用が2％減少する．

他方で，最低賃金制度は雇用を減少させる効果が弱い，もしくは効果がみられないという分析も多く存在している．Bell[1997]は，メキシコとコロンビアにおける1980年代の最低賃金制度の効果を分析している．その結果，コロンビアでは低賃金の非熟練労働者(unskilled employees)の雇用を2～12％減少させる効果が観察されたが，メキシコでは雇用面での効果が全く観察されなかった．1990～1996年のインドネシアにおける最低賃金の雇用効果を分析したAlatas and Cameron[2003]によれば，大企業は外資・内資系にかかわらず最低賃金の上昇が雇用を減少させることはなかった．一般的に賃金上昇に敏感だとされる外資系企業でさえ，最低賃金の上昇による雇用への悪影響が観察されなかったことは興味深い．ただし，内資系小規模企業の雇用には悪影響があることが示された．

ブラウンは，アメリカにおける最低賃金制度によるティーン・エイジ雇用への短期的な影響は小さいと結論している(Brown[1999：2154-2157])．その理由としてブラウンは，①最低賃金制度のカバレッジが不十分であり，しかも適用産業の雇用者が最低賃金を完全に遵守していない，②技術力をもったティーン・エイジから技術力をもたないティーン・エイジへの屈折した代替(perverse substitution)が隠されていること，③労働市場が完全競争的ではなく，買い手独占モデルに近いこと，④短期的には低賃金労働者への需要がそれほど弾力的ではないということ，を挙げている．

ブラウンが指摘した最低賃金の遵守という点について，Saget[2001：13]は，最低賃金制度があったとしても遵守しない割合が高く，結果としてその雇用効果が限定されているとしている．同論文によれば，コスタリカでは零細企

業労働者の63%が最低賃金以下で就業している．この割合はパナマで46%，ベネズエラで38%にのぼる．インドネシアでも製造業労働者の15%が最低賃金以下で就業しており，女性と25歳以下の若年労働者の同割合が高くなっている．

ところで，香港で最低賃金法導入の是非をめぐり，香港大学の研究グループが調査したところ，最低賃金法が失業率を増加させることになるかという質問に対し，管理職(雇用者またはマネージャー)の34.8%は増加させると答えたが，同53.6%は否定した(University of Hong Kong[2000:29])．このように，最低賃金制度の雇用効果については実証研究の結果が分かれている．

(2) 所得分配効果

アメリカの賃金分配の推移を分析したDiNardo et al.[1996]は，1973～1979年に実質最低賃金の上昇と労働組合化の進展によって賃金不平等(wage inequality)が縮小したとしている．1980年代にアメリカで実質連邦最低賃金が引き下げられた結果，低所得者層の賃金不平等が拡大した(Lee[1999])．これらは最低賃金制度が所得分配に効果があることを示唆している．しかしBrown[1999]は，最低賃金制度の賃金分配に対する効果は認めながらも，所得分配という点では効果が疑わしいと指摘している．

では，最低賃金制度は貧困削減に対する効果はあるのだろうか．開発途上国の最低賃金と貧困との関係について実証分析をしたLusting and McLeod[1997:81]は，最低賃金は非熟練労働者の賃金に影響を与えるために，貧しい労働者の所得に対する重要な決定要因になるとしている．さらに同論文は，最低賃金と貧困率には相関関係が観察され，最低賃金水準を引き下げることは少なくとも短期的には貧困層に対して打撃を与えることになると指摘している．

表4は，開発途上国の最低賃金水準と国際的な貧困線との比率をまとめたものである．最低賃金をどの水準に設定するかで貧困削減への効果も異なってくる．北アフリカでは1カ月の最低賃金が100ドルを超えるが，サブサハラ・アフリカではセネガルを除けば1カ月50ドル未満で1日2ドルラインを割り込んでいる．ラテンアメリカでは国ごとの最低賃金水準が大きく異なっている．

表4 開発途上国の最低賃金と貧困線との比率

	国名	年	最低賃金 (ドル)	1日1ドル との比率	1日2ドル との比率
北アフリカ	モロッコ	1996	157.5	4.9	2.5
	チュニジア	1993	119.4	3.7	1.9
	アルジェリア	1990	111.7	3.4	1.7
サブサハラ・ アフリカ	ブルキナファソ	1996	48.3	1.5	0.7
	ボツワナ	1996	40.7	1.3	0.6
	トーゴ	1993	48.6	1.5	0.7
	ニジェール	1994	33.8	1.0	0.5
	マリ	1996	28.2	0.9	0.4
	マラウイ	1986	11.05	0.3	0.2
	ベナン	1996	32.8	1.0	0.5
	コートジボワール	1996	8.9	0.3	0.1
	セネガル	1996	70.3	2.2	1.1
ラテン アメリカ	メキシコ	1996	67.9	2.1	1.0
	ベネズエラ	1996	70.3	2.2	1.1
	ウルグアイ	1996	76.6	2.4	1.2
	ペルー	1989	42.8	1.3	0.7
	パラグアイ	1997	241.2	7.4	3.7
	エクアドル	1989	60.8	1.9	1.0
	コスタリカ	1985	110.2	3.4	1.7
	コロンビア	1992	61.5	1.9	0.9
	チリ	1995	127.8	3.9	2.0
	ブラジル	1994	67.0	2.1	1.0
	ボリビア	1996	43.9	1.4	0.7
	グアテマラ	1992	62.7	1.9	1.0
	ガイアナ	1996	45.3	1.4	0.7
	エルサルバドル	1990	44.2	1.4	0.7
その他	アゼルバイジャン	1993	5.0	0.15	0.08
	トルコ	1996	138.3	4.3	2.1
	フィリピン	1992	85.6	2.6	1.3
	タイ	1994	105.3	3.3	1.6
	シリア	1989	115.8	3.6	1.8

注) 貧困線(1日1ドル,1日2ドル)は1985年価格.これは購買力平価で調整すると1993年価格のそれぞれ1日1.08ドル,1日2.15ドルと同じである.
出所) Saget[2001:19].

Saget[2001:7]によれば最低賃金には四つの効果がある.第一の効果は,最低賃金の適用産業で職を失い,失業保険がない場合には労働者の所得がなくなる.第二は,最低賃金の適用産業から非適用産業に労働者が移ることで,貧困に陥る可能性がある.第三は,最低賃金の適用産業に残った労働者は,

最低賃金の導入によって以前よりも賃金を多く受け取り，貧困から脱却できる可能性がある．第四は，最低賃金水準が引き下げられた場合，インフォーマル部門に参入する他の家族構成員が増える．

したがって，最低賃金制度の貧困削減への効果は明確ではないが，雇用効果が小さい時は貧困を削減する可能性がある．そこで，Saget[2001]は回帰分析を用いてその効果を測定した．その結果，開発途上国において最低賃金の雇用へのマイナス効果は確認できず，最低賃金の上昇が労働者とその家族の生活条件の改善を通じて貧困を減らす効果がみられた．

2. 労働組合の賃金・分配効果

(1) 賃金効果

労働組合(trade union もしくは labour union)とは，賃金労働者がその労働生活の諸条件を維持・改善することを目的とする恒常的な団体である(ウエッブ[1949])．労働組合といっても国や産業によってさまざまな制度や仕組みがあるが，労働組合は資格制度をつくったり，他からの採用を阻止したりすることを通じて労働の供給量を制限することによって，組合員の雇用条件の改善を目指している(樋口[1996:249])．その結果，一般的には雇用量の減少と賃金の上昇をもたらすものと考えられる．

たとえば，クローズド・ショップ(closed shop)制では，使用者は協定を結んでいる組合の組合員だけを雇用でき，組合を脱退したり除名されたりした労働者は解雇することなどを労働協約(labour agreement)で定めている．また，ユニオン・ショップ(union shop)制では，使用者は従業員を組合員，非組合員の区別なく雇用できるが，従業員は採用後一定期間中に労働組合に加入しなければならないという協定である．

Blunch and Verner[2004:238]によれば，賃金上昇の組合効果(union premium)は三つのチャンネルを通じて発生する．第一は，労働者が組合員になることによって発生する直接的な効果である．一般的には労働組合の相対賃金効果(relative wage effects)と呼ばれる．第二は，非組合員への波及効果で，組合化は全ての労働者に潜在的に影響をおよぼす．第三は，訓練による効果である．労働組合は経営者よりも強く訓練を促す可能性がある．

これまで労働組合の賃金効果を測定するため多くの実証分析がなされてき

たが，代表的な研究に Lewis[1986]がある．ルイスは，アメリカにおける労働組合の賃金効果に関する実証研究をレビューするとともに，それらの実証研究の不備を指摘している．ルイスは，多くの実証分析にはデータを扱う上での四つの不完全性があると指摘している．第一の不完全性は，賃金変数に給与以外の諸手当(fringe benefits)を考慮していないこと．第二に時間給ではなく，週給や年給データをつかっていること．第三に労働組合資格の誤った分類．第四にマイクロ・データの無作為抽出になっていないことである．ルイスはそれらの不完全性を踏まえて，1967～1979年を対象とする143の推計結果を再計算した．この結果，労働組合の相対賃金効果は1967～1979年の年ごとでは11～18%の範囲におさまり，平均で14%であると結論づけている(Lewis[1986])．

　Tsafack-Nanfosso[2002]は，Lewis[1986]の方法論を援用して，カメルーンの1074サンプル(1999年)による労働組合の相対賃金効果を測定している．この結果，労働組合の賃金効果は50.82%であったが，標本抽出の際に生じたバイアス(selection bias)を除くとそれは14.17%になり，Lewis[1986]と同様の結論を示している．

　労働組合の賃金効果は労働組合を取り巻く経済環境によって変化する可能性がある．都留[2002]は，日本の労働組合には賃金を上昇させるという効果も，組合員の不満を集団的に発言することで不満を低下させ離職率を低下させるという発言効果の両方とも見出せないとし，それがノン・ユニオン化を招いていると指摘している．これに対して，野田[2004]は2004年に連合総合生活開発研究所が実施した調査データを分析し，1990年代のデータでは見出せなかった労働組合の賃金効果を確認している．ただし，男性にのみ組合効果がみられた．労働組合の賃金効果が2004年の調査データから確認できた点について，野田は「長期不況という厳しい経済環境のなかでこそ組合の効果が現れる」(野田[2004：42])と説明している．

　では，企業規模による賃金効果の違いはみられるであろうか．日本では組合のある企業の方が企業規模も大きいため，平均賃金が高くなる傾向にある(野田[2004])．元[2002]は韓国を事例に企業規模別での賃金効果を分析している．1991年のデータで推計すると，大企業の場合は，軽工業では男女ともに労働組合の存在しない企業の方が高賃金だったが，重工業では労働組合が

存在する企業の賃金が男性で3.1%，女性で5.04%高かった．また，元は1987年以降に労働組合の組織率が急上昇し，組合運動が活発化するなかで，中・大企業で労働組合の賃金効果が大きいと指摘している（元[2002]）．

一方 Butcher and Rouse[2001]は，南アフリカにおける白人とアフリカ人[3]それぞれの労働組合の賃金効果を計測している．1994年の労働組合組織率は，白人で23%，アフリカ人で33%であったが，南アフリカでは1980年代の反アパルトヘイト運動において労働組合が大きな影響力をもった．計測の結果，白人の場合は組合員が非組合員に比べて10%多く賃金を得ていたが，アフリカ人のそれは20%で，アフリカ人の組合加入の相対賃金効果が高かった（Butcher and Rouse[2001]）．

他方で，労働組合の賃金効果を疑問視する研究結果もある．たとえば，Swasono and Sulistyaningsih[1990]は，インドネシアの1983年産業賃金調査のデータを基に計測した．同調査の対象産業は製造業，鉱業，ホテル業，輸送業でサンプル数は3593であった．計測の結果，団体交渉によって賃金水準が上昇するという仮説は支持されなかったとしている．また，組合を唯一の変数として回帰分析すると9.4%の賃金効果があったが，企業規模や地域を変数に加えると製造業の組合効果は小さいか，統計的に有意ではなかった．

さらに，Cho and Yoo[1999]は，大宇経済研究所（Daewoo Economic Research Institute）が1993～1994年に実施した韓国家計パネル調査（Korean Household Panel Study）を基に，韓国の労働組合の比較賃金効果を計測している．この結果，組合の賃金効果は2.1%にすぎず，生産部門の男性労働者のみが有意になった．また，労働組合への加入動機は賃金よりも社会的な地位や教育水準の方が強いことが示された．

(2) 所得分配効果

労働組合による労働市場への影響は，賃金や雇用水準だけにとどまらず，所得分配までおよぶという実証結果がある．Card[1996]は，1987年，1988年のアメリカのCPSデータを基に技術水準の違いによる賃金効果を計測している．同論文によれば，労働組合は技術水準が低い労働者の賃金を引き上

---

[3] 南アフリカではアパルトヘイト時代，国民を白人，カラード，アジア（インド人），アフリカ人に分類し，差別をしてきた．この分析ではカラードとアジア人を除いている．

げる効果をもつが，技術水準が高い労働者では，労働組合・非組合員間の賃金差が小さくなる傾向がある．

　同様の結果は，アフリカを事例にした実証研究によっても観察できる．Butcher and Rouse[2001:28-29]は，南アフリカでは低所得者層の方が組合の賃金効果が大きくなったという計測結果を通じて，低所得者層が労働組合の恩恵を受けており，労働組合が所得の不平等を減少させていると指摘している．また，Blunch and Verner[2004]は，世界銀行のRPEDによるデータ・セットを基に，ガーナにおける所得階層別の組合による相対賃金効果を計測している．この結果，組合効果はフォーマル部門の低賃金労働者ほど大きかった．これは労働組合が，所得水準が低いまたは技術水準が低い労働者の権利や賃金を引き上げ，賃金不平等を軽減する可能性があることを示している．

　労働組合の賃金効果と同じく，性差による分配効果も異なる結果がみられる．韓国を対象にした元は，労働組合による賃金平等化効果は男性労働者においてみられたが，女性においては観察できなかったと指摘している(元[2002])．

　しかしながら，Pencavel[1995]によれば，労働組合は組合員の賃金を引き上げる効果をもつが，高賃金労働者への賃金をさらに引き上げる効果ももたらす．したがって，組合化の効果は技術水準が低い労働者の賃金と雇用を犠牲にして，高賃金労働者に波及する可能性があるとしている．

　第1節でサーベイを行った先行研究からは，最低賃金制度の雇用・分配効果，労働組合の賃金・分配効果について異なる実証結果がでており，全ての国に共通の効果はみられない．このことは，最低賃金制度と労働組合も高賃金と低雇用を説明する上での分析視角になりうるものの，あくまで各国ごとに文脈で捉えていく必要性を示している．第2節以降のケニアを事例とした分析では，個票データの入手ができなかったために計量的な実証分析が困難であることから，最低賃金と団体協約のメカニズムの解明とそれらの影響について入手可能な統計数値を用い，それに現地調査で入手した情報を加えて検討していきたい．

第2節　ケニア製造業の賃金水準と最低賃金制度

1. ケニアの雇用状況

　ケニアはアフリカのなかでは比較的に工業化が進んでいる国である．しかし，長く続いた一党独裁制や民主化をめぐる混乱や構造調整計画の影響で経済は低迷してきた．ケニアの経済成長率(年間平均)は 1980〜1990 年が 4.2% であったが，1990〜2003 年は 1.8% に低下した．独立後，ケニア経済を牽引してきた製造業の年間成長率も同時期に 4.9% から 1.7% に低下している (World Bank[2005])．深刻な貧困問題を抱えるケニアにとって雇用創出は喫緊の課題である．2003 年にケニア政府が発表した『富と雇用創出のための経済再生戦略 2003〜2007 年』においては，「雇用創出がこの戦略の土台」であると位置づけ，年間 50 万人の雇用増加をうたっている(Government of Kenya[2003])．

　こうしたなか，ケニアでは雇用の不安定化が進んでいるといわれる．それは第一に，インフォーマル部門での雇用割合が増加しているということである．第二に，フォーマル部門においても，正規雇用ではなく，契約労働者 (contract worker)や臨時雇い労働者 (casual worker)が増加している．

　統計局によって捕捉されているケニアの雇用は，2005 年 6 月時点で計 828.2 万人であった(Government of Kenya[2006])．これには小規模農家や牧畜民は含まれていない．雇用の内訳は，近代部門[4](ここではフォーマル部門とする)としての賃金労働者(wage employees)が 180.8 万人，自営ならびに無給家内労働者(unpaid family worker)が 66.8 万人である．他方，インフォーマル部門が 640.7 万人であり，雇用全体の 77.4% を占める．また，賃金労働者のうち，21.2% にあたる 38.3 万人は臨時雇い労働者であり，その割合は増加傾向にある．

　図 1 は，ケニア統計局のデータをもとに，1976〜2005 年の約 30 年間にわたるフォーマル部門とインフォーマル部門の雇用推移を示したものである．

---

[4]　統計書では，modern establishments や modern sector と表記されているもので，小規模農民や牧畜民，インフォーマル部門を除いた労働者(賃金労働者および自営・無給家内労働者)を指している(Government of Kenya [2006:64])．

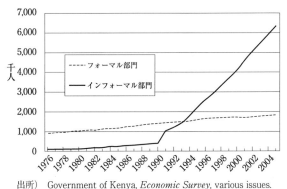

出所) Government of Kenya, *Economic Survey*, various issues.

図1 ケニア雇用の推移(1976~2005年)

なお,フォーマル部門のうち,自営ならびに無給家内労働者は,60万人前後で推移している.ケニアでは,1972年にいわゆるILOの『ケニア雇用戦略調査報告団報告』が発表されたこともあり,1970年代の半ばという比較的早い時期から統計書にもインフォーマル部門について言及されてきた.ケニア政府は,インフォーマル部門について「通常は組織化が不十分で,統制されていない全ての小規模活動を含んでおり,低水準で単純な技術を使い,わずかな人を雇っている部門」と表現している(Government of Kenya [2006:74]).

ケニアのインフォーマル部門の雇用数は,1970年代後半は10万人規模であったが,1990年代に入り急速に増加してきた.これは,インフォーマル雇用の捕捉率があがったこともあるだろうが,構造調整計画による財政引き締め政策と経済停滞による失業・貧困の増加や農村から都市への人口移動分をインフォーマル部門が吸収してきたものと考えられる.事実,ケニアの15歳以上の労働力は1990年から2004年までに980万人から1510万人へと530万人増加したが(World Bank[2006:51]),同期間にインフォーマル部門の雇用はそれを上回る556万人も増加している.

こうした「雇用のインフォーマル化」が顕著なのが製造業である.2005年の製造業における賃金労働者は24.8万人であったが,インフォーマル部門の雇用はその5.6倍にあたる138.6万人であった(Government of Kenya [2006]).図2は,分野別インフォーマル部門の雇用統計が公表された1985

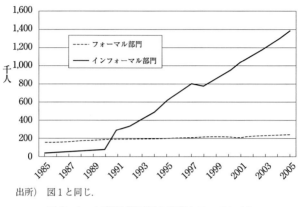
出所) 図1と同じ.

図2 ケニア製造業雇用の推移(1985～2005年)

年以降のケニア製造業の雇用推移を示したものである．ケニア全体の雇用傾向と同様に1990年代前半以降，インフォーマル部門の雇用が急増していることがわかる．それに比べて，製造業のフォーマル部門の雇用は増加していない．

2. 賃金水準

ケニア製造業の成長を阻害し，フォーマル部門の雇用増加を阻んでいる要因の一つに高賃金問題があるといわれている．ケニア公共政策研究分析研究所(Kenya Institute for Public Policy Research and Analysis: KIPPRA)と世界銀行のRPEDの共同調査として，ケニア製造業の競争力に関する投資環境評価(Investment Climate Assessment: ICA)が実施された．2004年11月に発表されたその調査結果によれば，ケニアにおける生産部門の非熟練工(unskilled production worker)の平均月収は99.2ドル(2003年)で，中国85.0ドル(2000年)，ナイジェリア84.2ドル(2001年)，タイ73.1ドル(1995年)，ウガンダ57.5ドル(2003年)，タンザニア51.7ドル(2003年)，インド50.0ドル(1999年)，ザンビア48.4ドル(1996年)，エリトリア45.0ドル(2002年)より高い(APSG [2004:37]).

ケニア製造業の職能・男女別に2003年の月間現金収入を比較したのが表5である．それによると，製造業平均は男性が273ドル，女性が210ドルと男性の方が高い．しかし，生産部門の非熟練労働者では男性98ドル，女性

表5 ケニア製造業労働者の月間現金収入(2003年初頭)

(単位:ドル)

	男 性	女 性
非生産部門労働者	180	188
非熟練労働者	98	104
熟練労働者	196	150
専門職(professional)	675	417
管理職(management)	789	659
平 均	273	210

出所) APSG[2004:38].

104ドルで僅かであるが女性が上回っている.また,生産部門の熟練労働者は非熟練と比べて男性で2.0倍,女性で1.4倍収入が多く,管理職と非熟練労働者の所得の格差は,男性で8.1倍,女性で6.3倍に達する.

APSG[2004:38]によれば,収入格差の決定要因や傾向を回帰分析したところ以下の結果が観測された.①教育水準が1年上がるごとに,賃金が約14％上昇する.②職歴が同一企業での勤続年数に勝る.③教育水準と職歴を一定にすると,男性は女性より月収が約5％高いが,他国と比べて格差が小さい.④ナイロビ(Nairobi)と比べて,エルドレット(Eldoret)とナクル(Nakuru)の月収が3分の1以下であるが,ナイロビとモンバサ(Mombasa)での大きな賃金格差は見られない.⑤業種別では,化学産業の月収が最も高く,繊維産業の月収が最も低い.2002年度では,平均で化学産業は食品産業よりも39％,繊維産業よりも81％月収が高かった.⑥賃金は大企業ほど高い.200人以上の従業員がいる企業の平均賃金は10人以下の企業のそれよりも約30％高い.最後の企業規模と賃金水準の関係については,Manda[2002]によるケニア製造業を対象とした分析においても,企業規模が大きくなるほど賃金水準が上昇する傾向にあることが指摘されている.

APSG[2004:39]は,構造調整計画の実施期間中であった1987年から1990年代前半にかけては,民間製造業の実質賃金が低下したが,1995年から上昇傾向に転じたとしている.ケニアにおける実質賃金が1994年ごろから上昇傾向にあることはMazumdar[2002:209]による分析によっても確認できる.ケニア製造業のブルーカラー労働者の実質賃金は1970～1995年で年平均3.54％低下した.5年ごとにみても,1970～1975年が-1.92％,1976

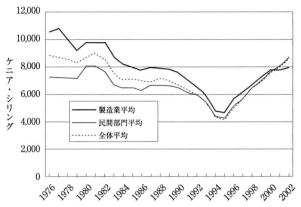

注) 1976年の平均年収をベースにケニア物価上昇率でデフレートした.
出所) Government of Kenya, *Economic Survey*, various issues. 物価上昇率については, ケニア統計局のホームページより (http://www.cbs.go.ke/).

図3 ケニアの実質平均年収の推移(1976〜2002年)

〜1980年が−2.2%, 1981〜1985年が−2.13%, 1986〜1990年が−5.05%, 1991〜1995年が−4.04% のようにすべての期間で低下していた. ところが, 1994年にはプラスに転じ, 実質賃金が5.7% 上昇している. こうした実質賃金の低下が雇用増加や生産拡大につながらなかった理由としてMazumdar[2002:225]は, 実質賃金の低下は労働効率の低下と生産性の低下を招くだけで, 単位当たり労働コストを下げているわけではないと説明している.

図3は, 1976〜2002年の民間製造業, 民間部門全体, 経済全体の平均年収をケニアの平均物価上昇率でデフレートしたものである. これらの平均年収には管理職から非熟練労働者まで全てを含んでいることから厳密な議論を展開することには無理があるが, それでも都市労働者の大まかな賃金水準についての傾向を示すことができると思われる. これによると, 実質賃金の低下は構造調整以降だけでなく, 少なくとも1970年代半ばから長期的な傾向であった. 1995年頃を境に翌年から実質賃金が上昇している点は先行研究と同様の結果を示している.

さて, ケニアの労働者一人当たりの製造業付加価値(労働生産性)は3500ド

ルであり，インド(3400ドル)と同レベルであるが，中国(4400ドル)より低く，隣接するタンザニア(2100ドル)，ウガンダ(1100ドル)よりも高い(APSG[2004:21])．ただし，労働生産性は資本の大きさによって左右されるため，ケニアの資本集約度(capital intensity；労働者一人当たりの資本の割合)をそれらの国と比べると，ケニア対インドが4.8，ケニア対タンザニアが1.5，ケニア対ウガンダが7.9，ケニア対中国が1.5である．つまり，ケニアは高い資本集約度(インドの4.8倍)であるにもかかわらず，労働生産性がインドと同水準で，中国より低いということになる．

　ケニアでは労働者一人当たりの実質GDPは1992～2001年まで平均で0.8%低下したが，逆に実質賃金は上昇した．1994～2003年の実質賃金の年間上昇率は民間製造業で7.5%上昇している．これについてAPSG[2004:41-42]は，ケニアでは実質賃金と労働生産性が分断されている(disconnect)していると指摘している．

3. 最低賃金制度の影響

　ケニアの最低賃金にかかわる規定は「賃金規定及び雇用条件法」と補足令である「賃金規定」によって定められている．ケニアでは，地域・職種別に最低賃金を設定している．表6は，2005年のケニア都市部の月間最低賃金をまとめたものである．ただし，農業分野の最低賃金は別途設けられており，最も率が低い非熟練労働者は2285シリングとなっている．

　ケニアの3大都市圏であるナイロビ，モンバサ，キスムの最低賃金は生活費の違いを考慮して他地域よりも高く設定されている．また，職種ごとに細かく最低賃金が設定されており，賃金水準の最も高い職種である小売店のレジ打ち，運転手(大型商業車)，熟練工(グレードⅠ)の1万467シリングは，最も低い職種である一般労働者の4638シリングの2.3倍であるなど，職種による格差が大きい．ただし，この2.3倍という比率は，1991年以降ほぼ固定化している．

　ケニアにおける最低賃金決定プロセスについては，最初に労働・人的資源開発省内の計画局が財務大臣による賃金ガイドラインに沿って原案を作成する．「賃金規定及び雇用条件法」では，最低賃金の決定に当たっては担当大臣が労使の代表と一般賃金委員会，農業賃金委員会の意見を聞くことを定め

表6 ケニア都市部の月間最低賃金(2005年)

(単位:ケニア・シリング〔Ksh〕)

職種	ナイロビ,モンバサ,キスム	他の市,マボコ・ルイル町	他の町
一般労働者	4,638	4,279	2,474
鉱山労働者,ウェイターなど	5,010	4,445	2,860
夜間警備員	5,175	4,797	2,952
機械助手	5,257	4,892	3,965
機械工	6,001	5,614	4,590
合板機械オペレーター	6,261	5,778	4,776
パターン・デザイナー	7,145	6,531	5,569
仕立て,運転手(中型自動車)	7,873	7,237	6,452
染め物師,トラクター運転手,セールスマンなど	8,692	8,110	7,320
のこ目立て工,ビル管理人	9,620	8,982	8,367
レジ打ち,運転手(大型商業車)	10,467	9,849	9,235
熟練工(グレードなし)	6,261	5,778	4,776
熟練工(グレードⅢ)	7,873	7,237	6,452
熟練工(グレードⅡ)	8,692	8,110	7,320
熟練工(グレードⅠ)	10,467	9,849	9,235
平均	7,295	6,766	5,756

注) 住宅手当(housing allowance)を除く.
出所) *Kenya Gazette Supplement*, No. 36, May 20, 2005.

ており,実際には政労使の代表による最低賃金に関する審議会で検討している.その後,閣議決定をし,慣例では5月1日に大統領や大臣によりアナウンスされる.これらの決定プロセスは2～3カ月間かかるという[5].最低賃金水準の決定に当たっては,労働者の生活水準,労働生産性,物価上昇率が考慮されることになっている.しかしながら,ケニア政府は労働生産性を正確に計測しておらず,物価上昇率を軸に法定最低賃金が決定されているようである[6].

表7は最低賃金水準を貧困ラインなどと比較したものである.ナイロビなどの一般労働者の最低賃金をドル換算(2005年平均)すると61.4ドルであった.これは,1997年に実施した第3次福祉モニタリング調査(Welfare Monitoring Survey III)で,必要最低限の支出を可能とする消費金額として割り出された

---

[5] 2006年8月28日,労働・人的資源開発省のDeputy Labour Commissionerなど複数の担当者に対するインタビューによる.
[6] 同上のインタビューによる.

表7 ケニア最低賃金水準の比較(2005年,月額)

	ケニア・シリング	ドル換算[注2]
最低賃金(ナイロビ) 一般労働者	4,638	61.4
機械工	6,001	79.4
全職種平均	7,295	96.6
総貧困線(都市部)[注1]	4,731	62.6
民間製造業平均	15,591	206.4
EPZ平均賃金	6,608	87.5

注1) 1997年の都市部総貧困線2,648シリングを,ナイロビの物価上昇率に基づき外挿した.
注2) IMF[2006]より,対ドル為替レートの2005年平均値を使用($1＝Ksh75.55).
出所) Government of Kenya[2000], Government of Kenya[2006], EPZ Authority[2006]より筆者作成.

総貧困線(都市部)を物価上昇率に基づき外挿した4731シリング(62.6ドル)をわずかに下回っている.表4で紹介した他国の最低賃金とケニアの最低賃金水準を比較すると,サブサハラ・アフリカ内では高水準である.また,機械工の最低賃金は,輸出加工区(export processing zone: EPZ)における平均賃金に近い.

ケニアの最低賃金は職種ごとに定められており,一般労働者の「最低」賃金の上昇にあわせて他の職種の最低賃金も上昇するため,全体的な賃金引上げ効果(波及効果)がみられる[7].全ての職種における最低賃金がほぼ同率で上昇しているために所得分配効果については限定的である.最低賃金の水準はナイロビの生活水準からみた場合は高くはなく,労働者保護の観点からは重要な役割を果たしている[8].それでも前項で紹介したようにウガンダやインドなどの非熟練工の平均賃金を上回っていることを考えると,公共交通や電気,住宅供給といった都市インフラの不足からくる「高コスト体質」こそが,ケニアの高賃金問題の背景として浮上してくる.ただし,最低賃金の効

---

[7] 2006年8月30日 ケニア経営者連盟(FKE)のSenior Executive Officerへのインタビューによる.
[8] 興味深いことに2006年8～9月に実施した現地調査において,労働組合(COTU)だけではなく政府(労働・人的資源開発省,通産省),経営者団体(FKE, KAM,ケニア商工会議所),弁護士など最低賃金の水準について質問した全ての関係者が,「最低賃金だけでナイロビで生活するのは極めて難しい」との見解を示していた.

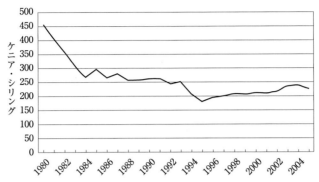

注) 1980年の一般労働者の月間最低賃金ベースにナイロビの物価上昇率でデフレートした.
出所) Government of Kenya, *Economic Survey*, various issues / *Statistical Abstract*, various issues.

図4 ケニア実質最低賃金(月額;ナイロビ)の推移
(1980~2005年)

果に関しては,最低額で雇用したり(つなぎ止め効果),最低賃金以下で雇用したりしているケースも多いといわれている[9]ので注意が必要である.

図4は,1980~2005年の実質最低賃金の推移を示したものである.一般労働者(ナイロビなど)の法定最低賃金をナイロビの物価上昇率でデフレートしている.これによると,1980年代前半は下がる傾向にあったが,1980年代後半から1990年代初頭にかけては安定していた.その後,少し下がったものの,1990年代後半以降は微増傾向にある.図3で紹介したケニアの実質平均年収の推移と比べると,実質最低賃金の推移は穏やかな変化を示しているものの同様の経路をたどり,1995年を境に上昇に転じていることがわかる.

第3節　ケニアの労使関係と団体協約

1. 労 使 関 係

ケニアの労働組合運動は,東アフリカの中では最も盛んだといわれている.

---

[9] 2006年8月28日,労働・人的資源開発省の複数の担当官へのインタビュー.また,FKEのSenior Executive Officerによると,最低賃金の遵守率は50%程度だと予測している(2006年8月30日,インタビューによる).

その中心になっているのは，1965年に設立された中央労働組合連合(Central Organisation of Trade Union: COTU)で，34の産業別の傘下労働組合をもち，ケニアで唯一のナショナル・センターである．COTUの傘下に入っていない主要な労働組合としては，公務員組合(Civil Servants' Union)とケニア全国教員組合(Kenya National Union of Teachers: KNUT)があり，これはCOTUに権力が集中しないための政府の方針でもある．ケニアではクローズド・ショップ制やユニオン・ショップ制を導入しておらず，組合加入は自由意志である．COTUによれば，2004年の労働組合加入率は21%である[10]．賃金交渉においては，各傘下団体が労使交渉の当事者になるため，COTUは次項でふれる団体協約交渉においては情報や戦術面での後方支援をする立場にある．

他方，使用者側の主要な組織としては，ケニア経営者連盟(Federation of Kenya Employer: FKE)がある．FKEは1959年に設立された使用者団体で，3支部をもち，2005年12月時点で計2358社が加盟している．FKEによれば団体協約成立件数の約8割の交渉に関与している(FKE[2006])．政労使による主要な審議会には，代表を送り出している．また，製造業においては，同じく1959年に設立されたケニア製造業者組合(Kenya Association of Manufacturers: KAM)があり，2005年9月時点で525社が加盟している(KAM[2006])．KAMは，これまでは製造業者の業界団体として政府にロビー活動を行っていたが，最近になって独自の労使関係専門家を配置した．これは加盟企業からの要請で，追加サービス費を払ってもサポートを求める企業が増えているためである[11]．

図5は，ケニアの労働争議の推移をまとめたものである．1980年代後半には年間100件前後のストライキが発生していたが，1990年代前半にはおさまっていた．過去10年間では，1997～1998年と2002～2003年が発生件数と参加人数でピークをつくった．これは主に緊縮財政による賃金凍結に反対した公務員組合や教師組合といった公共部門によるものである．実質賃金

---

10) 2006年8月31日，COTUのChief Economistを含む複数の担当者へのインタビュー．ただし，Mazumdar[2002:37]によると31.5%と推計している．また，国際協力銀行開発金融研究所編[2006:95]では，13.8%と推計している．

11) 2006年8月29日，KAMのExecutive Officer of Labour Serviceへのインタビューによる．

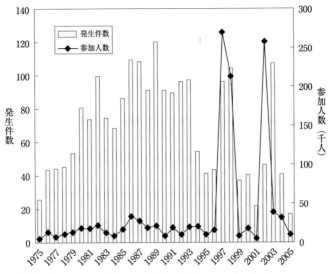

出所) Government of Kenya, *Statistical Abstract*, various issues.

図5 ケニアのストライキの発生件数と参加人数の推移
（1975〜2005年）

が上昇に転じた1995年前後では労働争議は下火であり，労働争議の多発が実質賃金上昇につながったとは考えにくい．

製造業においては，アメリカ政府のアフリカ成長機会法(Africa Growth Opportunity Act: AGOA)の恩恵を受け，輸出加工区の衣料産業を中心に外資が流入した．しかし，2003年初頭に輸出加工区でストライキが発生し，生産・受注面で大きな打撃を受けたといわれる[12]．2003年10月には，輸出加工区のあるアチリバー(Athi River)地区の雇用者と仕立て・繊維労働組合(Tailors and Textile Workers Union)の間で団体協約が結ばれ，労使関係は改善に向かった(*Daily Nation*, April 13, 2004)[13]．労働法で定める解雇規定や労働組合の存在が生産拡大を妨げていると考えるケニア製造業の経営者は多い(Mazumdar[2002: 31, 35])．

---

12) 労働組合側は，このストライキを行った動機として，①輸出加工区での労働組合化を認めさせること，②賃金の改善，③雇用の安定化があったとしている(2003年8月29日，Tailors and Textile Workers Union書記長らへのインタビューによる)．
13) "Thousands face unemployment at the EPZ," *Daily Nation*, April 13, 2004.

2. 団体協約

ケニアにおける労使交渉プロセスは労働争議法(The Trade Disputes Act)に定められている．団体協約の形成過程は通常，次のようなプロセスをたどる．まず，交渉をスタートするためには，労働組合は対象企業の労働者の過半数を組合に加入させる必要がある．ケニアは，ILOの基本条約の一つである第87号「結社の自由及び団結権保護条約」(1948年)を批准しておらず，労働組合の自由な結社を認めていない．批准を求める国際的な圧力が強まっているが，経営者団体と労働組合が批准反対の姿勢を示している．それは，ケニアでは産業別労働組合が結成されており，自由な組合結社が認められると一つの職場の中でそれぞれの職種ごとに組合が結成され，複雑になる可能性があるからだという[14]．

企業の過半数の労働者を組合員にできた段階で，労働組合側は当該企業に組合認定の合意(agreement on recognition)を求め，それを労使で取り交わすと正式に団体協約交渉がスタートする．その後，労働組合側から団体協約案が提示され，経営者側からその対案が出されて交渉が行われる．両者が合意すれば，団体協約が労使裁判所(Industrial Court)に登録されることになる．しかし，合意に至らない場合は，労働・人的資源開発省の労働担当官による斡旋をうけても，なお合意に達しない場合には，政労使の三者会議が調停官を任命し，調停に当たることとなる．当事者間で合意に達しない場合は，労使裁判所で判決を受ける．労使裁判所はナイロビに設置されており，5人の裁判官がいる．通常の裁判は2カ月以上を要する．労使裁判所で扱う判決は年間40～50件だという[15]．

団体協約は，2005年には275件が成立し，団体協約下の組合員数は5.9万人であった．団体協約は2～3年間ごとに結ばれることが多いため対象となる組合員数はその2～3倍になるものと推測される．製造業で結ばれた団体協約下の組合員数は，2003年が2.8万人，2004年が1.7万人，2005年が1.6万人で3年間の合計は6.1万人であった[16]．2005年の民間製造業の雇用数

---

[14] 2006年9月8日，COTUのChief Economistへのインタビューによる．
[15] 2006年9月1日，労使裁判所のDeputy Registrarへのインタビューによる．
[16] 2003年の数値が多いのは，2003年にEPZの衣料産業において，3年間の団体協約が締結されたためである(2006年8月30日，EPZ AuthorityのAthi Riverの責任者へのインタ

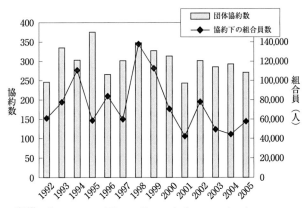

出所) Government of Kenya, *Economic Survey*, various issues.

図6 ケニアの団体協約の推移(1992~2005年)

は21.1万人であったことから,民間製造業従事者のうち最大で29%が団体協約によってカバーされていたことになる. 図6は,1992年以降の団体協約数と協約下の組合員数の推移をまとめたものである. 年によって異なるが,年間300件近い団体協約が成立している. 協約下の組合員数には変動があるが,1998年を境に減少傾向にある. これは組合員の資格が得られないケースが多い契約労働者や臨時雇い労働者が増加していることと関係していると推測される.

団体協約には,交通費から作業着の支給といったサービスまで詳細に明記され,数年にわたる労働者の賃金上昇計画まで記載されている場合もある. 2005年に成立した団体協約の平均賃金は月間1万619シリングであったが,それに住宅手当分2323シリングが加算される. 合計額をドルに換算すると171.3ドルになる. 経営者にとってみれば,最低賃金制度に団体協約による上乗せ分が加算されることになる. 労働・人的資源開発省の担当官は「団体協約でカバーされる労働者は全体数からみると限定はされているが,賃金水準の引き上げ効果は大きい」と指摘している[17]. 団体協約は締結された企業

ビューによる).
17) 2006年8月28日に,労働・人的資源開発省の複数担当官へのインタビュー. また,KAMのExecutive Officer of Labour Serviceは「団体協約は経営者にとっては大きな負担となっており,カジュアリゼーション(臨時雇い化)を招いている」と指摘している(2006年8月29日のインタビューによる).

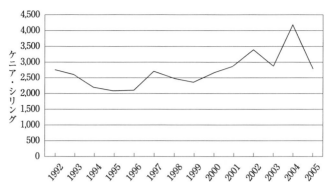

注) 団体協約賃金には月間標準賃金と住宅手当を含んでいる。1992年の価格をベースにナイロビの物価上昇率でデフレートした。
出所) 図6と同じ。

図7 ケニアの実質団体協約平均賃金(月額)の推移(1992~2005年)

の非組合員にも賃金引上げ効果をもたらす。輸出加工区の平均賃金が5233シリング(2003年)から7198シリング(2004年)に急上昇したが(EPZ Authority [2006]),それは先述したように2003年のストライキ後に団体協約が成立したためであった[18]。

図7は,団体協約の平均賃金と住宅手当の合計金額をナイロビの物価上昇率でデフレートし,実質化したものである。団体協約は2~3年間で更新される場合が多いため,正確な傾向をみるためには微調整が必要であるが,この指標でも一定の推移を見ることができる。2004年の実質団体協約平均賃金は1995年の2.0倍であったが,同期間の実質最低賃金の増加は1.3倍であった。団体協約の平均賃金は最低賃金と比べても明らかな上昇傾向であり,1995年前後からの実質賃金上昇の説明要因になっていることが示唆されている。

なお,団体協約は全ての企業で結ばれているわけでなく従業員を多く抱える大規模企業の方が締結される傾向が強いことから,労働者の賃金格差を広げる可能性をもっている。さらに,労働組合に加入し,団体協約の恩恵を受けることができるのは通常はフォーマル部門の正規雇用に限定されることから,労働組合の所得分配効果は大きくはないと推測される。

---

[18] 2006年8月30日,EPZ Authorityの複数の担当官へのインタビューによる。

表8 ウガンダの不完全雇用(2002/03年)

(単位:%)

	不完全雇用(週40時間未満就業)	常勤雇用(週40時間以上就業)
賃金労働者	33	68
無給家内労働	62	39
その他自営	86	14
合計	65	35

出所) Government of Uganda[2003:41].

第4節　ウガンダの事例

1. 雇用状況

　ウガンダの2002/03年の失業率は国全体では3.2%と低かった(Government of Uganda[2005]).しかし,都市部の失業率は12.0%であり,とくに首都のカンパラでの失業率は16.5%であった.そのウガンダで深刻なのは不完全雇用(underemployment)問題である.表8は不完全雇用の割合を示したものであるが,賃金労働者の3分の1に当たる人々の就業時間が週40時間未満となっており,不完全雇用の状態にあるとされている.不完全雇用の割合は,無給家内労働やその他自営になると上昇する.なお,不完全雇用に関する男女差は,無給家内労働では,不完全雇用の割合は男性が55%,女性が69%と顕著であるが,賃金労働者ではそれぞれ33%,34%と男女差はみられない.

　さらに,ウガンダでは「働き口はあっても貧困から脱していない人」(ここではワーキング・プアworking poorとする)の存在が指摘されている.2002/03年のウガンダの貧困人口比率は,農村で41.1%,都市で12.2%,全国で37.7%であった(Government of Uganda[2004]).表9は,ウガンダにおける世帯主の職種別貧困者の割合を示している.穀物生産農家の失業率は1999/2000年の39%から2002/03年には50%に増加した.世帯主が働いていない場合の貧困者割合は減少傾向にあり,60%(1996年)から38%(2002/03年)に減少した.しかし,製造業の場合は,貧困者の割合は23%(1999/2000年)から28%(2002/03年)に増加した.これは,製造業従事者が世帯主である世帯の4分の1以上が貧困に陥っていることを意味している.

表9 ウガンダにおける世帯主の職種別貧困者割合

(単位:%)

	1996年	1999/2000年	2002/03年
穀物生産農家	—	39	50
非穀物生産農家	40	42	34
製造業	34	23	28
建設	35	20	23
商業	21	13	17
働いていない	60	43	38
合計	49.1	33.8	37.7

出所) Government of Uganda[2004:13].

2. 最低賃金制度

ウガンダの最低賃金制度は独立直後の1964年にスタートしたが,1984年に6000シリングに更新されて以来,この額で凍結されている.この値は現在の通貨価値からすると月額3ドルにすぎず,実質的意味を持っていないといってよい.

しかし1995年には新たに最低賃金審議会が設置され,同審議会は最低賃金を7万5000シリングにすることを答申したが,最終的に5万8350シリングで政府案がまとまった.この案が1998年になって初めて閣議にかけられたが,ムセベニ大統領は,これが投資の逃避を通じて経済成長の阻害要因になることを危惧し,現在も凍結したままである[19].ウガンダはILOの条約である第131号「最低賃金決定条約」(1970年)を批准していないため,この状態が合法である.しかしながら,労働組合のみならずウガンダ経営者連盟(Federation of Uganda Employer: FUE)でさえもウガンダにおいて最低賃金制度は必要であるとの見解を示している[20].ウガンダでは2007年中に審議会の再設置と,最低賃金制度導入の検討が再開されるとの見通しもあったが[21],結局は進展がみられなかった.

表10はウガンダの賃金水準について,各種統計を基に比較したものであ

---

19) 2006年9月6日,ウガンダ投資庁のDirector of Strategic Planningへのインタビューによる.
20) 2006年9月4日,FUEのExecutive Directorへのインタビューによる.
21) 2006年9月5日,女性・労働・社会開発省(Ministry of Gender, Labour and Social Development)のCommissioner for Labourへのインタビューによる.

表10 ウガンダの賃金水準(月収)

	ウガンダ・シリング	ドル換算[注1]
民間部門平均所得(2004年)	218,022	120.4
公務員(2003年)[注2]	75,270	38.3
UNIDO統計(2000年)衣料	—	34.6
プラスチック	—	70.8
自動車部品等	—	260.3
カンパラ市世帯平均支出(2002/03年)	328,000	167.0
最低賃金審議会答申(1998年)	58,350	47.0

注1) IMF[2006]より対ドル為替レートの年平均値を使用．1,240.3シリング(1998年)，1,644.5シリング(2000年)，1,963.7シリング(2003年)，1,810.3シリング(2004年)．
注2) 労働組合が調査した公務員の賃金の最低額(NOTU[2004])．
出所) Government of Uganda[2005]，NOTU[2004]，UNIDO[2006]より筆者作成．

る．ドル換算すると，民間部門の平均所得は120.4ドルであるが，公務員の賃金の最低額は38.3ドルである．UNIDOのデータベースによれば，衣料産業労働者の平均月収は34.6ドルで国際貧困水準をわずかに上回る水準である．最低賃金審議会が最終的に答申した5万8350シリングを当時の為替レートでドルに換算すると，衣料産業の賃金を上回る47.0ドルとなる[22]．しかし，首都であるカンパラの世帯平均支出は167.0ドルであり，複数の収入源がないと生活できない状況にある．

3. 労使関係と団体協約

ウガンダの代表的な労働組合に中央労働組合連合(National Organisation of Trade Union: NOTU)がある．NOTUは17の産業別の傘下労働組合によって構成されている．NOTUによれば，組合員数は35万人で，組合加入率は3.5%である[23]．それは，長く続いた独裁政権の下，労働組合運動が制約されていたためであると考えられている．2005年にウガンダは，ILO基本条約である第87号「結社の自由及び団結権保護条約」(1948年)を批准した．さらに2006年には労働組合法を改正し(Trade Union Act から Labour Union Act

---

22) NOTUは，カンパラで生活するには最低でも月額65ドルは必要であると主張している(2006年9月4日NOTU書記長を含む複数の担当者へのインタビューによる)．
23) 2006年9月4日，NOTU書記長へのインタビュー．

2006に変更),団結権,団体交渉権を拡大した.これにより組合活動が容易になり,NOTU以外の労働組合のナショナル・センターが誕生した.

一方,使用者の団体としてはFUEがある.FUEには36の大手企業が加盟し,労使関係の助言サービスを担当している.

ウガンダにも団体協約が存在している.ケニアとは異なり,2006年の法改正によって過半数の労働者を確保しなくても交渉を開始することができるようになった.まず,労働組合側は,企業側に交渉を要求し,両者の間で認定合意書が交わされると正式な交渉が開始される.その後,労働組合側から団体協約案が提示され,これに対し企業側から対案が出されて交渉し,合意に至った場合は労使裁判所で登録する.合意に至らなかった場合は,労働管理官による斡旋を行い,それでも当事者間の合意を得られない場合は労使裁判所で判決を行う.労使裁判所の判決まで持ち込まれるケースはケニアに比べて明らかに低く,昨年は2件のみであった[24].ウガンダでは,労働組合の結社が容易になったこともあり,今後は団体協約が増加するものになると予想されている.

おわりに

本章では,アフリカ製造業の高賃金・低雇用問題解明の糸口として,ケニアの労働者保護制度である最低賃金制度,労働組合,団体協約に焦点をあて,それらのメカニズムや効果についてみてきた.さらに,隣国のウガンダの事例を加えることによって,ケニアでの観測結果を相対化しようと試みてきた.これまでの先進国を含む国々を対象とした先行研究からは,最低賃金制度の雇用・分配効果,労働組合の賃金・分配効果がともに異なる実証結果がでており,全ての国に共通の効果はみられない.この結果は,これらの効果を各国ごとの文脈で捉えていく必要性を示している.

まず,ケニアと一部ウガンダの最低賃金制度についての分析結果は,次の4点に要約することができる.第一に,最低賃金制度に備わっているといわれる「波及効果」と「つなぎ止め効果」がケニアでも観察された.第二に,

---

[24] 2006年9月5日,女性・労働・社会開発省のCommissioner for Labourへのインタビューによる.

ケニアの最低賃金水準は物価に比べて高くはなく，労働者保護の観点からは重要な役割を果たしている．しかし，全ての職種における最低賃金がほぼ同率で上昇しているために「所得分配効果」については限定的である．第三に，ケニア製造業ではフォーマル部門の雇用が過去20年近くほとんど増えていない一方で，インフォーマル部門で雇用される割合が急速に増加している．これに加えて，フォーマル部門の臨時雇い労働者も増える傾向にあり，最低賃金制度が正規雇用を抑制させる働きをしている可能性はある．その意味でケニアの最低賃金制度は(マイナスの)「雇用効果」をもつといえよう．第四に，製造業の成長率がケニアに比べて高いウガンダでは，最低賃金制度が凍結されており，賃金水準はケニアと比べて低く抑えられている．しかしながら，ウガンダではワーキング・プアの存在が観察される．

次に労働組合や団体協約については，次の4点が観察された．第一に，1995年前後からの実質賃金の上昇は，最低賃金というより団体協約から強い影響を受けている可能性がある．ただし，ケニアでは労働組合の自由な結成が認められていないために団体協約を成立させるハードルが決して低くはない．第二に，労働争議が活発なケニアでは，労働組合の役割は大きい．象徴的なのは，労働争議後に輸出加工区の平均賃金が上昇していることである．さらに，団体協約は締結された企業に属する組合員のみならず，非組合員も恩恵を受けることから組合の「賃金効果」はあるといえよう．第三に，労働組合に加入し，団体協約の恩恵を受けることができるのは通常はフォーマル部門の正規雇用に限定されることから，労働組合の「所得分配効果」は大きくはないと推測できる．第四に，ウガンダでは，これまで労働組合運動がそれほど活発ではなかったが，法改正により結成が容易になり，今後は団体協約が成立するケースが多くなると考えられる．

以上のことから最低賃金制度，労働組合，団体協約といった労働者保護制度が，ケニア製造業が抱える高賃金・低雇用問題の一つの要因になっていることが示唆された．なかでも，現在の高賃金水準を説明する上で鍵を握っていると考えられる1995年前後からの実質賃金の上昇に関しては，最低賃金よりも団体協約の方の影響を受けている可能性が強いことがわかった．

しかし，これだけではケニア製造業の高賃金問題を十分に説明しているとはいえず，同問題の背景として，都市のインフラ不足や高い食料品価格とい

おわりに

ったケニアの「高コスト体質」に対しても分析を加えていくことが求められる．したがって，今後の研究課題としては，まずは最低賃金や労働協約の影響をより正確に分析するために個票データを用いた分析をしていくこと，さらに，高コスト体質の説明要因にまで対象を広げながら多角的にこの問題を捉えていくことがあげられよう．

参考文献

〔日本語文献〕

ウエッブ,シドニー,ビアトリス・ウエッブ(荒畑寒村訳)[1949],『労働組合運動史』板垣書店.

元鍾鶴[2002],「労働組合の賃金に及ぼす効果——韓国の職種別賃金実態調査を用いた分析」(『経済研究』第53巻第2号,162〜172ページ).

国際協力銀行開発金融研究所[2006],「雇用機会創出による Pro-Poor Growth——タイとケニアの農産品加工業発展の比較」『JBICI Research Paper』第30号.

佐野陽子他[1981],『労働経済学』総合労働研究所.

都留康[2002],『労使関係のノンユニオン化——ミクロ的・制度的分析』東洋経済新報社.

野田知彦[2004],「労働組合の発言は有効か?」(『社会科学研究』第56巻第1号,33〜44ページ).

樋口美雄[1996],『労働経済学』東洋経済新報社.

平野克己[2002],『図説アフリカ経済』日本評論社.

——[2004],「農業と食糧生産」(北川勝彦・髙橋基樹編著『アフリカ経済論』ミネルヴァ書房,145〜166ページ).

福西隆弘[2004],「アフリカ諸国における製造業の国際競争力——評価と要因分析」(『アジア経済』第45巻第8号,38〜61ページ).

——[2005],「ケニア縫製産業の国際競争力——バングラデシュとの比較」(平野克己編『アフリカ経済実証分析』日本貿易振興機構アジア経済研究所,235〜263ページ).

International Labour Organization(ILO)[2006],「国際労働基準」.(http://www.ilo.org/public/japanese/region/asro/tokyo/about/ilo.htm#ils).

〔外国語文献〕

Africa Private Sector Group(APSG)[2004], "Enhancing the competitiveness of Kenya's manufacturing sector: the role of the investment climate," *Working Paper*, No. 33664, Washington D.C.: The World Bank.

Alatas, Vivi and Lisa Cameron[2003], "The impact of minimum wages on employment in a low income country: an evaluation using the difference-in-differences approach," *Policy Research Working Paper*, No. 2985, Washington, D.C.: The World Bank.

Behrman, Jere R.[1999], "Labor markets in developing counties," in O. Ashenfelter and D. Card eds. *Handbook of Labor Economics*, Vol. 3B, Amsterdam: Elsevier

Science B. V., pp. 2859-2939.
Bell, Linda A.[1997], "The impact of minimum wages in Mexico and Colombia," *Journal of Labor Economics*, Vol. 15, No. 2, pp. S102-S135.
Blunch, Niels-Hugo and Dorte Verner[2004], "Asymmetries in the union wage premium in Ghana," *The World Bank Economic Review*, Vol. 18, No. 2, pp. 237-252.
Brown, Charles[1999], "Minimum wages, employment, and the distribution of income," in O. Ashenfelter and D. Card eds. *Handbook of Labor Economics*, Vol. 3B, Amsterdam: Elsevier Science B. V., pp. 2101-2161.
Butcher, Kristin F. and Cecilia Elena Rouse[2001], "Wage effects of unions and industrial councils in South Africa," *Policy Research Working Paper*, No. 2520, Washington, D.C.: The World Bank.
Card, David[1996], "The effect of unions of the structure of wages: a longitudinal analysis," *Econometrica*, Vol. 64, No. 4, pp. 957-979.
Cho, Woo Hyun and Gyeongjoon Yoo[1999], "Determinants of union entrance and relative wage effect of unions in Korea," *Korean Social Science Journal*, Vol. 26, No. 1, pp. 131-162.
De Fraja, Gianni[1999], "Minimum wage legislation, productivity and employment," *Economica*, Vol. 66, pp. 473-488.
DiNardo, John, Nicole M. Fortin and Thomas Lemieux[1996], "Labor market institutions and the distribution of wages, 1973-1992: a semiparametric approach," *Econometrica*, Vol. 64, No. 5, pp. 1001-1044.
Export Processing Zone (EPZ) Authority[2006], *Annual Report 2005*.
Federation of Kenya Employers(FKE)[2006], *Annual Report & Financial Statements 2005*.
Federation of Uganda Employers(FUE)[2006], *The Employers' Guide to the New Labour Laws*.
Government of Kenya[2000], *Second Report on Poverty in Kenya: volume 1 Incidence and Depth of Poverty*, Ministry of Finance and Planning.
——[2003], *Economic Recovery Strategy for Wealth and Employment Creation 2003-2007*.
——[2005], *Statistical Abstract 2005*, Nairobi: Kenya Central Bureau of Statistics.
——[2006], *Economic Survey 2006*, Nairobi: Kenya Central Bureau of Statistics.
Government of Uganda[2003], *Uganda Labour Force Survey 2002/03*, Kampala: Uganda Bureau of Statistics.
——[2004], *Poverty Eradication Action Plan(2004/5-2007/8)*, Kampala: Ministry of Finance, Planning and Economic Development.
——[2005], *2005 Statistical Abstract*, Kampala: Uganda Bureau of Statistics.
International Monetary Fund(IMF)[2006], *2006 International Finance Yearbook*, Washington, D.C.: World Bank.
Kenya Association of Manufacturers(KAM)[2006], *Kenya Association of Manufacturers Directory 2005/2006*.
Lee, David S.[1999], "Wage inequality in the United States during the 1980s: rising dispersion or falling minimum wage?," *The Quarterly Journal of Economics*, Vol. 114, pp. 977-1023.

Lewis, H. Gregg[1986], "Union relative wage effects," in O. Ashenfelter and D. Card eds. *Handbook of Labor Economics*, Vol. 2, Amsterdam: Elsevier Science B. V., pp. 1139-1181.

Lusting, Nora Claudia and Darryl McLeod[1997], "Minimum wages and poverty in developing countries: some empirical evidence," in Sebastian Edwards and Nora Claudia Lusting eds. *Labour Markets in Latin America: Combining Social Protection with Market Flexibility*, Washington, D.C: Brookings Institution Press, pp. 62-103.

Manda, Damiano Kulundu[2002], "Wage determination in Kenyan manufacturing," in Arne Bigsten and Peter Kimuyu eds. *Structure and Performance of Manufacturing in Kenya*, New York: Palgrave.

—— [2004], "Globalisation and the labour market in Kenya," *Discussion Paper Series*, No. 31, Nairobi: The Kenya Institute for Public Policy Research and Analysis (KIPPRA).

Mazumdar, Dipak with Ata Mazaheri[2002], *Wages and Employment in Africa*, Hampshire and Burlington: Ashgate Publishing.

Meyer, Robert H. and David A. Wise[1983], "Discontinuous distributions and missing persons: the minimum wage and unemployed youth," *Econometrica*, Vol. 51, No. 6, pp. 1677-1698.

National Organisation of Trade Union(NOTU)[2004], *Wages & Salaries: The Minimum Wage in Uganda*.

Pencavel, John[1995], "The role of labor unions in fostering economic development," *Policy Research Working Paper*, No. 1469, Washington, D.C.: The World Bank.

Saget, Catherine[2001], "Is minimum wage an effective tool to promote decent work and reduce poverty?: the experience of selected developing countries," *Employment Paper*, 2001/13, Geneva: International Labour Office.

Santiago, Carlos E.[1986], "Closing the gap: the employment and unemployment effects of minimum wage policy in Puerto Rico," *Journal of Development Economics*, Vol. 23, pp. 293-311.

Suryahadi, Asep, Wenefrida Widyanti, Daniel Perwira and Sudarno Sumarto[2003], "Minimum wage policy and its impact on employment in the urban formal sector," *Bulletin of Indonesian Economic Studies*, Vol. 39, No. 1, pp. 29-50.

Swasono, Yudo and Endang Sulistyaningsih[1990], "The effect of the union on wage differential in Indonesia," *Ekonomi dan Keuangan Indonesia*, Vol. 38, No. 1, pp. 75-84.

Tsafack-Nanfosso, Roger A.[2002], "Union wage differential: Cameroon," *Journal of Development Alternatives and Area Studies*, Vol. 21, No. 3-4, pp. 104-133.

United Nations Industrial Development Organization(UNIDO)[2006], Database. (http://www.unido.org/data/regions.cfm?TY=R&RID=01).

University of Hong Kong, The Workplace Study Group, Chinese Management Centre[2000], "A report on minimum wage, unemployment benefits and protection at employment: an enquiry into some key issues of the Hong Kong labour market".

World Bank[2005], *2005 World Development Indicators*, Washington, D.C.: World

Bank.
——[2006], *2006 World Development Indicators*, Washington, D.C.: World Bank.

第 II 部

貧困削減への制度的取り組み

第5章

マイクロファイナンス
――貧困削減への金融仲介――

濱田美紀

はじめに

　開発の分野において，マイクロファイナンス(microfinance：以下 MF)は貧しい人々へ貸出しや貯蓄，その他の基本的な金融サービスを提供するものとして広く認識されている．また MF はミレニアム開発目標を達成するための，重要な戦略の一つと位置づけられており，事実，貧困層のニーズに応えるものとして，世界各国に広がっている．表1からもわかるように，マイクロクレジット・サミット・キャンペーンに登録されている MF プログラムとその受益者の数は世界規模で急速に増加している．登録 MF プログラムは3133件，受益者も1億人を超えている．これに，登録されていない MFI を考え合わせると，実際に全世界で活動する MF の規模は，かなり大きいといえる[1]．

　こうした世界規模での拡大が，MF は貧困削減に有効な手段であることの裏づけとして認識され，これまでにも MF に関する研究は数多くなされている．しかし，MF がその社会的・経済的な使命を果たしているかどうかということを評価する研究は，実はようやく始まった段階であり，MF の効果に関して広く意見の一致をみる信頼に足る研究はまだ少ない状態である(Aghion and Morduch[2005：222])．それは，MF が貧困削減に効果的であるということを，正確に測定することの難しさに起因するものである(伊藤[2004]，モンゴメリ，ワイス[2004])．

　一方，実践の分野では MF の拡大とともに，実施方法について変化が生じてきている．本章は，こうした MF 研究と MF 実施の現状を踏まえ，多

---

[1] 例えばインドネシア一国だけをみても，MF プログラム，銀行の MF ユニット，NGO，組合などあわせると7万1146件あるとされている(http://www.microfinancegateway.com/content/article/detail/25125，2007年2月20日現在)．ただし，これにはインフォーマルな金融組織である回転型貯蓄信用講などは入っていないことに留意が必要である．

表1 マイクロクレジット・サミットに登録しているプログラム数と受益者数

(百万人)

	MFプログラム数	受益者	最貧層の受益者
1997	618	13.5	7.6
1998	925	20.9	12.2
1999	1,065	23.6	13.8
2000	1,567	30.7	19.3
2001	2,186	54.9	26.8
2002	2,572	67.6	41.6
2003	2,931	80.9	54.8
2004	3,164	92.3	66.6
2005	3,133	113.3	81.9

出所) Daley-Harris[2006].

様なMFのあり方を検討する．はじめに，MFで最も広く知られているグラミン銀行の貸出しの特徴を中心に，MFの機能に関する議論を概括する．次にインドネシア・ジャワ島で行った現地調査の結果を踏まえ，グラミン銀行とは異なるタイプのMFとして知られるインドネシアのMFについて考察する．MFは銀行などの金融機関へのアクセスが難しい人々に対して基本的な金融サービスを提供するしくみである．一般にMFは，貧困層や低所得層を対象に小額の貸付を行うマイクロクレジット(microcredit：以下MC)を活動の中心とするが，これに加えて最近は，貯蓄や保険などより広範な金融サービスを扱うようになっている．

しかし，MFを貧困層や低所得層を対象とした小規模金融と定義しても，その方法や目的は多岐にわたるため，MFの特徴を一言でまとめることは難しい．そこでMFが広く認識されるようになったきっかけとなったバングラデシュのグラミン銀行のMCについてみてみる．グラミン銀行のMCは，以下の13項目の特徴を持つ(Yunus[2006])．

① 資金を得ることを一つの人権として普及させる．
② 貧困克服のための貧しい世帯の支援．貧困世帯，特に女性をターゲットにする．
③ 担保主義や法的な強制ではなく信頼に基づくもの．

④ 収入や家屋を得るための自己雇用創造を指向する．消費目的ではない．
⑤ 貧困者を受け付けない一般商業銀行への挑戦として独自の手法による．
⑥ 貧困世帯への訪問方式．
⑦ 借入れのためのグループへの加入．
⑧ 一回の融資の返済が終了すれば，継続的な融資が得られる．
⑨ 週払いまたは半月払いの支払い．
⑩ 同時に一つ以上の融資が借入れ可能．
⑪ 強制貯蓄および自由貯蓄あり．
⑫ 非営利団体(non-profit organization: NPO)か，借り手が共同所有する組織が貸付け主体で，金利はプログラムの維持と釣り合う程度．
⑬ 社会資本の構築に重点を置くこと．

特に定義せずにマイクロクレジットもしくはマイクロファイナンスという場合，貧困層の女性向けグループ貸出しを特徴とする，上記のグラミン型のクレジットを指すことが多い．しかし，世界には多様な小規模金融の形が存在する．例えば，グループでなく個人向けの貸出しや，女性のみをターゲットにしない，消費目的での可能な少額の貸付など，様々である．

MF の範疇については，グラミン銀行総裁のユヌス氏も，「現在世界中で流行言葉のように使われている MC はそれぞれ意味するところが異なり，MC を議論する際の混乱を招いている」と指摘し，MC の範疇を明らかにする必要があるとして，MC の広義の分類を試みている(Yunus[2006])．それによると MC とは，①伝統的でインフォーマルな金融(金貸しや質屋)，②グループによる慣習的な金融(頼母子講や回転型貯蓄信用講[2])，③特定の生産活動に特化した銀行(農業金融や畜産，漁業金融)，④農村金融に特化した銀行，⑤協同組合，⑥消費向け金融，⑦銀行と NGO のリンケージ・プログラム，⑧グラミン銀行型金融(グラミン・クレジット)，⑨非 NGO による無担保の金融，である．ちなみにこれらは MC を提供する組織(マイクロファイナンス実施機関 microfinance institution：以下 MFI)の分類とも解釈できる．

本章では MF を貧困層および低所得層を対象に少額の金融サービスを提供するしくみとして捉え，貧困層と低所得層の信用制約を緩和するための機

---

[2] Rotating Savings and Credit Association(ROSCA)とも呼ばれる．

能をその基本的な役割とする．まず第1節でMFが果たす金融機能についてまとめる．つづく第2節では，MFの主要なサービスであるMCに焦点を絞り，グラミン銀行型のMCが機能する原理について整理する．そして第3節において，グラミン銀行型のMCとは一見極めて異なるインドネシアのMCのしくみについてグラミン銀行型を念頭におきながら比較検討する．続く第4節では，貸付やグループ貸出しという既存の手法から発展を遂げつつあるMFの最近の潮流をまとめる．最後に，MFにはグラミン銀行型とともにインドネシア型ともいえるMFもあり，重層的な貧困層への金融サービスの提供には，多様かつ柔軟なMFが必要であることを述べ，既存のMFが抱える問題として最貧層へは到達しにくいという共通の問題があること，最貧層に届くサービスを行うための解決策について触れ，まとめとする．

第1節　金融制度としてのMF

MFは，貧困削減，女性のエンパワメント，雇用創出など複数の目的をもっており，それらは貧困層の信用制約が緩和されることを通じて達成される．この節では信用制約を取り除くためのMFのもつ金融機能について考える．

1．信用市場の欠如

MFが扱う最も基本的な問題は貧困層や低所得層の信用制約の問題である．すなわち，資金調達の場である信用市場へのアクセスを可能にすることが必要となる．

信用市場は，現在の財と将来の財という異時点間の財の交換を可能にする．ある人の今期と来期の消費についての意思決定について考えてみると，その人は今期の所得と来期の所得という予算制約の中で，今期と来期の消費をどのように組み合わせるのかを考えなければならない．今期の所得を全て消費することも可能であるが，今期の消費の一部分を投資することで，投資による成果分だけ来期の消費を増やすこともできる．信用市場の存在しない経済では，今期の投資は，それまで所有している資産と今期の所得が上限となる．信用市場が存在しないと，個人が他の人と現在の消費や将来の消費に関して

交換取引ができないためである．しかし，信用市場が存在し，資金の貸し借りが可能になると，個人は実質利子率(＝現在の財と将来の財の相対価格)を支払うことで現在の消費と将来の消費を交換することができる．

つまり信用市場がないと，好ましい投資機会があった場合(子供の教育など)でも手持ちの資産の不足から，投資の機会を逃してしまう恐れがある．しかし，信用市場の存在によって資金の貸借が可能になると，個人は投資と消費の意思決定を切り離すことができるようになるのである．資金を借り入れることで，現在の消費に関する割合を変えることなく，また，投資の限界効率が信用市場で与えられる実質利子率に一致する点で投資を行うことで，来期の消費をより増やすことが可能となる．

しかし，MFがターゲットとする人々は，所有する資産も少なく，現在の所得が非常に低いうえにその額も安定せず，またそれが得られる時期も不確かな人々である．そうした人々は投資機会を得ても，信用市場へのアクセスが困難なため，その機会を生かすことができず，将来の所得水準を高めることは難しくなる．また，所得が減少した際の対処の方法も限られる．食事の回数を減らす，子供が学校に行くのをやめさせるなどで対処することになりかねない．信用市場へアクセスできないということは，子供の教育など次世代への投資が制約され，自分の世代だけでなく子供の世代にも貧困を遺産として残すことにもつながる．

信用制約は貧富を問わず問題であるが，特に低い生活水準を余儀なくされている貧困者にとっては極めて深刻な問題である．貧困層の人々が現在の消費水準を落とさずに投資を行うためには，信用制約を解消し，外部の資金を利用できることが重要となる．したがってMFの最も基本的な機能は，貧困層や低所得層の信用制約を取り払い，彼らに資金を提供することにあるといえる．

2. 金融機関の機能不全

金融取引においては一般的な財の取引とは異なり情報の不完全性の問題が大きい．情報の非対称性により，銀行などの貸し手は，借り手の性質(支払能力)や借り手の行動(支払努力)を正しく知ることが難しい．また，金融取引は異時点間の取引であるため，不確実性が高く，貸し手が借り手の将来の所

得を把握することが難しい. こうした困難さを回避するために, 貸し手は借り手に関する情報, たとえば性格や支払能力に関する情報を収集することにより, 安全な借り手を選別し, 支払い努力を怠らないようにモニタリングしなければならない. こうした情報生産機能は金融機関にとって非常に重要な機能である. 通常, 銀行は自らの情報生産機能を補完し, またこれらの問題を緩和するために借り手に担保を要求する. しかし担保を提供できない貧困層は貸出市場から排除されることになる.

一般に銀行が貧困層向けの小規模な貸出を行わない理由は, ①融資対象事業のリスクが高い, ②返済率が低い, ③管理にかかるコストが高いためである. また, これらの問題を緩和するために必要な担保となる資産がないため, 貧困者向けの小規模の貸出しは収益率が悪いとされる. ①のリスクは, 貧困層が行う事業のもつ不確実性についての懸念である. 貧困層がMFによって始める事業は, 通常, 行商や屋台での小売り, 縫製や食品加工などの家内工業である. これらの初期投資は少額で済み, さらに少額ながら日々の売上げによって, 比較的短期間に投資分を回収することが見込める. 参入障壁が低いため, 貧困層にとって手近な事業なのである. しかし, こうした仕事からの収益は往々にして安定せず, 参入障壁の低さと裏腹に競争が激しいため, 資本力の低い貧困層(中でも女性事業主)から先に退出を余儀なくされることが多い(Widjajanti et al.[2004]). このように事業が継続的に成立するかどうかが不確実なことと, その事業からの収入が不安定であるという二つの理由から, ②で挙げたように, 返済が滞りがちになると危惧される. ③の貸出しコストが高い理由は, 借り手の情報を得るコストや借り手の行動をモニタリングするコストは金額の大きさにかかわらず1件あたり同じであるため, 少額な貸出しは1件あたりの管理コストが高くなることによる.

こうした問題は, 一般の銀行に限られるものではなく, 銀行と比較して利用可能な資源が限られた小規模な団体であることが多いMFIは, 金融仲介に必要な技術や人的資源を確保しにくいことから, これらの問題がより深刻であるといってよい. ではMFが「貧者の銀行」(bank for the poor)と呼ばれるように, 貧困者が利用可能な金融システムとして機能するためには, どのようなしくみが必要なのか, 次節でMFの問題解決機能について検討する.

第2節　MFの問題解決機能

　前節でみたようにMFの実施には困難がつきまとうが，これまでのMFの経験は，これらの問題は対処可能であること，さらには貧困層の小規模事業であっても，収益をもたらしうることを示してきた．前節で述べた②の返済率に関しては，多くのMFIで返済率が高いことが報告されている．例えば，グラミン銀行の返済率は98.82％(2006年)，バングラデシュのASAは99.88％(2006年)，ボリビアのBancoSolは96.1％(2005年)など非常に高い．また収益性についても，一例を挙げると，小規模貸出を行うインドネシアのインドネシア庶民信用銀行(Bank Rakyat Indonesia：以下BRI)は，常に利益を確保している(表2)．近年は，世界各国の銀行がMFの返済率や利益率が高いことに着目し，経済が悪化した際にはむしろ一般企業向けの貸出しよりも堅固な貸出先であるとして，MF事業を見直しはじめている(*Financial Times*, September 14, 2005)[3]．

　しかしMFの収益確保のためには，前述の返済率，貸出リスク，高コストの問題を解決する必要がある．それに対して際立った特徴をもつ解決策を提示したのがグラミン銀行のグループ貸付であるといえる．

1．グラミン銀行型の成功——グループ貸付

　グラミン銀行は1976年以来30年間の活動を経て，メンバー数，貸付額とも拡大し続けている[4](図1)．現在のMFの発展には，グラミン銀行の成功が大きく寄与していることは言うまでもなく，なぜ最貧国であるバングラデシュで貧困層を対象としたMFが成功したのか，その理由を求めて多くの研究が行われてきた．そして，土地もなく，担保にする資産も持たない女性たちへの少額な貸付を成功させるのに，優れた工夫としてグループ貸付が注目されるようになった．

---

　3)　インドネシアにおいても，MFは一般銀行にとっても収益性の高い事業と見なされはじめ，商業銀行第5位のDanamon銀行は2004年にMF事業に新たに参入した．

　4)　2006年5月時点の借り手の数は683万人にのぼり(バングラデシュの総人口約1億4740万人の4.6％)，そのうち97％が女性である．グラミン銀行は7万3609の村で2283支店が活動し，バングラデシュの村落の88％をカバーしている(グラミン銀行ウェブサイト)．

表2 インドネシア——BRI の純利益と総資産利益比率(ROA)

(百万ルピア)

	2000	2001	2002	2003	2004	2005
純利益	339,444	1,072,024	1,524,938	2,578,815	3,633,228	3,808,587
ROA	0.7%	1.6%	1.8%	4.0%	5.8%	5.0%

注) ROA は return on assets の略で,BRI は税引前利益を総資産で割った値を用いている.
出所) Bank Rakyat Indonesia, *Laporan keuangan perbankan*(各年).

　グループ貸付は,5人のメンバーによって自主的にグループを形成し,返済に関して互いに連帯責任を負わせるというしくみである.この方式が,情報の非対称性の問題を解決する役割を果たすとされている.貸し手である銀行やMFIは通常,借り手が安全な借り手かどうかを識別する情報を十分にもっていないため,リスクの高い借り手ばかりが取引に応じるような逆選択が生じかねない.しかし,グループ貸付の場合,グループに参加する人々は,貸し手より地元の情報に詳しく,メンバーになろうとする人物についての情報もより多く持っている.したがって,グループ貸付では,借り手が自主的にグループを形成する過程で,情報を多く持ったメンバーがリスクの高そうな人をメンバーから戦略的にはずし(peer selection),逆選択の問題を緩和する(Ghatak[1999])というのが,一つのメカニズムである.グループ貸付は,グループのメンバーの情報を利用し,貸し手にとって高い情報生産コストをメンバーに肩代わりさせることで逆選択を回避しているといえる.

　さらに,グループ内でメンバー同士が相互に監視しあうこと(peer monitoring)によってモラルハザードを防止することが,もう一つのメカニズムである.Stiglitz[1990]は,グループのメンバーがどのような事業に投資するかを相互に監視し合い,リスクの高すぎる投資を行いそうなメンバーに対して制裁を加えることで,事前のモラルハザードを回避すると論じた.さらに相互監視は,事業利益が確定した場合に戦略的に不払い(strategic default)をしそうなメンバーに対しては社会的制裁を課すことで支払いを促し,事後的なモラルハザードを回避する機能ももつ.このように,グループ貸付には従来の銀行が抱えていた情報の問題を解決する工夫が複数組み合わされており,それがグループ貸付の世界的な広まりの理由でもあるといえる.

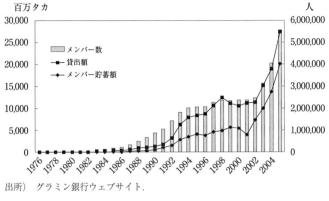

出所) グラミン銀行ウェブサイト.
図1 グラミン銀行拡大の推移(1976-2005)

2. グループ貸付以外の工夫

　グループ貸付がもついくつかのメカニズムが，情報の経済学が指摘する逆選択やモラルハザードの問題を緩和したことにより，1990年代のMFの研究はグループ貸付に焦点があたっていた．しかし最近は，グループ貸付以外のメカニズムの有効性が議論されるようになってきている．以下の三つがグループ貸付以外の代表的なメカニズムの特徴である．

　①猶予期間なしの即時少額返済：これは，貸付を行った翌週から返済を開始し，少額の返済を頻繁に行う手法である．返済を直ちに開始し，少額の返済を毎週行うことにより，MFIは借り手の資金管理を促すと同時に借り手の情報を入手し，行動を監視することで，不払いを少なくすることができる．しかしこの方法は，借り手が貸付資金以外の流動性を確保している場合にのみ実現可能である．またこれによって，貸し手であるMFIのリスクが一部軽減されるという効果もある．

　②貸付枠の逐次的拡大：これは，当初の貸付額は少なく設定し，その貸付の返済に問題がなければ，逐次的に貸付枠を拡大していく方法である．借り手は返済が済めば次の借入れが可能で，かつ貸付枠が拡大されるため，利子・元本返済に対する強い動機が与えられる．特に，他に借入れ手段のない借り手にとっては，継続的に借入れができることのメリットは大きく，モラルハザードを防止させる手段となる．

③公の場での借入れ・返済：これは，借入れ・返済をメンバーの目の前で行うため，滞納するのは，公衆の面前で恥をさらけ出すようなものであり，そのような社会的不名誉を避けたいという圧力がかかることによって，返済が促される，という効果である．

これらが，代表的なグループ貸付以外のMFのしくみである．グラミン銀行はグループ貸付という特徴のみに依存してきたわけではなく，こうしたいくつかの工夫を組み合わせて，銀行が敬遠してきたMCを成功させてきたことがわかる．

第3節　MFの多様性──インドネシアの事例を中心に

現在世界各国に様々なタイプのMFが存在するが，インドネシアにおけるMFの事例はグラミン銀行型とは異なるタイプの成功例として採り上げられることが多い．グラミン銀行型のMFIの運営が基本的には補助金などによってまかなわれているのに対して，インドネシアのMFIには補助金に頼らず，収益性を保って独立採算的(financial self sufficiencyが高い)な経営を行っている機関が多いことから，近年のMFの商業化の議論の中でしばしば引用される．その代表が前節で触れたBRIである．そこで以下では，BRIをはじめとして多くのMFIが存在するインドネシアのMFの特徴についてまとめることにより，MFIの多様性の一端を示すこととする．

1. インドネシアのMFとBRI

グラミン銀行の活動がMCを世界的に広めたため，MCは比較的新しい，貧困削減のための工夫であるという理解が一般的である[5]．しかし，インドネシアのMFの歴史は古く1世紀以上前のオランダ植民地時代に端を発する[6]．このことからもわかるように，インドネシア人，特にジャワ島に住む人々にとってMFは庶民の生活に根付いた金融システムであるといえる．BRIのみならず，インドネシアのMFIの多くは，経営に関しては援助金に

---

[5]　ユヌス総裁も，40年前にはマイクロクレジットという言葉はなかった，とグラミン銀行の功績を誇っている(Yunus[2006])．

[6]　現在は庶民信用銀行の一部として分類される村落信用組織(Badan Kredit Desa: BKD)が最も古い小規模金融組織である．

頼らない独立採算的なものが多く，経営手法からみると一般の商業銀行の延長線上にあるといえ，グラミン銀行型とは基本的に性質が異なる．

　BRIはインドネシアの代表的なMFIであるとされるが，同時にインドネシア第4位の国営商業銀行でもある．したがってBRIは高い資金調達力をもち，豊富な資源をその活動に投入することができる．BRIの特徴は，MFの実行部隊となる下部組織である村落ユニット(Unit Desa：以下BRI-UD)の性格にある．BRI-UDはインドネシア全土に4112店舗(2005年末時点)からなる広いネットワークを有している．この広いネットワークと独立採算的であること，収益性が高いこと，返済率が高いことがBRIが成功例とされる理由である．

　BRIの成功は，貸出しが農業分野など一部の産業に限定されず，全ての産業を対象としていること，そして，1980年代から導入されたSIMPEDESという小口預金商品に加え，預金引出しに制限のないSIMASKOTなど，多様な金融商品の選択肢があることなどによる．また，借り手にとって最も魅力的な特典として，期限までに返済完了した借り手に対しては，金利の4分の1を返金するインセンティブ・システムが導入されている．

　こうしたBRIの成功は，銀行としての収益性を主眼として重視してきたことにある[7]．それは，BRI-UDは必ずしも貧困層だけをターゲットとした貧困対策として設立されたわけではないことからもわかる．BRI-UDがBRIの下に設けられたのは1970年代である．高収量品種を導入する食糧増産計画(BIMAS)に伴う農業金融をBRI-UDを通じて行うことが，設立の目的であった．BIMAS計画に伴った融資は，政府補助金に依存した政策金融の常として，返済率が悪く失敗に終わったため，BIMAS計画それ自体は1983年に廃止されたが，政府はインドネシア全土に広がるBRI-UDを活用すべく，KUPEDES(小口融資)，SIMPEDES(小口預金)といった小口金融商品を作りBRI-UDをMFIとして再構築したという経緯がある．

　つまりインドネシアの代表とされるBRI-UDは，小口の金融サービスを提供する銀行窓口として出発したのであり，BRI-UDの貸出し残高の増加は，必ずしも貧困層への貸出しの増加と同一視することはできない．しかし，イ

---

7) BRIについてはRobinson[2002]等が詳しい．

ンドネシアの MF の特徴はこの BRI のみにあるのではなく，BRI 以外の数多くの MFI にもあると思われる．インドネシアでは BRI を頂点として，その下に補助的銀行(secondary bank)とされる 8950 行(2006 年 3 月時点)の庶民信用銀行(Bank Perkreditan Rakyat: BPR)があり，さらにその下に多種多様な MFI が存在するピラミッド型の構造を有する(Bank Indonesia and GTZ[2000])．そこでここでは，BPR や協同組合，NGO が経営する BRI より規模の小さな MFI に焦点を絞り，インドネシアにおける MF について考察する．

2. インドネシアの MF の特徴

BRI 以外の MFI としては，例えば預金・貸出しを目的とする協同組合 KOSPIN(Koperasi Simpang Pinjam)，近年急速に増加している BMT(Baitul Maal wat Tamwil：イスラーム法に則った小口金融組織)，NGO の運営する MFI などが代表的である．これに加え，地域における回転型貯蓄信用講(Rotating Savings and Credit Association: ROSCA)であるアリサン(arisan)は広く一般に普及している．またインドネシアでは国際機関や外国政府が支援するマイクロファイナンス・プログラムが多い．BRI の有力な MC 商品である KUPEDES の 2005 年の貸出残高は 22 兆ルピア(約 3000 億円)であるが，BPR の貸出残高は 14.5 兆ルピア(約 2000 億円)あり，その他の MF の貸出しを考慮すると，BRI の MF の貸出しはインドネシアの MF の半分程度である．その中には貧困削減を第一目標として掲げる MFI も存在するが，貧困層のみならず一般庶民の日常に必要な資金を融通する小口金融組織が大多数であるといえる．

インドネシアの MF の特徴として，消費向け資金が多いことがある．図 2 は BPR の貸出しを種類別にみたものであるが，消費向け貸出しが 37% を占めることからもその特徴がわかる．生産向け資金の場合は，多くの場合貸付の条件として，すでに何らかの事業を始めてから半年以上継続していることなどが必要となる．これは新たに何か事業を始めるための初期投資としての資金の貸付は行わないということであり，この点はグラミン・クレジットと対照的である．次に借入れに際して多くの場合，担保を必要とする．また，顧客の大半は女性であるが，必ずしも女性をターゲットにしたところばかりではない．さらに，グループ貸付よりも個人貸出しの方が多い．貸出金額は

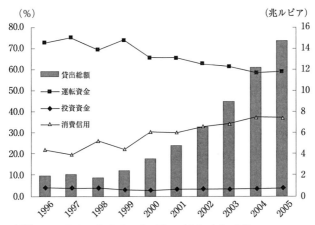

出所) Bank Indonesia, *Indonesian Financial Statistics* 各号.

図2 インドネシア──BPRの貸出し

25万ルピア(約3400円)程度から，200～300万ルピア(約2万7000～4万円)程度である．金利はおおむね月2～3%である[8]．

これらの特徴から明らかなのは，インドネシアのMFは必ずしも貧困層のみをターゲットしたものではないということである．このような特徴をもつインドネシアのMFを"マイクロファイナンス"とみなさない読者もいるかもしれない．しかし，MFが援助プログラムとしてではなく，金融組織として自立的に活動していくためには，受益者が最低限の返済能力をもっているかどうか判断する必要はあろう．また多くのMFIが，最貧層に必要なのは，今すぐ使える資金ではなく，資金を活用する能力を身につけることであるということを，経験的に認識している．インドネシアのMFIは，最貧層のみをターゲットにしているわけではないが，"working poor"を主な融資対象とし，貧しくとも労働している人々の生活を支える小規模の金融サービスを提供しており，重要な存在であることは間違いない．

3. 貸出しの実情──借り手の面接調査の結果から

ここでは，上述のインドネシアMFの特徴が，実際に現場で，どのよう

[8) インドネシアの銀行の貸出金利(運転資金)は，年18.5～16%程度である(2000～2005年).

第5章　マイクロファイナンス

なメカニズムを通して形成されているかを現地調査による情報に基づいて検討する．以下の記述は，2005年，2006年に筆者が行った中部ジャワ，東部ジャワでのBRI以外のMFIと，そのメンバー約100名に対して行った面接調査に基づくものである．インドネシアのMFとグラミン・クレジットの大きな違いは，前者が担保を必要としていることであるが，その他の返済を促進する工夫は基本的には同じである．ただし，女性をターゲットとした貸付といった共通する特徴の中には，その意図することが異なるものもある．

(1) 担保の必要性

インドネシアでは，担保を必要としないMFも存在するが，担保の提供を借入れの要件としているMFIが大半を占める．担保として供されるものは，土地所有証明書，家屋所有証明書，BPKB(Buku Pemilik Kendaraan Bermotor：自動車，二輪車の所有証明書)，金などの貴金属である．ただし，MFIの規模や経営の性質にもよるが，担保の条件がかなり柔軟な場合もある．担保は必要であるが，担保は何でもよく，借り手が提出するものが即ち担保となるMFIもある[9]．一方担保を要求しないというMFIであっても，MFIのメンバーになる条件として，持ち家に住んでいることを条件としている[10]．これは，外部からの補助金に依存しているMFIも，独立採算的経営を採用しているMFIも共通に採用しているリスク管理方法である．

この点は，家屋を取得することを目的の一つに掲げるグラミン銀行とは大きく異なる特徴である．統計によると，インドネシアでは借家住まいの家計は，全国平均で2.8%(2003年)である．これを都市部と農村部にわけると都市部では6%と比較的高く，農村部では0.6%と非常に低い[11]．一方，バングラデシュでは，借家住まいの家計は全国平均で9.4%(2001年)であり，都市部では36.7%，農村部では1.2%である(Bangladesh Bureau of Statistics [2003])．バングラデシュの統計と比較しても，インドネシアにおいては，

---

[9] 具体的には，テレビなどが担保となりうる．
[10] インドネシアにおいてグラミン銀行型のMFを実施しているNGOもあるが，そのNGOでも借り手が家を所有していることを条件としていた．
[11] 調査を行った中部ジャワ，東ジャワは，それぞれ都市部2.4%と農村部0.1%，都市部5.1%と農村部0.1%である(インドネシア中央統計局，http://www.bps.go.id，2006年12月15日現在)．

家を所有している人々の割合が高く,持ち家を借入れの条件とすることは,さほど高い制約とはならないと思われる.しかし,貧困人口比率は全国で17.4％であることから,貧困層に属し,なおかつ家を持つ人々はかなりの数に上ると言えよう.

(2) グループ形成について

MFの活動のためにグループを形成し,貸付に関する手続きをグループ単位で行うMFIは多い.しかし多くのMFIで担保が要求されていることから,グループのメンバーは返済に関する連帯責任は負う必要がない.したがって,インドネシアのMFにおけるグループ形成の意義としては,週に一度のグループ長の自宅で開かれる集会に出席し,集金と貸出しを一度に行えることからくるMFI側のコストの軽減が大きいことが挙げられる.また,近所で開かれる集会には,交通費を使わずに,気軽に参加できるため,借り手であるメンバーにとってもメリットが大きい.

さらに,グループの他のメンバーの前で借入れを行うことで,出席者全員が,そのメンバーがいくらの借入れをしたかを知ることとなり,それが返済への強い圧力として作用する.これは,前節で指摘した「公の場での借入れ・返済」の機能に相当する.

グループへの参加に関しては,MFの噂を聞いた者が自発的に参加することが多い.友人を勧誘することは,誘った友人が何らかの問題を起こした場合に,道義的責任を負うことになりかねないとして,回避するケースもみられ,グラミン銀行型のような連帯責任を伴うグループ貸付とは,グループ形成に期待される役割が異なることが注目される.このようにインドネシアでは,グループは形成されるが,その目的は融資を管理する手間をなるべく減らすことが主目的とされている.

(3) 逐次的貸付枠の拡大

前節で,借入れを完済した場合には,次の借入れの増額が可能となるという,グラミン銀行型クレジットの特徴について説明した.インドネシアのMFIにおいてもこの方式が採用されていることが多い.2005年のインドネシアのジャワにおける調査(対象90名)では,調査を行った2005年にすでに

第5章　マイクロファイナンス

数回の借入れを行っている77名のうち，47名が2回目以降に借入額を増額していた．通常初回の借入額は25〜50万ルピア(約3300〜6600円)程度の上限とする．初回の借入れの返済が滞りなく終了すれば，2回目以降の借入れは増額が可能となる．MFIによって増額の幅や上限額は異なるが，100万ルピア(約1万3000円)程度が2回目の上限となり，300万ルピア(約4万円)程度が最終的な上限である場合が多い．初回の借入限度額は多くのメンバーにとっては十分とはいえず，次回以降の借入れで増額を望み，かつその後も継続的に借入れをしたいという希望を持つ人々が多い．したがって逐次的融資枠拡大は，借り手にとって重要な返済の動機づけとなっている．

ただし，ある借入れの返済が，自動的に次期の借入枠の増加を意味するわけではない．融資担当者やMFIの管理者の判断により，金額を引き上げるにはまだ借り手の支払い能力が十分でないと判断される場合もある．言い方を変えれば，前回の額より多く額の借入れが認められ，それが他のメンバーの前で発表されることは，その借り手の社会的な信用を高めることにつながると考えられる．

(4) 返済の周期と遅延率

グループを形成せずに個人で借入れを行うMFIの返済はほとんどの場合，通常の銀行と同じ月払いである．中には伝統的な市場などで借り手が集まっている場所に担当者が出向く場合もある．貸付は個人だがグループで返済手続きを行うMFIなどは，週払い形式をとっている．返済の遅延率は，MFIの種類によって異なる．グループを形成して貸出しの手続きをとるNGOなどは比較的高く，20〜30％前後であるのに対して，BMTや貯蓄信用組合などは2〜7％程度である．NGOの遅延率は高いが，グループ内で返済の方法について協議を行うため不良債権化することは少ないという[12]．ProFI [2003]によるとBPRの一部である村落信用組織(Badan Kredit Desa: BKD)の2003年の不良債権率は9％，遅延債権が5.4％である．このようにMFIによって遅延，不良債権の割合は大きく異なり，毎週返済を義務づけていることと遅延率が低いことの間には，明確な関係がみられない．

---

12) ただし，連帯責任制をとっているわけではない．

(5) 強制貯蓄

多くの MFI は借入れを認める前に，一定額以上の預金を義務づけている．ある貯蓄信用組合を例にとると，正式な組合員になるためには，その信用組合に 100 万ルピアの預金をしていることを条件としている．またグループを形成して貸出しを行っている MFI では，借入登録手続き後，4 週間にわたって 4 度の集会に全て参加し，その都度積立てを行うことを条件としている．ただし，積立ての金額は 1 回 2000 ルピア(約 27 円)であり，金額上の負担は重くない．この強制貯蓄の目的は，MFI の資金調達のためではなく，定期的な集会への参加および返済を行えるかどうか，という点に関し，候補者の行動を観察して，返済に関する几帳面さを確認することにある．

BRI-UD を例外として，ほとんどの MFI が強制貯蓄を導入している．強制貯蓄は，担保の代りの機能を果たすといわれている．一般に，貧しい人々は強制されない限り貯蓄しないと思われがちだが，実際は異なる．聞き取り調査の結果では，90 人のうち 87 人が貯蓄をしており，そのうち 41 人は借入れを行っている MFI 以外の金融機関に貯蓄をしている．また借入れ先の MFI に貯蓄している場合でも，強制貯蓄の必要額を超えて貯蓄する場合がほとんどであり，MF のサービスとして貯蓄のニーズが高いことがわかる．

(6) 女性のエンパワメント

インドネシアにおいても女性をターゲットとした MFI は多いが，それは，返済に関する女性の几帳面さが重視されるためである．ここでいう女性とは既婚女性に限定されることが多く，ほとんどの MFI が，夫や成人した息子の同意書の提出を要件としている．これは連帯保証までの拘束力はないものの，不払いなど問題を起こした際には，男性がなんらかの役割を果たすことを期待してのことと思われる．このように，借り手の多くが女性であるが，借り手の女性が世帯主であることはまれで，女性の収入は，家計全体からみると世帯主である夫の収入を補塡するものである．さらに女性が借り入れた資金を夫の事業に使うことも多い．また女性が営む自己雇用の仕事も，家事をしながらできる仕事に限定されるのが一般的である．女性の場合(特に世帯主でない場合)，借入れの対象となる事業はあくまでも副業であることが前提となるため，借入れを増やし，事業を拡大することのリスクを取る女性は少

数である．仮に屋台などの店の数を増やす場合でも，親戚，知合いが手伝える範囲に留めることが多い．したがってインドネシアのMFは，グラミン型とは異なり女性のエンパワメントという意味合いはあまり含んでいないと思われる．

(7) 借入れの目的――消費向け，生産向け

先に述べたようにインドネシアのMFIの多くは，消費向け貸出しを主に扱っており，生産向け貸出しに焦点を絞ると，調査の対象者がかなり減少する．生産向けの貸出しも運転資金としての利用が多い(図2)．生産向け借入れの効果としては，①仕入れ量を増やすことができた，②売上げが増えた，などが多くあげられるが，その効果を数値で示すためには精緻な調査を必要とするうえ，それが借入れによるものかどうかを識別することは容易ではない．さらに，生産向けとは名ばかりで，実際には子供の学校費用やその他の日々の消費に利用していると推測されるケースもある．例えば，生産向けの貸付のみを行うあるMFIでは，資金需要のピークは年に二度あり，それは新学期が始まる前と断食明けの祝日直前である．これは生産向け貸付の多くが消費向けに利用されているであろうことを言外に示している．

(8) 自己雇用創出

自己雇用という点に関しても，自己雇用創出を指向するグラミン銀行型とは大きく異なる．インドネシアの生産向け貸付の条件は，①すでに事業をしていること，②6カ月以上の実績があることという，厳しいものである．

この場合，初期投資のための資金は親・親戚から借り入れる，もしくは現在の所得から非常に少額な投資を行い，そこからのわずかな利益を1～2年かけて蓄えることで工面する．あるいは少ない所得の中から少額の貯蓄を少しずつしていくことである．厳しい条件をつけることによって，MFIは貸出リスクを回避できるとともに，借り手が小さくとも事業を行っているという実績によって，借り手のやる気もしくは企業家精神に関する重要な情報を得ることができる．さらに借入れ直後に始まる返済の流動性がすでに確保されていることで返済リスクを低減できる．

以上，担保の義務づけその他から明らかなように，インドネシアのMF

はグラミン銀行型クレジットとは異なり，貸付に関してはかなり慎重である．しかし，週に一度集会を開くことや，融資担当者がメンバーのところまで通い情報を収集すること，そして逐次的に貸付枠を拡大することなど，小規模な貸付を成功させるための工夫はグラミン銀行型クレジットや他のMFと同様であり，これらがグラミン銀行型クレジットだけにみられる特徴ではなく，MFを成功させるための基本的な構成要素であると考えられる．

第4節　マイクロファイナンスの再評価

　現在MFが拡大する中で，これまでのMFの経験と実績が何を意味するのか，再評価する試みが始まっている．このような再評価の動きと軌を一にするように，実践の場ではすでにグループ貸付を超えた，より柔軟な貸付方法が模索されている．さらに，預金，保険などを導入する取り組みも始まっている．以下では，そうした最近の潮流と課題をまとめる．

1. グループ貸付の意義

　世界各地で実施されているグループ貸付の利点は，第2節で述べたとおりであるが，MFの研究が進むにつれ，グループ貸付が必ずしも有効ではないか，もしくは必ずしもグループ貸付を必要としない場合があるという説も有力視され始めている(Aghion and Morduch[2005]，牧野[2004])．

　第2節で述べたように，グループ貸付の機能として社会的制裁の活用が取り上げられていたのだが，その有効性は対象地域が人間関係の希薄な都会か，それとも非常に緊密な村落かに大きく左右される．今回インドネシアのジャワ島で行った調査では，グループによる集会に参加することで，MFIまで交通手段を使わずに預金や借入れができることが，利点の一つとして挙げられた．これは人口が密集しているジャワ島では当てはまったが，人口の希薄な土地では，逆に一カ所に集まることにコストがかかるものと考えられる．

　また同調査では，かつてグループ貸付を実施していたが，調査時点では個人向け貸出しに重点を移行しているMFIが多くみられた．その理由は，①グループ向けでも個人向けでも返済率には変わりはないこと，そしてむしろグループを作った場合，それが連帯責任を伴うかどうかにかかわらず，②グ

ループを取り仕切るリーダーの負担が重く,なり手が少ないこと,さらに③毎週の集会への参加が時間的・精神的に負担となるため,個人向け貸付の需要が多くなったこと,が挙げられた.連帯責任によるグループ貸付は,貸し手のコストやリスクを一部メンバーが肩代りすることによって成り立っている.言い換えれば,貸し手が集めるべき情報をメンバーが代りに集め,返済できないグループのメンバーの返済リスクをカバーしているのである.優良なメンバーにとっては,そうした他人のコストやリスクを負うこと自体が負担となることもあろう.またバングラデシュでは,連帯責任の強制によって一度返済が滞ると,他のグループにも累が及んで責任を取らされることがあるため,脱落者が増えるという現象も見られている(伊東[2004])など,負の側面も明らかになってきている.そのため現在では,連帯責任という,かつてはMFの象徴と見られていた方式が見直されつつある.

2. 貯蓄の意義

MFにおける貯蓄の重要性はすでに広く認識されている.特にMFの実務者たちにとって,貧困層の貯蓄への需要の高さとその重要性は周知の事実である.バングラデシュのSafeSaveは,こうした点を考慮して,貯蓄を重視したMFを展開している(詳しくはラザフォード[2004]).グラミン銀行自体が「グラミンII」[13]と呼ぶ新しい方式を採用し,貯蓄を重視するとともにより柔軟な貸付への転換を行ったことも,貯蓄重視の潮流を象徴している.

貯蓄のもつ機能の一つに,返済が滞った際の担保としての役割がある.また,少額の資金を蓄積することで,資産構築にもなり,不意の出費や病気や災害といった家計を襲うリスクへの対処を容易にする.同時に,MFIにとっては重要な資金源となるうえ,融資担当者にとっては,優良なメンバーを識別する重要なシグナルとなる.このように貯蓄は多面的な機能をもつ.

3. 保険の意義

MFにおいて保険の重要性に関する認識は,貸出しほど高いとはいいがた

---

13) グラミンIIは2002年に導入された新しいシステムである.預金を集め借り手個人のリスクに対応して返済額を柔軟に設定したり,繰延べなどを可能にした(モーダック[2004],伊東[2004]).

いが，保険は貧困層に対して家計のリスク管理の手段をより広げる効果をもつ．所得が低い貧困層は，所得が不定期にしか得られないことが多い．また，多くの貧困層を抱える農村部においては，天候や作物の出来具合など，生産にかかわる不安定さや生産物価格の変動のリスクが大きい．さらに，事業の失敗や災害や病気といった不測のショックもある．しかし，貧困層は所有する資産が少ないため，こうしたリスクに対処する脆弱性が，一般の人々に比べて高い．ショックに対する事後的な対処としては，金融資産または家屋や家畜といった非金融資産の取り崩し，または労働時間の増加に頼らざるを得ないが(Morduch[1995])，保険が利用可能になればこうした問題は緩和され，保険が提供されることにより，不測の事態への対応が容易になる．

4. 貧困削減の効果

「はじめに」でも述べたように，MFの貧困削減への貢献についての研究は，まだ十分なされているとはいえない．なぜなら，MFが貧困を削減するのか，それともMFがなくとも貧困から脱却できそうな属性をもつ人がMFに参加する傾向が強いのか，この二つの関係を識別することが難しいためである．このような識別を行うためには，精緻なデータが必要であるが，そうしたデータの収集が容易でないこと，さらにMFの活動地域の特性など観察不可能でかつ時間を通じて変化する要素を加味して効果を測ることは非常に困難であることなどから，信頼に足る研究はまだ十分でない．

そうした中で，Coleman[1999]はタイのMFを調査し，MFからの借入れは，資産や貯蓄，生産性の向上などに効果を与えておらず，さらにMFへの返済のために女性は他の金貸しなどから高い金利の借入れを増やす傾向にあるという負の影響について指摘している．Khandker[2005]はバングラデシュのパネルデータを用いて，MFが参加者の家計の消費を増やし貧困削減に貢献しているとともに，当該地域への波及効果をもたらす，という結果を示している．Pitt and Khandker[1998]は，バングラデシュでの労働供給や子供教育，家計の支出等へのMCの影響に関して，性別による違いを分析し，女性に対して貸付をした方がMCの効果は大きいことを示した．一方，Morduch[1998]は同じバングラデシュで，借入れを行った家計が，借入れをしていない家計と比較して，特に消費が拡大したわけでも子供の就学状況が

増えたわけでもないことを指摘している．こうした違いは分析枠組みとデータ設定の違いなどから往々にして起こりうる．これはMFの効果を定量的に測ることが容易でないことの一例でもある．MFの貧困削減への貢献のみならず，MFが何に対してどのような効果をもたらすのかについての研究は今後さらに蓄積される必要がある．

おわりに

　グラミン銀行の設立から30年が経った現在，貯蓄や保険などより広範な金融サービスの提供がMFの使命として加わり，多くの試みが各国のMFIによってなされている．グラミン銀行自体もグラミンIIという新体制へと変容し，インドネシアのMFもグラミン銀行とは異なる立場からMFを実施し，拡大している．

　元来MFは，貧困削減と金融機関としての自立性という両立困難な目的を掲げている．どちらの目的の達成を目指すべきかは，各実施機関の設立理念による．インドネシアのMFの例では，後者に重きが置かれ，国営銀行のBRIのみならず，NGOなど小さなMFIでも，貸付には非常に慎重であることがわかった．インドネシアのMFIの大多数は担保を必要とする．あるいは持ち家に住んでいることを要請する．さらに強制貯蓄も求める．この担保の二重三重の設定ともいえるインドネシアのMFは，貧困層を対象としたMFにはそぐわないと捉えることもできる．しかし，国や地域により貧困を巡る問題の様相が異なることを考えると，すべてのMFが同じ方法で貧困層・低所得層への金融サービスを提供する必要がないことは，いうまでもない．さらに，担保のあり方や自己雇用創出についてもグラミン銀行型とインドネシアのMFとは見解を異にする．しかし，この違いは，どちらかの優劣を競うためのものではなく，MFを実施する地域の経済状況に応じたMFの形について，選択肢を多く提供しているに過ぎない．グラミンIIが導入された後でも，依然として従来のグラミン銀行型が多く利用されていることからもわかるように，新しい試みが始まっても，それによって古いしくみがすべて塗り替えられるわけでもない．その土地固有の経済・社会状況に即した，また経済発展段階に応じた柔軟なMFのしくみが必要とされて

おり，それぞれ地域で最適な MF が模索される必要がある．

　しかしながら，MF のサービスが最も貧しい層(ultra poor)には行き届いていないという問題は(Woller et al.[1999])，インドネシア型の MF であれ，グラミン銀行型であれ，既存の MF が共通に抱える問題として残っている．インドネシアにおいても MF を利用する人々はおおよそ貧困層と重なっているものの「インドネシアの MF は MF ではない．本当に貧しい人々に行き渡っていない」[14]という批判は残っている．

　MF をいかにより貧困な層へ到達させるか，という大きな課題への対処の一つとして，MF をセーフティネットとつなげるプログラムに焦点があてられている．例えば食糧援助や雇用保障プログラムなどと MF をセットにする，などである．セーフティネット・プログラムでは，プログラムに参加した人々に，仕事を与えたり，就職に必要な技術の訓練をしたりしながら，その間に強制的に貯蓄させ，金融サービスに関する知識をつけさせる．そのプログラムを修了した人を MFI に紹介し，MFI は資金の貸付を行う．このリンケージ・プログラムにより，MFI は借り手の情報をプログラムと共有することができ，情報生産のコストを下げることができるとともに，リスクの少ない借り手を予め選抜することができる．

　このリンケージ・プログラムにおける，セーフティネット・プログラムと MFI との関係は，MFI と通常の銀行の関係の構図と同じである．MFI の中には，ある一定の金額を超えて資金が必要になったメンバーには，通常の銀行で借り入れるよう「卒業」を促すところもある．これと同じように，セーフティネット・プログラムでは，仕事に必要な技術や資金管理に関する知識を習得した「卒業生」を MFI へ橋渡しする．通常の銀行が到達できなかった低所得層や貧困層に MFI が到達し，MFI が独自では届かない最貧層へリンケージ・プログラムによって到達する．MF が今まで MF の恩恵の輪からはずれていた貧しい人たちを含めたより包括的なシステムとなるためには，資金だけでなく貧困層が必要とするものを提供できるように，MFI 以外の組織・制度との協力が必要となる．

　また，SafeSave のように，貧困削減や女性のエンパワメントといった特

---

14) インドネシアにグラミン銀行型の MF を導入した NGO, Yayasan Mitra Karya の代表とのヒヤリングから．

定の目標を掲げるのではなく,顧客の目標達成を支えることに徹した「需要対応型」を目指すこと(ラザフォード[2004])も重要であろう.これは,ある意味今まで家計管理を外部に依存していた貧困層に対して,資金を必要とする自らが家計管理を行う能力を向上させることを意味する.さらに家計管理能力を向上させることで,資金需要側にも変化が生じ,それが今後のMFIの一層の変革を促すことが期待される.

参 考 文 献

〔日本語文献〕

伊東早苗[2004],「グラミン銀行：再生に賭けるしたたかな経営戦略」(『アジ研ワールド・トレンド』特集マイクロファイナンス――原型と最近の革新, 2004 年 7 月, 第 106 号).

伊藤成朗[2004],「マイクロファイナンス・プログラムの効果測定」(『アジ研ワールド・トレンド』特集マイクロファイナンス――原型と最近の革新, 2004 年 7 月, 第 106 号).

黒崎卓・山形辰史[2003],『開発経済学：貧困削減へのアプローチ』日本評論社.

牧野百恵[2004],「パキスタン・スラム地区での個人貸付」(『アジ研ワールド・トレンド』特集マイクロファイナンス原型と最近の革新, 2004 年 7 月, 第 106 号).

三重野文晴[2005],「マイクロファイナンスの金融メカニズム」(絵所秀紀・穂坂光彦・野上裕生編『貧困と開発』日本評論社).

―― [2006],「途上国農村の金融問題とマイクロ・ファイナンス」(奥田英信・三重野文晴・生島靖久『開発金融論』日本評論社).

モーダック, ジョナサン[2004],「マイクロクレジットを再考するグラミン銀行」(『アジ研ワールド・トレンド』特集マイクロファイナンス――原型と最近の革新, 2004 年 7 月, 第 106 号).

モンゴメリ, ヘザー, ジョン・ワイス[2004],「マイクロファイナンスの費用対効果とターゲティング」(『アジ研ワールド・トレンド』特集マイクロファイナンス――原型と最近の革新, 2004 年 7 月, 第 106 号).

ラザフォード, スチュワート[2004],「SafeSave――貧困層の貯蓄管理機関」(『アジ研ワールド・トレンド』特集マイクロファイナンス――原型と最近の革新, 2004 年 7 月, 第 106 号).

〔外国語文献〕

Aghion, Beatriz A. and Jonathan Morduch[2005], *The Economics of Microfinance*, Cambridge: MIT Press.

Bangladesh Bureau of Statistics[2003], *Population Census-2001 National Report (Provisional)*, July 2003.

Bank Indonesia and GTZ[2000], "Legislation, regulation and supervision of microfinance institutions in Indonesia," *Joint Paper*, Projrct ProFI.

Besley, Timothy and Stephen Coate[1995], "Group lending, repayment incentives and social collateral," *Journal of Development Economics*, Vol. 46, pp. 1-18.

CGAP[2006], "Graduating the poorest into microfinance: linking safety nets and

financeial services," *Focus Note*, No. 34, The Consultative Group to Assist the Poor.
Coleman, Brett E. [1999], "The impact of group lending in Northeast Thailand," *Journal of Development Economics*, Vol. 60, pp. 105-141.
Daley-Harris, S.[2006], "State of the microcredit summit campaign report 2006," Washington: Microcredit Summit, Available at http://www.microcreditsummit. org/pubs/reports/socr/2006/SOCR06.pdf.
Ghatak, Maitreesh[1999], "Group lending, local information and peer selection," *Journal of Development Economics*, Vol. 60, pp. 27-50.
—— and Timothy W. Guinnane[1999], "The economics of lending with joint liability: theory and practice," *Journal of Development Economics*, Vol. 60, pp. 195-228.
Khandker, Shabidur R. [2005], "Microfinance and poverty: evidence using panel data from Bangladesh," *The World Bank Economic Review*, Vol. 19, No. 2, pp. 263-286.
Laffont, Jean-Jacques and Tchétché N'Guessan[2000], "Group lending with adverse selection," *European Economic Review*, Vol. 44, pp. 773-784.
Mckernan, Signe-Mary [2002], "The impact of microcredit programs on self-employment profits: do noncedit program aspects matter ?," *The Review of Economics and Statistics*, February 2002, Vol. 84, No. 1, pp. 93-115.
Mosley, Paul and David Hulme[1998], "Microenterprise finance: is there a conflict between grouth and poverty alleviation ?," *World Development*, Vol. 26, No. 5, pp. 783-790.
Morduch, Jonathan[1995], "Income smoothing and consumption smoothing," *The Journal of Economic Perspectives*, Vol. 9, No. 3, 103-114.
—— [1998], "Does microfinance really help the poor ? new evidence from flagship programs in Bangladesh," *Working Paper June 1998*, Available at http://www. nyu.edu/projects/morduch/microfinance/index.html.
—— [1999], "The Microfinance Promise," *Journal of Economic Literature*, Vol. 37, pp. 1569-1614.
—— and Barbara Haley[2002], "Analysis of the effects of microfinance on poverty reduction," *NYU Wagner Working Paper*, No. 1014.
Pitt, Mark M. and Shahidur R. Khandker[1998], "The impact of group-based credit programs on poor households in Bangladesh: dose the gender of participants matter ?," *The Journal of Political Economy*, Vol. 106, No. 5, pp. 958-996.
ProFI[2003], "Improving access to financial service for low-income rural households and microenterprises in Indonesia," Available at http://www.profi.or.id.
Robinson, Marguerite S.[2001], *The Microfinance Revolution: Sustainable Finance for the Poor*, Washington D. C.: World Bank.
—— [2002], *The Microfinance Revolution: Lessons from Indonesia*, Washington D. C.: World Bank.
Stiglitz, Joseph E.[1990], "Peer monitoring and credit markets," *The World Bank Economic Review*, Vol. 4, No. 3, pp. 351-366.
Widjajanti, I. Suharyo et al.[2004], "Lessons learned from microfinance service in East Nusa Tenggara," *SMERU Field Report*, Available at http://www.smeru. or.id.

Woller, Gary M., Christopher Dunford and Warner Woodworth[1999], "Where to microfinance?," Available at http://marriottschool.byu.edu/emp/WPW/Class % 2014 % 20- % 20Gender % 20Equity % 20and % 20Microenterprise % 20Continued.pdf.

Yunus, Muhammad[2006], "What is microcredit?," Grameen Bank Website, Available at http://www.grameen-info.org/bank/WhatisMicrocredit.htm.

第6章

ソーシャル・ファンド
――雇用吸収と地方開発――

大 門　毅

はじめに

　近年，それまで中央政府の役割とされてきた，富の再分配が地方政府や住民組織に委ねられるケースが顕著になった．ただし，地方分権における再配分の問題は公共経済学の萌芽期から扱われていた古くて新しい問題である．Tiebout[1956]は「地域住民は特定の社会サービスに対する選好を共有し，かつ求めるサービスの質を求めて地域間移動が比較的自由に行われるため，公共サービスは分権型で行われる方が，結果的により高い厚生水準を達成することができる」という，「足による投票」(voting with foot)仮説を提唱した．一方，中央政府こそ富の再分配を行うべきという立場からは，連邦制は公共財・サービスの提供を巡って地域間の競争が生じ，この競争下で供給される公共財は社会的に望ましい量に満たないという議論を展開する(例えば，Keen and Marchand[1997], Wildasin[1991]を参照せよ)．

　他方，アフリカやラテンアメリカ諸国などの開発途上地域に目を向けると，政府の機能が脆弱なため，本来果たすべき公的役割が果たせない国が少なくない．そこで，世界銀行(以下世銀)などの国際援助機関は援助資金の保全と援助効果の確保のため，脆弱な政府を頼りにするのではなく，より信頼できる地域組織あるいはNGOに業務を委託する傾向が増える．それが，「参加型開発」などと称されるプロジェクトとなる．参加型プロジェクトの理屈はこうである．中央と地方の「距離」――空間的な距離のみならず，言語的・文化的距離を踏まえた「交易コスト」(transaction cost)も含め――があるために，地域の厚生水準等の情報に関して一種の非対称性が生じてしまう．その非対称性を地域密着型の組織が調整する．ただし，参加型開発は開発途上国における地方分権は地元の有力者を潤すだけで，汚職等の問題を引き起こし，貧困削減等の効果は薄いと警告する論者もいる(Prud'homme[1995])．

第6章 ソーシャル・ファンド

　では果たして，貧困削減という目的を達成するために，貧困対策の意思決定および実施が分権化した場合とそうでない場合に目的の達成度にどのような相違が見られるのだろうか．本書のテーマである貧困削減についても，開発途上国において実施されている「住民参加型」と言われる分権的な貧困対策が，中央集権型の場合と異なり，貧困層の雇用創出と貧困削減にどの程度のインパクトの違いがあるのだろうか．本章ではこうした問題関心のもと，政策プロセスの分権化が政策結果にどのような変化をもたらすのかを探る．

　本章で取り上げる，「ソーシャル・ファンド」(social fund：社会基金)というスキームも本来，1980年代末にボリビアが経済危機に見舞われた際に，緊急避難的に失業者に当座の雇用を提供することを目的として設立された基金である．その後，このファンドが非効率な中央政府の行政組織を経ない，至便で効果的なスキームとして，世銀をはじめとするドナーに重宝がられ，中南米やアフリカ諸国に「住民参加型」の貧困対策として広まっていった．当初，緊急避難的に設立されたファンドも，参加型開発を促進するスキームとして広く認知され，定着するにつれ，ファンド自体が一種の組織体として，地域開発を担う行政組織に代替する存在として機能するようになる．

　このように，ソーシャル・ファンドは緊急避難的な雇用吸収源としてスタートした．その主目的は当座の雇用を吸収することだったので，当初はどちらかと言えば「上からの」ターゲッティングという手法をとっていた．ところが，目的が地域開発にシフトするにつれ，雇用吸収より，地域に根ざした事業を行おうという機運が生まれ，徐々に「下からの」ニーズを掬い上げる手法に質的に変化していったというのが正確な見方であろう．現在行われているソーシャル・ファンドの多くは，「ボトムアップ」型の貧困対策であり，当初主流であった中央政府主導の「トップダウン」型とは大分異なっている．

　ソーシャル・ファンドに関する先行研究では，Newman et al.[1991]によるボリビアのソーシャル・ファンドの貧困層の雇用創出効果を家計レベルで検証した研究がある．ソーシャル・ファンドは貧困層の最底辺にまで裨益が到達しているという堅固な物証はないものの，ファンドが融資するプロジェクトに参加する労働者の労働条件は改善しているとされる．Pradhan and Rawlings[2002]はニカラグアのソーシャル・ファンドについて，地域レベル・介入セクターレベルでのフィールド調査を実施し，ソーシャル・ファン

ドは全体として貧困層により手厚く裨益すると結論づけている．Dijkstra[2004]はニカラグアのソーシャル・ファンドが国家の予算制度とは別会計で実施されていることが貧困削減にとって望ましいことであるか疑念を発している．Rawlings et al.[2004]はより包括的にラテンアメリカとアフリカのソーシャル・ファンドの比較分析を行い，ソーシャル・ファンドの貧困地域・家計への到達度，公共投資の質，生活水準に対するインパクト，他の政策手段と比較した場合の費用便益について分析している．また，Faguet[2002]やSerrano and Warren[2003]らはソーシャル・ファンドの地方分権政策との整合性を分析している．

本章ではニカラグアの「緊急社会投資ファンド」(Fondo de Inversion Social de Emergencia：以下 FISE)と呼ばれる，ソーシャル・ファンドを中心に取り上げる．分析方法としては，雇用促進および雇用を通じた貧困削減にどの程度寄与してきたのかを FISE が発表する雇用データと，Living Standard Measurement Survey(LSMS)の公表データを使って検討する．検討の結果，ソーシャル・ファンドには貧困層を中心とする雇用促進効果のみならず，FISE 事業(学校建設等)による貧困者層への一定の裨益があることが確認された．しかし，ソーシャル・ファンドが「恒常機関化」し，多くの公共事業を手がけるようになると，既存の行政機構が育たず，地方分権にとっては逆効果となるリスクもある．次節以下において，ソーシャル・ファンドの特徴やその意義(第1節)，ニカラグアのソーシャル・ファンドの特徴と実績(第2節)，ソーシャル・ファンドの貧困削減効果(第3節)，分析結果の政策含意(「おわりに」)について論ずることとしたい．

第1節　ソーシャル・ファンドの特徴・意義

ソーシャル・ファンドは貧困削減を，地域の特性に沿った貧困層の情報へのアクセス面において中央政府より優位な立場にある地域組織(市町村)が労働集約的な公共事業を提供することによって，貧困削減の効果を高めようとするアプローチである．Jorgensen and Van Domelen[2000：91]の定義によれば，「ある国の貧困・弱者グループをターゲットとした，複数セクターにおける小規模プロジェクトを融資するスキームで，地域グループ主導で，ある

第6章 ソーシャル・ファンド

適格性基準に照らしてスクリーニングを経た需要に基づき実施される」とされる.

ソーシャル・ファンドの機能としては，Faguet[2002]によれば，政府による移転所得(fiscal transfer)，社会投資(social investment)，危機緩和(crisis alleviation)，貧困緩和(poverty alleviation)，政府機能の強化(strengthening government institutions)，貧困層のエンパワメント(empowering the poor)，コミュニティ組織の育成(fostering community institutions)の七つであるとしている．ただし，政府機関の強化については，直接効果よりも間接効果，即ち，実施能力の高いソーシャル・ファンドが当該国で活動することの波及効果により生ずるということであるが，真偽のほどは議論の分かれるところではあろう．

ソーシャル・ファンドの実施の方法としては，地方政府またはNGOやCommunity-Based Organization(CBO：地域住民組織)を通じて事業を実施する「間接型」とCBOや地方政府と協力しつつ直接実施する「直接型」の両方があり，間接型よりも直接型の方が多くなっているという傾向にあるようである．

また，地域的には，前述のように，アフリカとラテンアメリカ諸国に圧倒的に多く，アジアでは少ない．これら諸国は，1980年代に構造調整を実施して破綻し，現在は多くが重債務貧困国(Heavily Indebted Poor Countries：以下HIPC)に認定されている国である．

雇用吸収という意味では，「ワークフェア」(workfare)のスキームと類似しているが，ワークフェアでは非貧困層の留保賃金(reservation wage：それ以下では労働供給がなされない下限の賃金)以下の賃金を提供することにより，貧困層のみが「セルフ・ターゲッティング」[1](自己選択による貧困プログラムへの参加)する仕組みであるのに対して，ソーシャル・ファンドによるプロジェクトは必ずしも非貧困層が参加できない(あるいは参加のインセンティブがない)賃金というわけではない．現に，筆者が訪問したニカラグアにおけるソーシャル・ファンド関連のプロジェクトにおいても，電気技師などの資格を持つ熟練労働者が市場賃金を得て参加していた．彼らの賃金は国内水準からみれば

---

[1] ターゲッティングによる公的雇用に関する議論については，第7章の野上論文を参照．

第1節　ソーシャル・ファンドの特徴・意義

恵まれたほうであると考えられている．これはソーシャル・ファンドの目的の変化とも関連している．

　また，参加型の貧困削減という類似点を持つ，マイクロファイナンス（小規模金融）との相違点は，マイクロファイナンスは基本的に貧困層（個人・グループ）に対する融資スキーム[2]であるが，ソーシャル・ファンドはプロジェクトの形で実施される贈与であるため返済の義務はない点である．ニカラグアの場合はHIPCへの債務救済による余剰資金が主要な財源となっていた．したがってマイクロファイナンスは貧困層の現金収入に直結する零細企業，家族企業に対する融資が中心であるのに対して，ソーシャル・ファンドは貧困コミュニティに対する交付金であるから，一種の「地理的ターゲッティング」[3]と言える．ただし，コミュニティが実施する事業に労働力を提供するか否かは住民の自己選択に任されるので，その意味では「セルフ・ターゲッティング」である．

　世銀がはじめてソーシャル・ファンドを導入したのは1980年代末のボリビアであり，その後アフリカ28カ国，ラテンアメリカ26カ国，アジア3カ国，東欧・中央アジア8カ国，中東・北アフリカ6カ国を支援し，融資額は2005年現在，約50億ドル強の融資[4]を行っている．ラテンアメリカやアフリカ諸国を中心として，ソーシャル・ファンドが世銀をはじめとする援助機関に重宝されるようになった背景には，これら諸国の政府機能が非効率で脆弱であり，また汚職が横行し，ガバナンスに問題があったため，ドナーの資金を効率的に使ってプロジェクトを実施する機関を必要としたという事情がある．1980年代以降，これらの諸国では経済改革を目指した構造調整政策が採用され，金融，為替，貿易，税制，産業政策等の分野において世銀・IMFの求める政策改善を行わなければ，ローンを供与しないといういわゆる「コンディショナリティ方式」のポリシー・レンディング（政策金融）が実施されたが，結局，目に見える成果を生むことなく，事実上破綻したのは周

---

[2] 最近，マイクロ・グラント（micro grant）と呼ばれる無償スキームが，融資を受けることのできない最貧層への支援策として実施されてきている．ただし，グラントを供与する条件（例えば子女に教育を受けさせることなど）が設定されている．貧困層への支援がローンが望ましいのか，グラントが望ましいのかは議論が分かれている．
[3] geographic targetingまたはspatial targetingと呼ばれるターゲッティングの手法．
[4] World Bank Social Fund Seminar November 2005 配布資料．

知の通りである．ちなみに，コンディショナリティ方式レンディングへの評価について，Sachs[2005:82]は構造調整政策が失敗したのは世銀・IMFが開発途上国側の事情を勘案することなく自己都合(self-serving)かつイデオロギー的(ideological)な政策を推し進めたからだと断じている．

なお，日本はソーシャル・ファンドへの支援についてはこれまでどちらかといえば消極的であった．その背景には，日本の援助，特に，無償資金協力や技術協力の分野では日本企業とタイアップしたプロジェクト型援助重視の考え方があり，資金の使途を限定しない分野，例えば制度支援分野等については消極的な立場をとってきたことがある．現に，開発途上国が策定する「貧困削減戦略ペーパー」(Poverty Reduction Strategy Paper：以下PRSP)を支援するために供与される財政支援(on budget support)についても主要ドナーの中で最も消極的である．ましてや，ソーシャル・ファンドのような超予算的枠組みへの支援については，わずかな例外[5]を除き，行われていない．

第2節　ニカラグアのソーシャル・ファンドの特徴および実績

ニカラグアは2001年にPRSPを策定・実施する前提としてHIPC対象国としての認定を受け，国際開発金融機関への債務を帳消しにしている．2001～2004年までの帳消し金額が，3億5510万ドルに及ぶ．その金額は教育，医療，水・衛生，住居等，国内各セクターに振り分けられ，PRSPの目標達成のために使用されることとなった．ニカラグアでは多くの公共事業がFISEにより実施されていたため，PRSP実施にとってソーシャル・ファンドが重要な役割を果たすことになった．いわば，ソーシャル・ファンドという元来，暫定的な基金が国家開発の基盤を担う恒常的な組織体として認知されたことになる．現在世界各地で実施されているソーシャル・ファンドも恒常組織化する傾向にあるが，ニカラグアはそのことの影響を検討するには都合のよい事例である．日本の国際協力機構(Japan International Cooperation Agency：以下JICA)もニカラグアがPRSPを策定した当初から政策支援を行

5）　日本政府は1995年にグアテマラの社会投資基金(Social Investment Fund)に30億円の円借款を供与した例がある．

っており，関心が高く，統計資料も比較的充実している．

ここでニカラグアの歴史を振り返ると，この国は1979年にサンディニスタ民族解放戦線を中心とした勢力が，革命政権を樹立した．その後，急速に左傾化した同政権と反革命勢力「コントラ」[6]との内戦が勃発，激化したため，経済活動は停滞し，国内は極度に混乱した．その後約10年の内戦を経て，1990年2月に実施された大統領選挙で，サンディニスタ党が敗れ，14の政党から成る野党連合が擁立するチャモロ候補が当選し，内戦は終結した．チャモロ政権は，内政面では軍の縮小，国内の和解・民主化の促進等を進め，外交面では米国をはじめとする西側諸国と関係を修復した[7]．

その米国寄りの政権が樹立された1990年に，FISEは米国開発庁(United States Agency for International Development：以下USAID)のプロジェクトとして誕生した．1991年には米州開発銀行(Inter-American Development Bank：以下IDB)も協調融資を開始する．FISEは中央政府の行政機構とは独立した機関[8]であり，主として外国のドナー資金の受け皿として機能してきた．現在，FISEは約140名の上級スタッフと，70名の補助スタッフにより構成され，上級スタッフの給与はIDBが支給している(Dijkstra[2004])．最大のドナーはIDBであり，以下，世銀，ドイツ，米国，カナダ等と続く．

FISEのプロジェクトは，教育，医療，コミュニティ施設の建設等，多岐にわたるが，選定の基準は1998年から全国規模で実施されている「生活水準評価調査」(LSMS)[9]において，貧困率の高いコミュニティが選定され，そのコミュニティにとって優先順位の高いプロジェクトをFISEに提示し，FISEの一定の審査を経て，実施されるものである．1991～1999年の実施状況によれば，教育セクターが5割強，保健・医療，コミュニティ施設(道路・橋)がそれぞれ2割弱，その他が3割となっている(表1)．発足当初，FISEは緊急性の高い事業を支援することを想定していた．しかし，FISEは事実上，本来政府が社会分野で担うべき役割を担っており，例えば，

---

6) 米国CIAによる軍事支援があったとされ，「イラン・コントラ事件」(レーガン政権が，イランへの武器売却代金をコントラ援助に流用していた事件)は有名である．
7) なお，2007年には再びサンディニスタ党の大統領(オルテガ氏)が復活している．
8) FISE職員の給与は国家公務員や現地民間企業より高水準で設定されており，魅力的な職場となっている．
9) Living Standard Measurement Survey. 世銀が中心となって家計レベルでの貧困データを収集している．

表1 FISEの投資先(%)

	1991	1992	1993	1994	1995	1996	1997	1998	1999
教育	21	43	74	52	63	49	62	76	50
医療	5	19	5	26	18	23	4	11	24
自治体	72	28	9	15	12	12	13	0	17
水	2	3	8	4	6	13	18	9	3
社会扶助	0	0	4	3	1	2	3	3	6
環境	0	7	0	0	1	1	1	0	0

出所) Dijkstra[2004].

ニカラグア全体の小学校の実に8割がFISEにより建設されたものとなっている.

自治体への支援については,そのほとんどは道路や橋などの公共事業だが,FISEが創設された当初は最大のシェア(7割強)を占めていたものの,徐々にその割合は減少している.それは,FISEが当初は経済危機により大量発生した失業者に対する「雇用提供」を主目的としていたからとされているが,「緊急性」の減少とともに,FISEの支援ニーズは徐々に社会セクターの開発にシフトしてきたからである.

さらに,2000年以降は,HIPC[10]と認定されたニカラグアが債務削減の条件として,PRSPを履行していく際にFISEは地方分権・参加型の貧困削減とソーシャル・セーフティネット事業を実施していく際の重要な機関としての役割を課されることとなった.HIPC債務救済措置により生じた余剰資金の一部は,FISEにプールされ,最貧のコミュニティに対して,プロジェクトの実施を通じた贈与として供与されることとなった.

FISEは中央の行政機関とは予算上も人事上も独立した機関であるが,組織上,大統領府に対して報告の義務がある.さらに,FISEの目的が緊急援助から社会開発にシフトするにつれ,地域コミュニティとはプロジェクトの選定,実施,監理の上で協力関係が築かれた.その中心を担うのが,INIFOM[11]とよばれる「市町村支援機関」であり,FISEプロジェクトの受

---

10) HIPCの認定基準は,「債務の現在価値が輸出比で150%以上」「(GDP比輸出額が30%以上の場合)債務の現在価値が歳入の250%以上」「デットサービスが輸出比15%以上」とされている.HIPCと認定されたニカラグアでは2000年にPRSPが策定され,その履行が債務削減の条件となった.

11) Instituto para el Fomento de Municipalidades(Institute for the Support of

け入れに関して市町村との「橋渡し」をし，不十分な市町村職員のトレーニング等を請け負う機関である．非効率的なニカラグアの行政組織と比較し，FISE はドナーからの高い評価を得ている一方，(大統領府直轄の組織が)既存の行政組織の「頭越し」に援助を行うやり方に対してはニカラグア内外からもさまざまな批判がある．

批判は，FISE のようなドナーの息がかかった「超行政的」な組織は，既存の行政組織と競合関係を生み出し，結果既存の行政組織の能力を高めるのではなく，「侵食」し，ますます弱体化させることに寄与しているのではないか，という点に向けられる．当初，FISE は経済危機に対処するための緊急避難的な「基金」として創立されたものであるが，いつのまにか，各省庁の執行機関，さらには，教育・医療部門を中心とするセクターの政策「立案」をも行うことのできる機関(Dijkstra[2004])として，機能を強化するようになってきたことが背景にある．

はたしてこのような批判は妥当なものであろうか．ここでは紙片の都合により詳細な検証はできないが，FISE と競合関係にある既存の行政組織(INIFOM, Institute for Rural Development: IDR)との関係について，若干補足すると，FISE は 205 名(年間予算：約 5 億コルドバ)，INIFOM は 233 名(同：約 2 億コルドバ)，IDR は 200 名(同：約 5 億コルドバ)となっている．また，FISE は公務員の一般的な給料と比較して，秘書・上級スタッフで倍以上の好待遇[12]となっている．このため，有為な人材が公的セクターから FISE に集中する結果になっている．FISE は形式的には大統領府の直属機関であるが，給与をはじめ，世銀・IDB を中心とする国際ドナーから資金がもたらされるため，ニカラグア国民よりもドナーに対する説明責任を果たすことに関心が向けられがちである．

第 3 節　ソーシャル・ファンドの貧困削減効果

本節ではニカラグアにおけるソーシャル・ファンドを例に取り，その貧困

　Municipalities)で全国の市町村の分権を促進する機関である．
12) 聞き取りによれば，マネージャー 3500 ドル(公務員 2000 ドル)，上級スタッフ 1250 ドル(同 600 ドル)，秘書 480 ドル(同 200 ドル)である．

削減効果を分析する．最初にニカラグアにおける貧困の実状について概説し，その後，ソーシャル・ファンドの貧困削減効果を分析する．

ニカラグアは1993年に世銀の支援の下，4200世帯(2万3000人)を対象としたLSMSを実施し，貧困線の設定および所得に関する貧困(以下，所得貧困)人口の測定を行った．1998年にも同様のサンプル調査(LSMS98)を実施し，この調査で実施された貧困測定がPRSP策定のための基礎資料として使用されている[13]．「貧困層」(Poor)および「極貧層」(Extremely Poor)の2段階に分けた貧困測定を実施しているが，両者ともに貧困線は「必要カロリー摂取量を取っている家計の月支出総額」(これ以下が貧困層，極貧層となる)を基準としている．貧困層と非貧困層を区別する貧困線は食費に加えて生計を維持するために必要最低限の支出額が含まれるのに対し，極貧層と非極貧層を区別する貧困線には，最低食費が反映されているのみである．貧困層及び極貧層の人口の割合(P0)は表2の通りである．表2によればニカラグアの貧困人口比率は，1993〜2001年の5年間に貧困層も極貧層も比率が低下しているが，それでも依然5割近くの貧困層が存在するという結果となっている．

ニカラグアの貧困状況の特徴としてまず，地域格差，すなわち，都市部よりも農村部，太平洋側よりも大西洋側において著しく高い貧困率を示していることが挙げられる(表2)．時系列的に見た場合特に深刻なのは大西洋側地方(特に都市部)で極貧層が1993年の7.9%から1998年には17.0%へと急増し，その後2001年には13.1%にまで改善はしているが依然高い．他方，貧困層は若干の改善が見られるものの農村部で76.7%，都市部で43.0%と依然高い数値を示していることである．

他方，非所得貧困指標に注目すると，これが上述の所得貧困と一定の相関関係にあることが示唆される．すなわち，所得貧困率の高い社会層は所得以外の貧困指標(非所得貧困指標)も高い可能性が多いということである．例えば，貧困層は非貧困層と比較すると非識字率が高く，しかもこの傾向は農村部および女性に強く見られることからも示唆される(表3)．

非識字率の格差は所得貧困が正式な教育を受ける機会を奪っていることと強い相関があると考えられる．すなわち，所得貧困が教育機会欠如を招き，

---

[13] その後2004年にもLSMSが実施され，パネル・データを蓄積している．

表2 ニカラグア──地域別貧困人口比率(P0)

		極貧層			貧困層		
		1993	1998	2001	1993	1998	2001
全国		19.4	17.3	15.1	50.3	47.9	45.8
都市部		7.3	7.6	6.2	31.9	30.5	30.1
農村部		36.3	28.9	27.4	76.1	68.5	67.8
マナグア(首都)		5.1	3.1	2.5	29.9	18.5	20.2
太平洋側	都市部	6.4	9.8	5.9	28.1	39.6	37.2
	農村部	31.6	24.1	16.3	70.7	67.1	56.8
中部	都市部	15.3	12.2	11.1	49.2	39.4	37.6
	農村部	47.6	32.7	38.4	84.7	74.0	75.1
大西洋側	都市部	7.9	17.0	13.1	35.5	44.4	43.0
	農村部	30.3	41.4	26.9	83.4	79.3	76.7

出所) ニカラグア政府統計局.

表3 所得階層別非識字率(%)

	極貧層		貧困層		非貧困層	
	都市部	農村部	都市部	農村部	都市部	農村部
男性	25.3	41.7	17.4	36.3	5.8	21.7
女性	31.2	39.4	21.6	33.5	7.5	18.5

注) 1998年のLSMSに基づいている.
出所) ニカラグア政府統計局.

高い非識字率，それに伴う低い生産性を招来し，それらの結果として所得貧困から脱出できないという悪循環をもたらしているということである．この傾向は特に都市部で顕著であり，極貧層の平均就学年数(3.0年)は非貧困層(7.0年)の半分以下である(表4).

また，乳幼児栄養失調率にも所得貧困率との相関関係が見られる(表5)．極貧層の乳幼児は都市部においても農村部においても，非貧困層の2倍以上も栄養失調比率が高いことが統計的に示されている．

極貧層は栄養価の高い食生活を営むことが困難である上に，病気になった場合適切な医療処置を受けられない割合も高い(表6)．すなわち，所得貧困が栄養失調・疾病の誘因となり，医療処置が欠如するため，疾病が悪化し，生産性が低下して所得貧困のわなから脱出できないという悪循環が存在して

表4 所得階層別就学年数(年)

極貧層		貧困層		非貧困層	
都市部	農村部	都市部	農村部	都市部	農村部
3.0	2.0	4.1	2.6	7.0	4.4

注) 1998年のLSMSに基づいている.
出所) ニカラグア政府統計局.

表5 所得階層別乳幼児栄養失調比率(%)

極貧層		貧困層		非貧困層	
都市部	農村部	都市部	農村部	都市部	農村部
34.5	44.4	22.0	35.1	14.3	22.1

注) 1993年のLSMSに基づいている.
出所) ニカラグア政府統計局.

表6 所得階層別疾病処置率(%)

極貧層	貧困層	非貧困層
35.7	55.5	91.5

注) 1993年のLSMSに基づいている.
出所) ニカラグア政府統計局.

いることが示唆される.

また,失業率に関しては,男女別に顕著な違いが見られる.男性は貧困層・極貧層において,失業率が非貧困層をわずかに「下回っている」のに対して,女性の場合は貧困層・極貧層とも失業率は非貧困層を上回っている(表7).

このようなニカラグアの貧困の状況を踏まえつつ,以下では同国におけるソーシャル・ファンドの貧困削減効果を分析する.筆者は2005年7月にアジア経済研究所の助成を受けて,約2週間ニカラグアに滞在する機会を得た.現地では,FISE本部で関係者からヒアリングを行い,また地方の貧困村に出向き,FISEプロジェクトを実際に視察した.また,LSMSを実施した統計局から最新のLSMSデータを入手した.本節では公表されている二次データ等を利用しつつ,FISEの貧困削減効果について分析することとする.

FISEの事業概要によれば,1991～2005年の間にプロジェクト投入コスト

表7 所得階層別失業率(%)

	極貧層	貧困層	非貧困層
男性	9.4	9.2	11.1
女性	25.6	13.4	11.1

注) 2001年のLSMSに基づいている.
出所) ニカラグア政府統計局.

表8 FISE事業概要(単位:米ドル,のべ人数)

	事業費用	裨益者数	雇用創出
1991	6,804,786	275,059	2,948
1992	14,152,311	261,199	9,486
1993	11,277,020	295,523	19,177
1994	21,463,751	2,147,217	36,219
1995	21,118,836	1,931,990	36,932
1996	27,432,083	956,276	55,223
1997	32,725,848	890,298	58,717
1998	26,789,335	631,616	59,352
1999	25,192,967	833,192	51,074
2000	36,538,220	1,059,851	56,362
2001	40,696,010	992,877	69,253
2002	16,077,294	321,298	28,643
2003	23,259,242	673,783	40,681
2004	40,223,447	1,139,284	76,507
2005	16,423,950	675,175	22,955
合計	360,175,100	13,084,638	623,529

出所) FISE資料.

が約3億6000万ドル,プロジェクトによる裨益住民のべ約1300万人,雇用数のべ約62万人にのぼる.雇用に注目すると,年間でのべ5～7万人がFISEプロジェクトにより雇用されている計算になる(表8).ニカラグアの総人口が563万人(2004年)であることと考えれば,総人口の約1％が何らかの形でFISEの事業に労働者として従事していることとなる.問題はFISE事業参加者のうち,何割が失業者・貧困者であり,事業参加によってこの国の貧困削減にどの程度寄与していたかということであるが,その評価は既存資料では必ずしも明確に示されていない.

他方,裨益者数に注目すれば,全国のFISEプロジェクトにより毎年50～100万人規模の裨益者,すなわち,総人口の1割強が存在することとなる.

第6章　ソーシャル・ファンド

裨益者数の推定はFISEが行っているためやや過大評価している観はあるが，それを差し引いても全国規模で建設されている小学校，医療施設などが相当数にのぼることは明らかである．ニカラグアは首都マナグアのある太平洋側と比較して，先住民族の多く居住する，大西洋側(カリブ海側)や山岳地方では貧困率が高い．また，貧困地域では，教育，医療など基礎社会インフラが不足している．こうした地域に対するFISEの裨益効果，貧困削減効果は顕著であると推定される．

このように，FISEプロジェクトが貧困削減にどの程度貢献したかは，FISEの創出した雇用およびFISEプロジェクト自体の裨益の両面について検討する必要がある．厳密には，裨益は教育，医療のような直接的な裨益と，インフラの敷設による経済効果等，間接的な裨益が考えられるがここでは後者は考慮しない．

また，地域的分布に注目すると，FISE年次報告書によれば，FISEプロジェクトの大半は「極貧」と分類される市町村に分布しており，LSMSに基づいて策定された貧困地図に従ってそのように資金配分されているようである(表9)．

より詳細な家計レベルのデータを使用した調査(Rawlings et al.[2004])によれば，FISEのターゲッティングの精度はソーシャル・ファンドが実施されている近隣諸国との比較でも(低所得者層により裨益する)「累進性」[14]が高いことが示唆される(表10)．例えば，所得最下位層10%の比較では，ボリビアではソーシャル・ファンドの裨益者全体の10.8%を占めるのに対して，ニカラグアでは14.7%を占めている．他方，所得最上位層についても，ニカラグアの方が参加率が高いという結果ともなっている．

さらに，セクター別の裨益率についてみた場合，逆進性の高い(すなわちより多くの富裕層が裨益している)下水道を除いていずれも累進性が確認された(表11)．特に，公衆トイレについては，最貧層への裨益率が高い．また教育セクターに対する累進性は比較的少ない．これは，小学校教育は所得の高低にかかわらず，必ず受けなければならないからであり，貧困層のみを対象としてはいないからである．

---

[14] すべての十分位が10%であれば，その状態が，「累進性が全くない」配分に相当する．

表9 FISE投資実績(1998～2001年)

	市町村数	人口(1995)(人)	投資総額(百万$)	一人当たり($)	投資割合(%)
極貧	44	744,636	92.6	124.4	57.2
中貧	69	1,571,937	57.6	36.7	35.6
軽貧	34	2,040,526	11.7	5.7	7.2

出所) FISE年次報告書[2000].

表10 ソーシャル・ファンド裨益人口割合(1991～1998年)国別比較

十分位	ニカラグア	ボリビア
1(最貧)	14.7	10.8
2	14.4	13.6
3	12.8	15.2
4	11.4	13.0
5	10.6	11.0
6	10.7	11.9
7	8.3	8.0
8	6.9	7.6
9	5.5	6.0
10	4.7	2.8

出所) Rawlings et al.[2004].

表11 FISE:セクター別SF裨益人口割合(%)

十分位	教育	医療	水	下水	公衆トイレ
1(最貧)	8.1	9.4	2.9	0.0	14.4
2	14.8	13.5	9.7	4.0	19.1
3	11.4	4.9	20.0	0.3	9.6
4	6.2	29.8	9.9	0.6	20.7
5	16.5	7.2	7.4	9.0	11.0
6	7.8	5.8	7.4	9.4	8.0
7	8.5	7.0	15.3	14.8	7.4
8	13.9	7.0	9.2	23.0	4.8
9	4.6	8.7	10.4	25.5	4.3
10	8.4	6.9	7.8	13.4	0.8

出所) Rawlings et al.[2004].

以上のように,FISEのプロジェクトは累進性の高い分野に選択的に投資を行うことにより,ターゲッティングの精度を高めてきたことが類推される.

第 6 章　ソーシャル・ファンド

おわりに

　以上のように，ニカラグアのソーシャル・ファンドは当初の直接的・短期的な雇用吸収，そして徐々に地域開発事業を通じての間接的・中長期的な貧困削減へその性格を変化させてきた．貧困削減の効果については，世銀をはじめとする多くの援助機関では概ね好意的な評価を行っている(Rawlings et al.[2004])．

　ソーシャル・ファンドは日本の援助機関，研究者にはなじみが薄い．それは，ソーシャル・ファンドに関する日本語の文献がおそらく皆無に等しいこと，また日本の援助機関がソーシャル・ファンドに関心を示してこなかったことと密接に関連しているように思われる．本章によって日本におけるソーシャル・ファンドの研究への関心を喚起することができれば幸いである．本章の検討を通じてニカラグアを事例に「分権型」の貧困対策とされる，ソーシャル・ファンドが貧困層にどの程度裨益しているかを裨益人口と従事者への雇用創出の側面に光を当てながら，検討する手がかりを提供することができたと考える．

　他方，ソーシャル・ファンドが世界各地で実施され，15年余が経過した今日，ソーシャル・ファンドに対してはさまざまな批判がある．その典型的なものが，このスキームは被援助国ではなく援助国・機関側にとって都合のよいシステムであるとするものである．ドナー側にとっては，援助資金は納税者からの出資または市場からの調達により得られた資金であり，出資者・市場に対しての説明責任(アカウンタビリティ)の観点から，資金使途の透明性と効率性を確保しなければならない．ソーシャル・ファンドは，非効率で脆弱な途上国の行政機関を直接相手にする必要がないので，ドナーにとっては使い勝手がよいスキームである．

　それでは，援助機関が実施する開発援助はこれらの脆弱性を是正することはできないのだろうか．構造調整以来，PRSP 時代の現在に至るまで，援助機関の多くに，援助資金投入を行えば望ましい政策結果(例えば制度構築)が得られるという暗黙の了解があるように思われる．しかし，これはいささか楽観的な見方ではないだろうか．現に，援助機関が実施する「キャパシテ

ィ・ビルディング」の効果に大きな疑問があるとする見方も一部にある（Fukuyama[2005]）．つまり，国際ドナーは制度強化を標榜しているが，実のところ，援助を通じた「制度破壊」につながっているというのである．

近年，援助効果を高め，住民に直接裨益するために，現地NGOなどの地元の組織を活用する国際ドナーが多いが，それは結果として国家機能を弱体化・脆弱化させる．つまり，ドナーが開発途上国のキャパシティ・ビルディングを行うという表向きの援助目的とは裏腹に，本来強化されるべき組織の能力が弱体化している現実がある．開発途上国の既存の組織に任せることにより，資金が本来の目的に使用されなかったり，非効率に使われるよりは，ODAの資金が無駄なく，裨益住民に活用されるためにできるだけ直接事業を実施したいという考え方をとるためにこうした問題が生じている．

本章で検討したソーシャル・ファンドは，ニカラグアの多くの貧困層に裨益したものの，制度面の強化と住民の行政への信頼確保には至らなかったというのが大方の評価である．特に，貧しい農村地域では政府に対する信頼が低下した．近年ニカラグア政府は，INIFOMを通じて，地方行政との連携を図ろうと試みたものの，それぞれの利害官庁間の調整がうまくいかずに，結果として地方自治の強化には寄与しなかったようだ．そうした住民の政府に対する不満が，2007年の社会主義時代への復古を標榜するサンディニスタ政権の選択という形で表面化したのである．

多くの開発途上国でPRSPに定められる数値目標（その多くはミレニアム開発目標と関連している）を中心に経済政策が運営されており，国際ドナーも具体的な「成果」に関心が向きがちである．開発プロジェクトの円滑な実施のためには，既存の政府を通さない方が，効果が上がりやすい．ソーシャル・ファンドはドナー側のこうしたニーズに合致する特効薬である．しかし，特効薬には副作用があることも明記しなければならないだろう．

〔謝　辞〕

本稿を執筆するにあたり，アジア経済研究所，在ニカラグア日本大使館，JICAマナグア事務所，世界銀行ワシントン本部，米州開発銀行ワシントン本部他の関係各位に大変お世話になった．この場を借りて謝意を表したい．

第6章　ソーシャル・ファンド

参　考　文　献

Basu, Kaushik[2000], *Prelude to Political Economy: A Study of the Social and Political Foundations of Economics*, New York: Oxford University Press.

Dijkstra, A. Geske[2004], "Governance for sustainable poverty reduction: the social fund in Nicaragua," *Public Administration and Development*, 24, pp. 197-211.

Faguet, Jean-Paul[2002], "Designing effective social funds for a decentralized context," mimeo.

Fukuyama, Francis[2005], *State-Building: Governance and World Order in the 21st Century*, New York: Cornell University Press.

Jorgensen, Steen L. and Julie Van Domelen[2000], "Helping the poor manage risk better: the role of social funds" in Nora Lusting ed. *Shielding the Poor: Social Protection in the Developing World*, Washington D. C.: Brookings Institution.

Keen, Michael and Maurice Marchand[1997], "Fiscal competition and the pattern of public spending," *Journal of Public Economics*, 66, pp. 33-53.

Newman, John, Steen Jorgensen and Menno Pradhan[1991], "How did workers benefit from Bolivia's emergency social fund ?," *World Bank Economic Review*, 5(2), pp. 36-93.

Pradhan, Menno and Laura Rawlings[2002], "The impact and targeting of social infrastructure investments: lessons from the Nicaraguan social fund," *World Bank Economic Review*, 16(2), pp. 275-295.

Prud'homme, Remy[1995], "The dangers of decentralization," *World Bank Research Observer*, 10(2), pp. 201-220.

Rawlings, Laura, Lynne Sheburene-Benz and Julie Van Domelen[2004], *Evaluating Social Funds: A Cross-Country Analysis of Community Investment*, Washington D. C.: The World Bank.

Sachs, Jeffrey[2005], *The End of Poverty: How We Can Make It Happen in Our Lifetime*, London: Penguin Books.

Serrano, Rodrigo and David Warren[2003], "Re-engineering social funds for local governance: the Central American experience," *Spectrum Magazine*.

Tiebout, Charles M.[1956], "A pure theory of local expenditures," *Journal of Political Economy*, 64, pp. 416-424.

Wildasin, David E.[1991], "Income redistribution in a common labor market," *The American Economic Review*, 81(4), pp. 757-774.

第7章

公的雇用プログラム
―貧困の多様な要因への対応―

野上 裕生

はじめに

　本章の目的は，貧困削減のために政府が担う役割を，公的雇用プログラムを中心にして考察することである．貧困削減を実現するために貧困者自身の雇用と所得を創出することの必要性は以前から認められてきたが，ミレニアム開発目標の中に雇用に関わる指標が明示的には入れられていないことからわかるように，公的雇用プログラムの開発戦略上の位置づけは，意外に定まっていない．近年では市場機構を中心にした開発戦略が重視され，政府が直接事業主体として活動する範囲は狭められてきているようである．しかし最低賃金制度のような制度的枠組み以外の領域で，政府が貧困層の雇用促進のために活動する可能性は依然として残されていると思われる．特に公的雇用プログラムは参加者の選定や報酬の支払いに市場機構を取り入れているために，近年の開発戦略の流れとも調和すると思われる．このような問題意識から，本章では先行研究を展望・再整理することを通じて，貧困層の雇用形成に対する公共事業の効果向上の方法について考えてみたい．

　以下，第1節では公的雇用プログラムの意義を取り上げる．これまで公的雇用プログラムは，貧困削減への様々なアプローチとの比較の中で，貧困層へのインパクトという視点から，その意義が議論されてきた．第1節では，それらの議論をまとめて整理する．

　第2節は，公的雇用プログラム実施上の様々な問題点について分析する．公的雇用プログラムは，これを不注意に用いれば，単に安逸な雇用機会を不特定多数の人々に提供する非効率なプログラムとなりかねない．具体的な課題としてつきつけられているのは，プログラム対象者の選定の際に非貧困層を受益者に含めてしまう誤りと，反対に貧困層を対象者から除外してしまう誤り，という二種類の過誤を減らすことである．この課題への対処法として

試みられてきたのは，プログラム対象者に低賃金での非熟練労働を課すことで，代替的雇用機会のある非貧困層が自分から立ち去っていくことを期待した「自己選択によるターゲッティング」(self-targeting)と呼ばれる方法であった．しかしこの方法の難点も指摘されており，さらに深い分析が必要である．第2節ではこのような公的雇用プログラム実施上の問題点について分析する．

第2節の問題点の指摘を意識し，第3節では，公的雇用プログラムをより有効に実施するためのいくつかの取り組みについて考察する．具体的には，①プログラムの精緻な評価を行うことにより，成果主義的なシステムを導入すること，②プログラム実施に際し，地域住民の参加を促すこと，③地域経済への波及効果を高めること，の3点に関わる議論を整理する．最後に全体の議論をまとめて，むすびとする．

第1節　公的雇用プログラムの意義

1. 公的雇用プログラムの定義と諸類型

これまで公的雇用プログラムと呼ばれてきたものは，政府の事業の中で，時限制で貧困層の雇用機会を創出するもので，人的資本の形成を目的にしたプログラムとは違って労働需要側に焦点を当てたものである．貧困政策の一つである所得移転とは，雇用から生まれる生産によってある程度の便益を期待できるという点，そして受給者に労働負担を要請するという点で違いがある．また公的雇用プログラムは，最低賃金制度のような法制度を通じた労働政策と違って，政府そのものが事業に関与する．

公的雇用プログラムの基本形は災害や経済危機に伴う急激な生活水準の低下から人々を保護するため，あるいは非貧困層が貧困層に転落してしまうことを防止するために行われる政府事業の中で，雇用と引き換えに現金や現物を給付することによって生活水準の維持を行うことである．構造調整などの経済危機に対応するため地域の小規模インフラストラクチュア建設などを行う「ソーシャル・ファンド」(emergency social funds, social investment funds, Stewart[1995:108-109]，本書第6章も参照)もこの一つの形態である．類似概念として，恒常的に必要な社会保障給付の対価に雇用を求める「雇用による福祉」(welfare-to-work, workfare, ILO[2000:167, Box 7.4]参照)がある．さらに短期

の雇用機会の提供と所得移転そのものを目的にするのでなく，恒常的に存在するインフラストラクチュア建設や環境再生の事業をより労働集約的に行うことがあり，これは「労働集約的インフラストラクチュア・プログラム」(labour(employment)-intensive infrastructure programmes, ILO[2000:161-167])と呼ばれる．これらに加えて，公的雇用プログラムのもう一つのタイプには，通常の雇用機会を利用するとしたら直接・間接に，かなり高い費用を支払うことが必要とされるという意味で，不利な立場にある人々(障害者や病人，女性，高齢者等)への対応としてデザインされているものがある．このタイプの中には，長期的な雇用機会を自営業促進に向けたマイクロファイナンスや，女性や障害者，高齢者といった属性を特定した雇用プログラムも含まれる．

2. 公的雇用の精神—— 就くにふさわしい仕事(decent work)

開発経済学の中で貧困を雇用機会の不足として捉えるアプローチは，かなり以前から注目されてきた．1970年代には既に，貧困問題の焦点を失業だけでなく，「一生懸命働いてはいるのだがミニマムな所得を得ることができないという意味で生産的でない雇用」(絵所[1997:99-100])，つまり「働いても貧困である人たち」(working poor)にも当てて分析する必要性が指摘されていた．

公的雇用プログラムが注目された理由の一つに，雇用には様々な側面があるという点がある．1970年代のILOの「世界雇用プログラム」(WEP)の一環として行われた研究の中でセンは雇用の意義を，所得創出，生産，意識改革という三つの側面から考えている(Sen[1975:5-9])．第一に，公的雇用プログラムは相対的に不利な立場にある人たちに雇用を提供することで所得の安定化や緊急事態への対処に資する．第二に公的雇用プログラムは，基本的ニーズを充たす公共財生産やインフラストラクチュア建設を行う．第三に，雇用を通じた社会参加により，不利な境遇にある人にも，社会に貢献しているという自覚と自信を与え，それによる意識改革やエンパワメントも期待できる．

そもそも「働いても貧困である人たち」が直面する問題は，十分な所得を提供できる雇用機会の不足と，現在の所得と比較した生計費の高さの双方によっており，雇用機会の不足，低所得，生計費の高さという三つの問題が密

接に連関している状況として捉えられる．そして「働いても貧困である人たち」に最低生計費を保障するような「就くにふさわしい仕事」(decent work, UNDP[2000:1])を提供することが，公的雇用プログラムの精神である[1]．このように雇用の三つの側面に焦点を当てることによって，雇用を通じた長期的な経済発展と社会開発，人間開発との連関(リンケージ)が，期待できるのである．

3. 公的雇用プログラムの優位性

公的雇用プログラムは，脆弱層を保護する仕組みの中に所得再分配の機能を取り入れて，現金による報酬支払いによって脆弱な人々に購買力を与え，財への支配力を向上させることができる．この所得移転機能に加え公的雇用プログラムには多くの利点があると考えられてきた．例えばドレーズとセンは，様々な貧困対策の中で公的雇用プログラムの持つメリットとして以下の点を指摘している(Drèze and Sen[1989:113-118])．第一に，公的雇用プログラムは，貧困層の居住する隣接地で雇用を創出することができる．例えば公的雇用プログラムにより，家族全体が救援キャンプに移動する必要が無くなる．また，仕事を得た人が自ら食料を運べば，政府が各戸に食料を支給する必要がなくなる．さらに，仕事が家の近くにあれば，家族の絆を維持することができる．このような形で緊急事態の生活を維持できれば，貧困の下方累積的過程を阻止できるという意味で，潜在的な便益は非常に大きいと思われる．

第二は，低賃金による「自己選択によるターゲッティング」が成功すれば，ターゲッティングに伴う行政負担が節約できるということである．「自己選択によるターゲッティング」の詳細については後述する．

第三は，公的雇用プログラムが実施された地域で，地域全体の賃金上昇という市場の反応を引き出し，地域全体の労働条件を改善することができるということである．これは公的雇用プログラムを行わなかった地域から行った地域への所得再分配を促し，それにより市場メカニズムを通じて，後者の地域の食料消費が増えることが期待される．このようにして実現した食料消費

---

1) ここで雇用あるいは仕事として参照されているのは，単に現金所得を獲得する活動だけでなく，生計をたてるために必要なあらゆる手段なのである(UNDP[1996〈訳書〉]:106-107]).

の増加は，政府が行う食料の移動と配給に比べて，行政的負担を緩和できるという利点がある．一般的に言えば，単純な所得再分配は非効率的で補助金に伴う腐敗という難しい問題を伴うものであるが，雇用創出と結びついた所得移転は，このような問題を回避することができることから，相対的に実行可能性が高いと思われる(Sen[1975:83-84])．

第四は，小規模事業主育成プログラムと比較した場合，公的雇用プログラムは所得の安定性という点で，小規模事業主育成プログラムに勝っているということである．Deolalikar[1995:61-62]によれば，公的雇用プログラムが優位である理由は，自営業支援による自家雇用創出中心の方法に比べて経営能力や費用のかかるマーケッティングが必要でないこと，自営業主の活動を支えるインフラストラクチュアを必要としないこと，経営破綻のリスクがないことである．また小規模事業主育成プログラムは当事者の経営能力を基準に対象者を決めるために，最貧困層を軽視してしまう危険性を持っている．例えばSen[1975:140-143]は，インドのSFDA(Small Farmer Development Agency)という自営業者育成事業を例にして問題点を明らかにしている．この分析の中でセンは，小規模で貧困ではあるが潜在的可能性(potential viability)のある農家を優先して支援するという手法は，潜在的可能性の基準線(viability line)以下の人口比率を削減することを優先するあまり，最も生活に困っている人々への支援を軽視する危険性を持っている，と指摘している．

第2節　プログラム実施上の問題点

第1節で述べたように公的雇用プログラムはいくつかの注目すべき長所を有しているのであるが，その実施に当たっては，以下のような課題があることが指摘されている．

1. 行政能力

公的雇用プログラムの問題点として最も重要なものは，それを実施する組織の能力が不足していれば，実施に大きな支障をきたすという問題である．例えばプログラムが緊急のプログラムとして行われた場合には，そのプログラムが民間契約者や制度的・組織的基盤の小さい政府の部局によって担われ

ることによって，実行上の困難がもたらされるかもしれない(Deolalikar [1995:66]他参照)．プロジェクトによっては，政府と労働者の間に，政府の事業を請け負う中間業者が介在することがあるであろう．その場合に，公的雇用プログラムの成否は，プロジェクト請負事業者に対する政府のコントロールの可否に依存する．例えばセンは，開発プロジェクト評価の基準として，政策当局の目的関数の当否だけでなく，政策当局が制御できるプログラムの範囲も重要であることを指摘している(Sen[1972:496-497])．具体的には，あるプロジェクトで次のような選択肢があったとする．

① 後進地域で地元の労働者を雇用する．
② 工場労働者の伝統的な供給地域に近い非後進地域で行う．
③ 労働者の伝統的な供給地域から労働者を誘致して後進地域で行う．

これらのどれを選択するかによって所得分配や地域発展に対する影響も違ってくる．所得分配に配慮するならば①が最も望ましいが，①の選択肢を採用したつもりでも，地元労働者の雇用を増やす能力が政府になければ，労働者の伝統的な供給地域から労働者が流入して公的雇用プログラムが実施され，結果的に③という最も悪い選択を行ってしまう可能性もある．実際に，本来なら他の地域に移動するはずの比較的高所得の労働者が，移動費用まで勘案すれば，他地域で得られる賃金より地元で実施される公的雇用プログラムの賃金の方が高い場合，比較的高所得であるにもかかわらず，公的雇用プログラムに就業してしまう事例も報告されている(Deshingkar et al.[2005:583])．

公的雇用プログラムの場合では，「自己選択によるターゲッティング」を利用すれば，ターゲッティングのために必要とされる行政能力の不足の問題性が弱まると考えられてきた．しかし，公的雇用プログラムが雇用創出という点で十分なインパクトを持つためには，地域の潜在的な労働供給能力や，プロジェクトで創出できる労働需要の調整を行う必要がある(Bagchee[2005:4533-4534]等を参照)．さらに，地域の雇用への需要と供給を一致させるためには，技術的・経済的に実行可能で，賃金コストと非賃金コストの比率が基準を満たし，短期間で実行に移すことのできるプロジェクトを用意しておかなくてはならない．このような任務を遂行するためには，政策決定の柔軟性とニーズへの迅速な対応が要求されることになる[2]．

2.「自己選択によるターゲッティング」の実施に伴う問題

　一般に貧困対策を実施するためには，貧困層と非貧困層を識別するためのミーンズ・テスト(資力調査)を実施することが必要とされる．しかしそのためには所得や資産の価値を正確に計測しなければならないが，この作業は行政能力の限界から多くの困難が伴うものである．そこで，所得や資産を直接計測せずに，それらと強い関連を持つ指標(土地所有，カースト，居住地域，ジェンダーなど)に基づいたターゲッティング(indicator targeting)の実施が提案されてきた(Lipton and Ravallion[1995:2617-2620])．しかしこのような関連指標によるターゲッティングもまた，貧困層と非貧困層の識別に際し，誤りを伴う可能性がある．そこで，低賃金の非熟練労働をプログラム対象者に義務づけ，貧困層のみがその義務を果たしてまでプログラムに残ろうとすることを期待する「自己選択によるターゲッティング」という方法が採用されてきた．このような方法が潜在的に有効であったとしても，報酬として設定する賃金が高ければ，非貧困層もプログラムに残ってしまうことから，貧困層と非貧困層の識別ができなくなってしまう．

　「自己選択によるターゲッティング」にはこのようなメカニズムが内在していることから，公的雇用プログラムで得られる賃金は低く設定される必要がある．しかし，実際に行われた公的雇用プログラムで設定された賃金では，雇用された労働者が十分な生活水準を達成できないという指摘も多い．例えば Miller[1992:87 Table 1]は ILO が支援したプロジェクトを 1988 年に調査した結果，プログラムにおける賃金が，農業労働に対する賃金のみならず公的最低賃金(statuary minimum wage)さえ下回るケースがあることを報告している．Miller[1992:86-89]は，低賃金はプロジェクトでの雇用の魅力を低下させるうえ，労働者はたとえ雇用されたとしても副業に頼らざるを得なくな

---

2) 例えば Bagchee[2005]はマハラシュートラ州(Maharashtra)で恒常的に行われてきた「雇用保障スキーム」(Employment Guarantee Scheme: EGS)の実行上の問題点を報告している．Bagchee[2005:4536-4537]は，初期の EGS が成果を収めた理由を，広い範囲の政治勢力の間でコミットメントが共有されたこと，行政が計画・予算・技術的な監督のために大きな労力を投入し，地方政府の関与と貧困層への配慮が実現したことに求めている．Bagchee[2005]は EGS の雇用形成という目標を包括的な地域開発の中に新たに位置付けなおす試みも紹介している．たとえば 1980 年代後半から 1990 年代にかけては，賃金コストと非賃金コストの比率を変更してより耐久性のある資産の構築を図ること，園芸(horticulture)を EGS に組み入れて農業の多角化を図ることも試みられた．

第7章 公的雇用プログラム

るなどの結果として，欠勤・遅刻・早退が増えたり，生産性が下がったり，果ては腐敗に結びつく，と主張している[3]．

またプロジェクトが「就くにふさわしい仕事」を提供するためには，後述のように，貧困層(弱者)の就労を阻む要因(例えば，時間的制約や身体能力，文化的要因等で，女性という弱者には不利な条件がある等)に対応を十分に考慮することが必要である．この対応が不十分であれば，貧困層をプログラム受益者から排除してしまうという，もう一つの誤りを犯してしまう可能性がある．極度の貧困層に雇用を提供するためには，極度の貧困層の内部の多様性に留意する必要がある．

今一つ注意すべき点は，労働者の「留保賃金」(reservation wage)と，プログラムで給付される賃金との相対的な関係である．留保賃金とは，その賃金以上でないとそれぞれの労働者が正の労働供給を留保してしまう境界に相当する賃金率を指す．現実の労働者の留保賃金には二つの要素がある．第一は働く意欲を反映した通常の留保賃金であり，第二は，労働供給を行うための最低の栄養水準を満たすための最低賃金としての留保賃金である．

第一の要素を反映した留保賃金は，公的雇用プログラムと代替的な雇用機会での労働の限界生産性と定義され，それは労働者の生産要素賦存比率に比例すると考えられてきた．たとえば貧困層の労働力を H_P，労働以外の生産要素を L_P，非貧困層の労働力を H_{NP}，労働以外の生産要素を L_{NP} とすると，一般に貧困世帯は労働力以外の生産要素をあまり持たない傾向があり，そのために労働力を相対的に多くもつ結果，以下のような条件が成立すると想定されている．

$$\frac{H_P}{L_P} \geq \frac{H_{NP}}{L_{NP}}$$

上の式から，貧困層の労働の限界生産性(H_P/L_Pに反比例)は非貧困層のそれを下回るので，貧困層の労働の限界生産性より上で，非貧困層の限界生産性(貧困層向け雇用プログラムに参加する際に生じる機会費用)より下の賃金率を雇用プログラムが提供することで，自己選択の結果として非貧困層は自分の機

[3) Miller[1992:87]で対象になっているのはブルキナファソ，ブルンジ，カーボベルデ，インド，ネパール，ルワンダ，シエラレオネ，スーダン，タンザニア，トーゴ，ウガンダの11カ国である．

会費用を下回る賃金しか提供しない雇用プログラムへの就業を望まなくなり，貧困層だけが公的雇用プログラムに就業することが期待されたのである．

しかしここで，第二の要素が関係してくる．たしかに一定の非労働資産がある世帯や様々な雇用機会の中から一つを選択できる世帯であれば通常の留保賃金が当てはまる．しかし人間には労働力を長期的に維持し再生産していくための最小限の栄養摂取量や生計費があるとすれば，以下のような条件が満されなければならない．

　　必要生計費(栄養摂取量などを含む)－非労働資産からの収益
　　　＜雇用所得＝賃金×雇用量

非労働資産が少ない貧困層が低賃金や雇用機会の不足に直面し，上の条件が満たされないならば，(効率単位の)労働供給が減少してしまうかもしれない．端的に言えば，最小限の栄養の不足から，労働供給を妨げてしまうのである．このような状況を効率賃金仮説の議論によって捉えなおしたのが「能力基準最低賃金率」("ability-based" minimum rate)という概念である(Ray[1998：496])．

効率賃金仮説からの示唆によれば栄養水準に閾値がある場合，労働者は一定以上の生計費を，雇用機会があるかどうかにかかわらず確保する必要があるため，労働者が労働市場に持続的に労働供給することが可能になる賃金は，非労働所得がある富裕層の方が相対的に低くなってしまう．反対に土地無し労働者のように賃金のみから生計を賄う労働者は一定の賃金以下では持続的な労働供給は不可能である．このように最小限の栄養を確保できるために必要な賃金が能力基準最低賃金なのである．これ以下の賃金での就労は持続的ではなく，したがって栄養水準の低い弱者はむしろ，就労しないという選択を余儀なくさせられる．Drèze and Sen[1989：113-118]が，公的雇用プログラムは生活上の危機の早い段階での政策介入として実行されなければならない，と指摘している理由の一つは，生活危機が続いてカロリー不足による活動水準の低下や非労働資産の散逸という状況になれば，効率的な労働を持続して行うことも難しくなるからである．

貧困層は非貧困層と比べて，低賃金の仕事にも従事しようという意欲は高いので留保賃金は低いであろうが，同時に非労働資産が少ないため，能力基

準最低賃金は高いと考えられる．このような貧困層の場合には，非労働資産が極度に低下すれば留保賃金を能力基準最低賃金が上回り，後者が貧困層の労働供給を決める可能性がある．このような貧困層は一つの仕事で生計を維持するのは困難で，いくつかの低賃金労働を兼業することになり，そのため長期に持続的な就労がかえって困難になるかもしれない．障害者のように生活上の費用がより大きい場合も，同じような仮説があてはまると考えられる．

最後に，「自己選択によるターゲッティング」が現物での報酬支払いと組み合わせて実施される場合の留意点を挙げておきたい．この留意点は，上で議論した能力基準最低賃金の存在と密接に関連するものである．Barnett and Clay[2003]は1996年のエチオピアの雇用プログラムのデータを用いて，家計の属性やその保有する生産要素および要素市場の不完全性の関係に注目して，「自己選択によるターゲッティング」効果を考察した．同プログラムへの参加者は，報酬を食料で得るという方式が採られており，このようなプログラムはFood for Work(以下FFWと略)と呼ばれる．

これまで「自己選択によるターゲッティング」が機能しない場合，その理由は実行方法の不備に求められることが多かった．これに対してBarnett and Clay[2003]は，要素市場が十分に機能しない状況という構造的要因が，雇用プログラムの自己選択によるターゲッティング効果に影響しているのではないか，という仮説を検証しようとした．

調査対象になったエチオピア農村世帯に対するアンケート調査により二つの点が明らかになった．第一に，得られた留保賃金データは所得と比例しない領域を持っていたので，低賃金の雇用プログラムに参加する世帯は多様で貧困層とは限らない可能性が示唆された．第二に，穀物のような現物よりも現金で報酬を支払った方が多くの労働を提供するという転用可能性プレミアム(fungibility premium, Barnett and Clay[2003：160-161])が観察された．転用可能性プレミアムがあるということは，同じ報酬でも現金の方が穀物のような現物よりも高く評価されることを意味する．仮に参加した労働者が穀物のような生活必需品のみを必要としているならば，その労働者は得た現金を穀物購入のみに充てるから転用可能性プレミアムはゼロになる．言い換えれば，ある労働者の転用可能性プレミアムが正であることは，その労働者が穀物を現金で購入する必要のない世帯(自給できる世帯)から参加した可能性が高い

ことを示している．正の転用可能性プレミアムの存在は，低い賃金率を受け入れてプログラムに参加した農家の中には実は，市場で販売可能な食料余剰等を持つ，比較的余裕のある農家が含まれていた可能性を示唆している．

アフリカ農村では市場販売可能な食料余剰と土地保有，あるいは家畜のような生産資産は比例する傾向があることが知られている．つまり Barnett and Clay[2003]の結果は，農村世帯が表明した留保賃金による「自己選択によるターゲッティング」とその報酬の現物による支払いは，受け取った食料を転売しやすい非貧困層にとってのメリットが大きいことから，むしろ非貧困層の方がプログラム参加者として残りやすい，という結果を生む可能性がある．言い換えれば，報酬の現物による支払いは，貧困層の排除と非貧困層の包摂という二つの誤りをプログラムにもたらす危険性があることを示している．この含意の一つは，能力基準最低賃金の存在等の理由[4]で生産要素市場が十分に機能しておらず，労働サービスの販売可能性に制限がある状況では，貧困世帯を一様に「労働豊富な世帯」と規定してはいけないということである．

仮にこのような制限が無く，市場が十分に機能すれば，労働の機会費用は労働力賦存量に比例するので，プログラム参加者への賃金を適切に設定すれば，貧困層だけがプログラムに参加するであろう．しかし特定の生産要素の取引が自由に行えない状況では，労働の機会費用(あるいは潜在賃金 shadow wage)は労働力賦存量以外の要因の影響を受けることになり，プログラム参加者の賃金を低下させるだけでは貧困層を的確にターゲッティングできないことになる．Barnett and Clay[2003]は，標本世帯が回答した留保賃金を，世帯所得等様々な世帯属性で説明する回帰分析を行って，世帯属性別の雇用プログラム参加意欲を推定している．標本世帯が回答した留保賃金は，その世帯の要素賦存や教育水準等の関数として家計毎に別々の値をとるのが普通であり，自分の労働に対する評価とも解釈できる．したがって，全ての世帯に一律の賃金率を提示する公的雇用プログラムは，貧困層の排除と非貧困層の包摂という二つの誤りをもたらすと考えられる．

もっとも Barnett and Clay[2003:175-176]自身が指摘しているように，要

---

4) 例えば農業の労働生産性に教育水準が影響しないにもかかわらず，教育水準がシグナルとして労働者としての雇用可能性に影響を与える場合が該当する．

第7章　公的雇用プログラム

素市場の不完全性だけによってFFWの有効性が全く損なわれてしまうわけではない．家計の属性等によって労働能力の維持に必要な最低限の賃金は多様であるにもかかわらず，地域やプロジェクトごとに一律の賃金が設定されていることが問題なのである．このような問題に対応する一つの方法は，公的雇用プログラムの参加者の要件として，一定の賃金率での労働を受け入れることに加えて，他の条件(土地所有の有無やジェンダー等)も組み合わせることである．さらに言えば，特定の要件を満たした世帯に対しては市場賃金，あるいはそれ以上の率を支給することも，意味を持つ場合がある．例えば土地保有面積が小さい，あるいは世帯の子ども数が多い，といったような条件と，賃労働をセットにしたターゲッティングは「指標を設定した自己選択によるターゲッティング」(indicator-cum-self-targeting, Barnett and Clay[2003：175])と呼ばれる．「自己選択によるターゲッティング」効果の期待できる程度の賃金水準を維持しつつ，性別，地域，過去のプログラムへの参加経験の有無などに応じて違った賃金を提供する，というわけである．しかしこのターゲッティングにも過誤が伴う．土地所有規模が小さくなかったとしても，生活が苦しい状況にある人はいるだろうし，居住地による選別も，貧困地域にいる非貧困層や富裕地域にいる貧困層といった「漏れ」を防ぎ得ない．また「転用可能性プレミアム」があるという事実は，雇用プログラムの参加の有無が，家計の保有する資源の，市場での販売力の影響を受けることを意味している．このような状況では，資源の転用可能性の小さい貧困層が高い留保賃金を胸に抱いている可能性があるので，報酬額の設定には慎重でなければならない．このような問題が解決されない場合には，Adato and Haddad[2002：29-30]が提案しているように，不利な人たちへの雇用割当て(例えば女性雇用50％というクォータ制度)も一つの方法として考えられて良い．

3．就労への障害を持つ人への対処

公的雇用プログラムの実施上の問題の3点目は，極度の貧困層が受益者にならない傾向があるということである(例えばDeshingkar et al.[2005：575-576]の紹介)．極度の貧困層は理由無くして低所得なのではなく，様々な障害を負っているが故に低所得である場合がある．まずインフラ建設といった肉体作業を伴う雇用機会を利用することが時間的・身体的制約のためにできない

貧困層がいる．例えば家事や家族の世話に追われる貧困層の女性にとって時間の制約は非常に大きい(ADB[2005:xxv])．さらに，雇用機会が十分に与えられないような状況(例えば契約事業者が他の地域から労働者をつれてくることが容易なケース)に直面しやすい立場にあったりする可能性すらある(ADB[2005:xxii])．また Adato and Haddad[2002]は労働の中にはその社会において「男の仕事」と認識され，女性には参入の機会が与えられないものもあることを指摘している．Lipton and Ravallion[1995:2617-2620]は，貧困層が公共事業に参加する機会費用は無視できないこと，そして身体の障害や高齢などのため就労できない人が多い，という問題点を指摘する．重要なのは，極度の貧困層を識別・同定するある種の方法だけに依存するのでなく，「極度の貧困」の背景にある要因に配慮して，何らかの障害によって労働できない人，病気などによって労働供給に通常の人以上の費用のかかる人に対して，就労に伴う費用を補う手当てを行うことなのである．

　このように，同じ雇用機会でも，それを実際に個人がどの程度まで利用できるのか，という問題には，人間の多様性が深く関わっているのであるが，この視点は，センやヌスバウムが提示した「ケイパビリティ」の概念によって理解することができると思われる(Nussbaum[2000])．ケイパビリティ・アプローチの示唆するところによれば，人間の状態(being)や活動(doing)は，財・サービス等の利用可能性とそれを自分の生活に活用する転換効率によって決められる．公的雇用という機会を利用するにも，文化的，社会的制約(例えば屋外での就業が困難な事情)，心身の障害等で余計な費用を要する人たちは，事実上雇用機会を利用できないかもしれない．例えば肉体労働には身体的能力が不十分なものは参加できないだろう．本来，就業する，という活動は屋外で活動できる，職場まで移動できる，十分な栄養を摂取できる，といった様々な機能(ファンクショニングス)の集合であり，雇用が貧困層の生活を改善できるということも，賃金収入を自分で管理できる，などという様々な機能の複雑な集合体なのである．

　貧困の要因が多様であることを理解し，一般の雇用機会に応じることのできない貧困層に配慮がなされなければならない．例えば，社会開発と雇用プログラムの連携によって学校，医療施設等の維持・管理のための労働に貧困層を参加させる(屋外労働に比べて労働負担は少ない)こと，弱者の就労の制約

第7章　公的雇用プログラム

を緩和すること(栄養や住居，家事労働負担の軽減など(UNDP South Africa[2003: 159-161]))が対策として考えられる．いま一つの方法は，就労に必要な手当てを支給することである．例えば Kannan[2005]は，多くの公的雇用プログラムが屋外での労働を主たる内容としている点を批判し，貧困層が他者の人間開発に直接関わるような公的雇用プログラムの必要性を指摘している．具体例としては公的雇用プログラムとして，教育水準の高い若年女性に，農村の学校でのケア労働やプライマリー・ヘルスケア・センターでの労働を担当させることなどを挙げている．このように，公的雇用プログラムの対象を非熟練労働者一般と一括りにするのではなく，労働市場に参加できない女性や何らかの理由で屋外労働には適さない人々には特別の配慮が必要である．

第3節　公的雇用プログラムの効果を高めるための試み

公的雇用の貧困削減効果を高めるために，いくつかの試みがなされている．本節では，プログラム評価，住民参加，そして地域経済への波及効果の強化，という3点について議論する．

1．プログラム評価の導入

公的雇用の効果を高めるための一つの方法は，プログラムの成果を評価できる明確な枠組みを導入することである．公的雇用プログラムを評価する視点として，インパクト，効率性，持続性(財務的持続性，効果の持続性)の三つが考えられる．インパクトは貧困層の雇用や生活水準の向上に与える効果そのものである．これに対して効率性は一定の効果を与えるのに公的費用がどの程度必要か，という基準である．これまで効率性に関する分析は，貧困層に与えるインパクトの大きさそのもの，あるいは効率性に影響する要因の包括的な分析よりも，ターゲッティングに伴う誤差だけに分析が集中する傾向があった．例えば Ravallion and Datt[1995: 415]は，これまで公的雇用プログラムの効率性は，ターゲッティングの効率性と同一視されてきた，と指摘している．その結果，ターゲッティングの誤りが少ないプログラムの探求に焦点が当てられ，貧困層に対するインパクトの大きいプログラムを探求する

ことは意外に少なかった．またプログラムの効果は，ただ単に実行前と実行後を比較するのでは不十分で，1単位の支出額に関し，代替的な支出方法を比較考量して雇用プログラムの有効性を分析すること，さらに対費用効果性の評価においては，貧困層に対する便益総額のみではなく貧困層のプログラム参加費用を控除したネットの便益で評価しなければならないこともRavallion and Datt[1995: 415-416]は指摘している．

このような指摘を考慮して，効率性の決定要因を包括的に分析した試みとしてHaddad and Adato[2002]の方法を紹介したい．Haddad and Adato[2002]は1990年代半ばの南アフリカの公共事業雇用プログラムと，ターゲッティングのない所得移転プログラムを費用便益分析によって比較している．南アフリカの公的雇用プログラムは，貧困層のニーズに見合った物的資産の維持・形成によって広い範囲の経済活動を促進すること，生産的な仕事を提供することによる失業の低下，プログラム参加者の経済的エンパワメントのための教育・訓練，そして地域社会の能力形成を目的にしたものであった．このプログラムは，ターゲッティングのない所得移転プロジェクトに比べて，賃金所得以外の便益，例えば職業訓練，技能形成による地域社会や個人のエンパワメント，地域社会の能力形成，就業を通じた個人の自尊心(self-esteem)の向上など，評価が難しい非経済的便益が期待されていた．これらの多様な便益を総合するために，Haddad and Adato[2002]は貧困層に1単位の便益移転(B)を行うのに対して何単位の公的資金(G)が必要なのか，という指標によって効率性を求めている．Haddad and Adato[2002]は以下のような要因分解を行っている．

$$\frac{G}{B} = \frac{G}{G+C} \frac{G+C}{W+L} \frac{W+L}{W} \frac{1}{\frac{NW}{W}+\frac{IB}{W}}$$

ここでは(G/B)が低いほど貧困層に対する便益(B)に対して政府支出(G)が低く，費用効果的なプログラムということになる．Wは公的雇用プログラムによって得られる賃金，NW(net welfare)はプログラムによって貧困層が代替的雇用に比較して得られる純便益，IB(indirect benefit)はプログラム参加者がプログラムから間接的に得られる便益，C(costs)は民間からの資金調達で賄う費用である．L(leakage)は非貧困層が受けとる賃金所得である．もっ

とも，このように評価に必要な指標は，自然に得られるものではないし，データ収集のインセンティブもないのが現状であるので，評価に必要な情報を何とかして推計する必要がある．そのために問題になる第一の点はNWの推定である．これはプログラムを通じて賃金(W)と代替的雇用機会の賃金(W^*)と雇用確率(P^*)から得られる期待賃金との差($W-W^*P^*$)で評価される．もう一つの問題は移転所得以外の便益(IB)の推定である．Haddad and Adato[2002:210]は以下のような算式を採用している．

$$\Pi = \alpha W - \lambda(W - W^*P^*)$$

これはWを支給する公的雇用によってαWだけの間接収益が得られ，その中から貧困層の賃金利得の社会的価値$\lambda(W-W^*P^*)$を控除した値を示している．この式で，λは$(Y^m/Y^w)^\varepsilon$，すなわち社会の平均所得(Y^m)と公的プロジェクトの労働者の平均所得(Y^w)との比率のε乗として定義されている．εはパラメーターで，Haddad and Adato[2002:213-219]では1あるいは2の値が設定されている．またHaddad and Adato[2002]は，αを賃金Wだけの投資に対する収益率と位置づけており，その値は質的調査に基づいて，1.0，1.1，1.2の値が採用されている．この移転所得以外の便益(IB)は地域の貧困率に比例した割合が貧困層に還元されると想定されている(Haddad and Adato[2002:211-212])．

このような要因分解の利点の一つは，先に示した三つの評価基準の両立可能性を検討することができるということである．この式から，貧困層に向かう便益1単位当たりの公的資金で見た効率性(G/B)を改善する要因には，労働報酬集約度$((W+L)/(G+C))$の上昇，ターゲッティングの精度($W/(W+L)$)の向上，プロジェクトがあることによって(ない場合に比較して)労働者が受け取る賃金の純増額(NW)，貧困層に対する間接的便益(IB)の上昇，公的資金がほかの資金を誘発できる程度$((G+C)/G)$，などが指摘できる(表1)．一般的に言って，総費用に占める政府支出比率($G/(G+C)$)が低いほど，貧困層へのターゲッティングの精度($W/(W+L)$)が高いほど，そして(NW/W)が大きいほど費用効果的になる[5]．しかしこれらの要因は相互に

---

5) ターゲッティングの有効性は($W/(W+L)$)だけで決まるのではなく，貧困層の一部が受給者になれず，非貧困層に向けられた損失を考慮する必要がある．そのためにはLの損失

表1 雇用プログラムの効率性

効率性の要因	意味	影響する要因
$\dfrac{G}{G+C}$	費用に占める政府(援助)支出比率	プログラムの財政的持続性，政治的支持の可能性
$\dfrac{W+L}{G+C}$	費用に占める労働報酬集約度	事業者の技術能力，原材料価格
$\dfrac{W+L}{W}$	総雇用者への賃金支払いの貧困層への賃金支払いに対する比率	プログラムに非貧困層が参加してしまう誤差
$\dfrac{NW}{W}$	代替的雇用に比較した貧困層のプログラム雇用からの純便益の貧困層の賃金に対する比率	代替的雇用機会の就業確率と賃金
$\dfrac{IB}{W}$	プロジェクト産出物から期待される間接便益の貧困層の賃金に対する比率	プロジェクト産出物の貧困層にとっての利用可能性
$\dfrac{G}{B}$	貧困層に対する便益1単位に要する政府支出	プログラムの財政的持続性

出所) Haddad and Adato[2002]を参考に筆者作成.

関係しているので，全ての要素を費用最小化に向けて動かすのは困難かもしれない．たとえば労働報酬集約度（$(W+L)/(G+C)$）が上昇すると原材料支出が相対的に低下し，成果物の質が低下して貧困層への間接的便益（IB）が低下し，それによって（G/B）は上昇するかもしれない．また民間からの資金拠出（C）を大きくするには貧困層以外の人が享受できる便益が大きくなければならず，貧困層がプログラムの焦点にはなりにくいかもしれない．さらに，プロジェクトの資金を確保するには非貧困層への便益を考慮しなくてはならず，インパクトは低下するかもしれない．

Haddad and Adato[2002]によれば，公的雇用プログラムが機能する条件は，賃金が市場賃金を超えないこと，失業している貧困層の多い地域でプログラムが行われること，十分な所得移転が行われるように労働報酬集約度が高いこと，対象地域が通常の開発プログラムを自然に誘引できるほどには貧しくないことなどである．

に高い比重を与えた評価基準を採用することが必要となる．労働集約度についてDeshingkar et al.[2005:379]はインドのFFWの事例を分析し，実施主体の政府が材料費や運営費用の不足を補うために，賃金費用として充当された食料(米)を公開市場で転売したり，プロジェクトの事業者が期限を守るために機械を使用してしまうことが労働集約度の向上を阻害してきた，と報告している．

2. 住民参加

次に，住民参加も公的雇用プログラムの効果の向上に大きく寄与することがある．

雇用プログラムの組織上，常に問題になるのは政府のイニシアティブと住民参加とのバランスである．Gaude and Watzlawick[1992:10-11]は，政府や公的基金が主導する「公共事業」(public work)と地域のグループの要求に従って行われる「地域事業」(community work)を明確に区別することを提唱している．そもそも公的雇用プログラムは政府が事業主体になることが多い．一方「地域事業」の場合には，地域の要求を表明できる地域組織があることが前提条件であり，この組織が政府や援助機関の資金や技術協力の受け皿になる．地域の要求を元に，住民が主な受益者になるような小規模インフラを進めるソーシャル・ファンド（第6章を参照）も「地域事業」に入る．

Stewart and van der Geest[1995:128-130]は，公的雇用プログラム実施体制における地域住民参加とターゲッティングとの関係を考察し，住民参加の意義を主張している．彼らによれば，貧困層が地域で組織化されて自分の要求を表明できるのでない限り，プログラムの雇用便益を貧困層に限定するのは難しい．マハラシュートラ州の「雇用保障スキーム」(EGS)は政府が事業の資金や受給者を決めるという意味で政府主導であったが，貧困層に対する雇用創出という点ではある程度の成果が得られたという．これに対してソーシャル・ファンドは，利用可能資金がある程度外部から提供された上で，地域の要求にしたがって実施形式を決めていく方式を取ることが多い(Stewart and van der Geest[1995:128-133])．一般に政府主導の事業では，賃金水準が低く抑えられがちである一方，地域住民の政治的支持を期待してか，経済インフラストラクチュア建設など，産出物による便益が広い層に及ぶ事業が選択される傾向がある．

ただし，「地域事業」アプローチにも難点はある．第一に，現実のプロジェクトでは受け手である地域住民が「コミュニティ」と呼べるほど共通した利益を共有していない場合が多いという点である．この点はMiller[1992]が1980年代の地域参加プロジェクトの効果の研究を通じて明らかにしている．Miller[1992:79-82]によれば，地域住民の間で利益を共有できない場合には，

地域の政治的意思決定は，住民の一部と外部勢力とが連関する形で行われることになり，長期的な地域の発展という視点が見失われることになりやすい．

第二に，中央政府や様々な関係機関の方針とプログラム実施地域のニーズが合致しない場合の両者の調整の難しさが挙げられる．これを示す例を，Adato and Haddad[2002]が紹介している．これは南アフリカの公的雇用プログラムの例であるが，南アフリカでは労働組合やNGOなどが政府に対抗したアパルトヘイト時代の歴史から公的雇用プログラムにも様々な団体が関与してきた．このことから公的雇用プログラムにも，それぞれの団体が重視する様々な目的(例えば，貧困層向けの資産形成，職業訓練，インフラニーズの充足，コミュニティの能力拡大)が盛り込まれることとなった．また，企画段階のみならず，プロジェクトの管理においても地域組織(community-based organizations: CBOs)や労働組合などが参加することが特徴である．

このプログラムはいくつかの問題に直面した．第一に，中央政府が指定したターゲッティングのガイドラインと，地域のニーズやエンタイトルメント(プログラムの受益者となる権利)の考え方とが調和しなかった．プロジェクト企画の段階でターゲッティングの基準が複数(地域の失業率，貧困者率，インフラニーズ，教育水準等)提案され，どの基準を優先するか，という点について合意形成が困難であった(Adato and Haddad[2002])．第二に，プログラムに労働組合が深く関与しているので，プログラム参加者の賃金を市場水準以下に設定することに強い抵抗があった．反面，地域コミュニティの側は，プログラム参加者に対して市場水準以下の賃金を受け入れるように説得することもあった．第三に，地域コミュニティも一枚岩ではなく，その中でも資源の取り合いがある，ということが挙げられる．例えば，プログラムの詳細がコミュニティ主導で決められた場合でも，より発展した地域ほど有能で影響力のある人材を活用してプログラムに容易にアクセスする結果，最貧地域でプログラムが実施されにくいという実態があった(Haddad and Adato[2002:220])．

3. 地域への波及性

公的雇用プログラムは，直接の雇用効果に加え，地域発展や個人の生計に持続的な効果を持つと期待されてきた．このような地域経済への波及効果は，いわゆる伝統的な乗数効果(multiplier effect)で説明されてきた．通常の費用

第7章 公的雇用プログラム

便益分析のアプローチでは，市場が競争的であれば，プログラムの実施を通じて得られた生産物の社会的有益性や直接雇用以外の効果(副次的効果)の大部分は無視できるものであると考えられている．反対に，副次的効果が重要になるのは，経済に何らかの数量制約がある場合である(Starrett[1988:158-159])．このような乗数過程に伴う副次的効果には，ある生産要素の数量制約の緩和が別の生産要素や生産物の数量制約の緩和を促す可能性，雇用機会の拡大が他の資源の利用を促す可能性(トリックル・ダウン効果)，失業者の減少による社会保障給付削減効果，開発プロジェクトが公共財を供給してそれと補完的な私的財の供給を増加させる可能性，などがある(Starrett[1988:158-159]，Johansson[1991(訳書):143-146])．より詳細にわたって論じれば，支出拡大を通じた乗数効果はプロジェクト賃金の支払い形態の影響を受ける．例えば1980年代にILOが関与した雇用プログラムの評価をした研究によれば，農村部であっても貨幣経済が浸透しており，現物支給よりも現金による報酬支払いの方が乗数効果は高かった(Miller[1992:83])．留意すべきことは，現金給付の場合，地域の賃金財(食料など)供給が弾力的でなければ，食料価格にインフレ圧力がかかることである(Deolalikar[1995:63-65])．

貧困層への効果の時間的持続性は，公的雇用プログラムで建設されるインフラストラクチュアがどの程度まで貧困層の便益に配慮して計画されるのか，という点にかかっている．短期的な雇用機会創出を急ぐあまり，地元のニーズの発掘や調整が不十分になり，長期的な効果の薄い事業が採用されてしまうかもしれない(Gaude and Watzlawick[1992])．現実には短期的な雇用創出も不十分なうえ，長期的な効果を持つはずのインフラストラクチュアの便益が極度の貧困層には向かわない，といった「虻蜂取らず」になる可能性も抱えている．Deolalikar[1995]は，前述のインドのマハラシュートラ州のEGSを例に挙げ，雇用プログラムで作られたある種の農村インフラストラクチュアが，農村の中で相対的に裕福な人のみによって利用されていることを示した．具体的に言えば，EGSにおいては，地下水の公的濾過用タンクが建設されたのであるが，その利用者は地下水をくみ上げる機械を持つ富裕農家のみであった(Deolalikar[1995:66-67])．実際問題として，仮に公的雇用プログラムを通じて建設されたインフラストラクチュアによって電力などのサービスが供給されることになったとしても，それを利用するために必要な補完的支

出を負担できない貧困層は，建設されたインフラストラクチュアを自分の所得獲得能力の拡大に利用することができないのである(ADB[2005:xxv]などを参照)．このような問題を是正するには，インフラストラクチュア利用にかかる支出を貧困層に助成したり，富裕層のインフラストラクチュア利用に割増料金を課すことが考えられる．

おわりに

　本章は公的雇用プログラムの意義と問題点を展望してきた．公的雇用プログラムは，貧困削減という文脈で大きな意義を有している．公的雇用プログラムは低賃金の非熟練労働を対象にした「自己選択によるターゲッティング」を通じて，行政能力の不足を補うものとして注目され，一定の成果も収めてきた．

　その一方で，いくつかの無視し得ないプログラム実施上の課題を抱えている．その中には極度の貧困層を包摂できないことやプロジェクト成果の便益が十分に貧困層に利用されないことなどが含まれる

　しかし同時に，公的雇用プログラム実施効率を改善する手段がいくつか考えられており，その効果的実現が期待されている．本章で注目してきたのは，賃金という指標の持つ様々な意味(情報)に注意すべきである，という点である．留保賃金としての賃金は労働への意欲や所得水準を反映する一方で，生命活動を維持再生産していく費用という側面も持っている．労働能力の維持と再生産という意味での生存賃金は本来家計や個人に応じて多様であるはずだが，現実には地域やおおまかな世帯属性に応じて一律の最低賃金(貧困線)が設定され，それに応じて公的雇用プログラムの賃金水準も決められている．このような問題への対応として，いくつかの指標を援用したターゲッティングや雇用割当て制(クォータ制)を併用して，参加者の属性に応じて，賃金にある程度の幅を持たせることが考えられる．また政府の公共事業全般の労働集約化，生活や就労に伴う様々な障害を克服する社会開発と雇用プログラムの連携を通じて，貧困層の雇用と所得を創出する方法も考察した．

　最後に，公的雇用プログラムは「就くにふさわしい仕事」を社会全体に普及させること，そして，雇用に関する権利意識の普及という意義を持ってい

る．Deshingkar et al.[2005:588-589]はFFWが定期的に実行されることによって貧困層に対して生活資源の受給権(entitlement)という考え方を定着させ，貧困層が生活資源へのアクセスを求めて政府と交渉できるような基盤を提供した，と評価している．このことは公的雇用プログラムの評価を，ただ単に経済的なものだけでなく，もっと広い視点から見ることの必要性を示している．例えば基礎的な人間の活動や機能に注目するケイパビリティの視点は，貧困層の全般的なケイパビリティ拡大に向けた社会開発の文脈の中で，雇用プログラムを位置づける研究の可能性を示唆している．

〔謝　辞〕

　本稿は国際開発学会第6回春季大会(2005年6月11日文教大学湘南キャンパス)，第7回春季大会(2006年6月10日山口大学)での報告を元にしていますが，そこでの討論者である桑島京子氏(国際協力機構)，高橋基樹氏(神戸大学)，及び山形辰史氏(アジア経済研究所)や参加者の方々から貴重なコメントをいただきましたことに対して心から御礼申し上げます．またアジア経済研究所の2名の査読者からも貴重なコメントをいただいたことに対しても，御礼申し上げます．なお本稿の内容や誤りは筆者一人の責任であり，誤り等ご指摘下されば幸いです．

参考文献

〔日本語文献〕

絵所秀紀[1997],『開発の政治経済学』日本評論社.

〔英語文献〕

Adato, Michelle and Lawrence Haddad[2002], "Targeting poverty through community-based public work programmes: experience from South Africa," *Journal of Development Studies*, Vol. 38, No. 3(February), pp. 1–36.

ADB(Asian Development Bank)[2005], *Assessing the Impact of Transport and Energy Infrastructure on Poverty Reduction*, Metro Manila: ADB.

Bagchee, Aruna[2005], "Political and administrative realities of employment guarantee scheme," *Economic and Political Weekly*, Vol. XL, No. 42, October 15, pp. 4531–4537.

Barnett, Christopher B. and Daniel C. Clay[2003], "How accurate is food-for-work self-targeting in the presence of imperfect factor markets?," *Journal of Development Studies*, Vol. 39, No. 5, pp. 152–180.

Deolalikar, Anil B.[1995], "Special employment programs and poverty alleviation," *Asian Development Review*, Vol. 13, No. 2, pp. 50–73.

Deshingkar, Priya, Craig Johnson and John Farrington[2005], "State transfers to the poor and back: the case of the food-for-work program in India," *World Development*, Vol. 33, No. 4, pp. 575–591.

Drèze, Jean and Amartya Sen[1989], *Hunger and Public Action*, Oxford: Clarendon Press.

Gaude, J. and H. Watzlawick[1992], "Employment creation and poverty alleviation through labour-intensive public works in least developed countries," *International Labour Review*, Vol. 131, No. 1, pp. 3–18.

Haddad, Lawrence, and Michelle Adato[2002], "Maximizing benefit transfers to the poor: evidence from South African employment programme," *International Labour Review*, Vol. 141, No. 3, 203–223.

ILO[2000], *World Labour Report 2000: Income Security and Social Protection in a Changing World*, Geneva: ILO.

Johansson, Per-Olvo,[1991], *An Introduction to Modern Welfare Economics*, Cambridge: Cambridge University Press(金沢哲雄訳『現代厚生経済学入門』勁草書房, 1995年).

Kannan, K. P.[2005], "Linking guarantee to human development," *Economic and Political Weekly*, Vol. XL No. 42, October 15, pp. 4518–4522.

Lipton, Michael and Martin Ravallion[1995], "Poverty and Policy," in Jere Behrman and T. N. Srinivasan eds. *Handbook of Development Economics*, Vol. 3B, Amsterdam: Elsevier, pp. 2551–2657.

Miller, Steven K.[1992], "Remuneration systems for labour-intensive investments:

lessons for equity and growth," *International Labour Review*, Vol. 131, No. 1, pp. 77-93.
Nussbaum, Martha C.[2000], *Women and Human Development: The Capability Approach*, Cambridge: Cambridge University Press(池本幸生・田口さつき・坪井ひろみ訳『女性と人間開発——潜在能力アプローチ』岩波書店, 2005年).
Ravallion, Martin and Gaurav Datt[1995], "Is targeting through a work requirement efficient? some evidence for rural India," in Dominique van de Walle and Kimberly Nead eds. *Public Spending and the Poor: Theory and Evidence*, Baltimore and London: Johns Hopkins University Press, pp. 413-444.
Ray, Debraj[1998], *Development Economics*, Princeton: Princeton University Press.
Sen, Amartya[1972], "Control areas and accounting prices: an approach to economic evaluation," *Economic Journal*, Vol. 82, No. 325, March Supplement, pp. 486-501.
—— [1975], *Employment, Technology and Development*, Oxford(UK): Clarendon Press.
Starrett, David A.[1988], *Foundations of Public Economics*, Cambridge: Cambridge University Press.
Stewart, Frances[1995], *Adjustment and Poverty: Options and Choices*, London: Routledge.
—— and Willem van der Geest[1995], "Adjustment and social funds: political panacea or effective poverty reduction?," in Frances Stewart, *Adjustment and Poverty : Options and Choices*, London: Routledge, pp. 108-137.
UNDP, various years, *Human Development Report*, New York: UNDP, Oxford University Press(『人間開発報告書』国際協力出版会).
UNDP South Africa[2003], *South Africa Human Development Report 2003*, Cape Town: Oxford University Press.

第8章
障害者のエンパワメント

森　壮也

はじめに

　世界保健機関(World Health Organization: WHO)の推計によれば世界の全人口の約10％に障害があり，そのうち4億人の障害者が開発途上国に住んでいる．さらに，開発途上国の全世帯の29％は，なんらかの障害者を抱えていると推定されている．これまで国際開発の枠組みの中で，障害者の問題が大きく取り上げられることは少なかったが，近年その重要性が強く認識され始めている[1]．貧困と障害との関連についての研究も，Elwan[1999]等によって進められている．これらでは，障害があるために通学上，勉学上の困難に直面し，十分な学業を受けることができなかったために，職を得ることができなかったり，障害ゆえに企業等への雇用を拒否される，非識字状態のため，情報を得ることができなかったりしてさらに生活コストを増やす，村落社会から社会的に排除されるなど，障害ゆえに貧困に陥るという因果関係が論じられている．さらに逆に貧困は障害の原因ともなる．すなわち，貧困状態の中で十分な医療を受けられなかったために疾病状態の固定による障害に陥るケース，また妊婦が十分な栄養が得られないために障害児を産んだり，出産後のケアが十分にできなかったために障害が発生したりするようなケースもある．このように障害と貧困との間に双方向的な因果関係があり，開発の中で取り残されることによって前に待つのは死だけであるという状況が出現しているケースもある．

　このように開発途上国における障害者の問題が注目される中で，障害者の貧困削減については議論が緒についたばかりである．本章では，障害者の経済的エンパワメントが，どのようにして実現されうるか，という課題につい

---

1) このような潮流については森[2004][2006]およびアジア経済研究所のホームページの「障害」コーナー(http://www.ide.go.jp/Japanese/Research/Theme/Soc/Dev_d/)を参照のこと．

て，分析を試みる．エンパワメント概念については，Kawano[2003]を待つまでもなく，その概念化と定義には多くの議論がある．このことは，Coleridge[1993]によっても指摘されているが，ここではとりあえず，久野[2003]に従って，「他者が第三者に力を与え，彼ら自身の可能性に気付くことを可能にする考え」もしくは「個人が日常の生活のあらゆる側面において選択肢があり自分自身でコントロールできる理想的な状態」とする．またここでは，開発過程への障害者の十全な参加が貧困削減の先にある目的として意図されることになる．

障害者の経済的エンパワメントの可能性としては，政府や家族を通じた移転所得によるものと，自らの経済活動によるものの二つの可能性がある(Coleridge, 2005)．本章の後半の事例分析においては，後者の「障害者自らの経済活動」の中でも，障害者の雇用を通じた経済的エンパワメントの可能性を取り上げる．というのは，障害者の経済的エンパワメントのための重要な制度的枠組みの一つとして，企業による最低雇用者数の義務づけがあるからである．しかしこの制度的枠組みに限界があることは自明である．なぜならば，制度がどうあれ実態上は，開発途上国の企業が障害者に提供する雇用機会は少なく，かつまた，障害者に仕事ができる職場環境が用意されることは滅多にない．したがって，一般的な労働者に対する雇用機会を創出する政策がとられたところで，その応分の割合が障害者に分け与えられるとは期待できない．これらを勘案すると，雇用という側面だけに着目した政策では，開発途上国の障害者の経済的エンパワメント問題は解決しないことは明らかである．

このような限界はあるにせよ，障害者の経済的エンパワメントのために，雇用は一つの有力な選択肢である．開発途上国において実際に，障害者の雇用を増やすためにどのような制度・政策が採用され，実施されているのかを検討することは，他の方法による経済的エンパワメントとの比較のためにも有用であろう．そこで本章では，インドとフィリピンの障害者の雇用に関する法制度とその適用状況について分析を行う．

本章の事例分析として，インドとフィリピンを取り上げるのは，以下の理由による．両国はともに1990年代に障害者についての包括的な法律を策定した国として知られている．その一方で，それらの法律を行政府が施行する面で問題があり，しかも，そのような行政の機能を，NGOといった中間的

組織が実態上補完し，国内の障害者の救済措置が取られているという点でもよく似ている．両国の事例の分析を通じて，障害者の雇用拡大にどのような問題点があるのかを探る．問題点が多く，かつ深刻であるため，結論としては，障害者の経済的エンパワメントのためには，雇用という方法には限界があり，より広いエンパワメント概念からアプローチせざるを得ない，ということを主張する．

本章は以下のように構成される．まず第1節では，開発途上国が共通して直面する障害者問題を概観する．第2節と第3節はそれぞれインドとフィリピンの事例研究に当てられる．最後に結論として本章の要点をまとめる．

第1節 開発途上国の障害者

1. 開発途上国における障害への対応——個人化から社会化へ

上述のように，開発途上国にはかなりの数の障害者がいる．しかもその平均所得は先進国より低いので，障害者のケアについては，開発途上国の方が先進国より強いニーズがあると言えよう．それにもかかわらず，容易に想像されるように，開発途上国における障害者のケアは先進国に比べて不十分である．それは一つには，先進国と開発途上国のソーシャル・セーフティネットの広さや手厚さの違いによっており，二つには，障害者支援制度の違い，そしてその原因となる国家財政基盤の違いによっていると思われる．

ソーシャル・セーフティネットの違いについて言えば，開発途上国では外的ショックの吸収が家族やコミュニティといった家族や地域の社会の制度に依存しているのに対して，先進国では国家が用意した社会保障制度に依存している．このため外的ショックへの対応としての障害者支援は，家族やコミュニティのキャパシティに限定されることになる．このことにより，開発途上国では障害への対応が，先進国以上に個人の枠に止まる傾向がある．裕福な家庭に生まれた障害者であれば，家族からの様々な支援が得られ，場合によっては仕事もできるが，貧困家庭に生まれた障害者は，よくて日に一度か二度の食事が与えられるだけで，それ以外は何も与えられないといったような状況になってしまう[2]．出身家庭の富裕度等にかかわらず，多くの障害者がある程度の生活ができるようなサービスを受けるためには，政府や国家に

第 8 章　障害者のエンパワメント

よる社会保障制度，つまり障害への対応の社会化が必要とされる．

　また開発途上国の多くでは，財政基盤が弱い．すなわち，障害者の支援の担い手，あるいは障害の社会化の一層の進展の主体として，国家に期待することが難しい．先進国の中でも障害者支援には国ごとに差はあるが，そうした差は，開発途上国との間ではさらに著しいものとなる．アメリカであれば失業した障害者には国から支援金が給付され，日本でも障害者に対して所得に応じた国からの年金が存在するのに対し，そうした制度は開発途上国にはほとんどない．たとえ費用を必要としない様々な特典があったとしても，その特典の履行を強制するためのガバナンスが機能していないことが多い．次節で詳述するが，日本でもインドでも身体障害者を公務員として，全定員の一定比率[3]を雇用することが法律で取り決められている．日本では，これを守らなかったり指導に従わなかったりした場合には，当該団体や地方自治体の実名を公表されるというような罰則規定もあるが，インドではこの法定雇用率がほとんど守られておらず，障害者団体等からの抗議を受けているのが現状である[4]．

2. 世界の障害者の数量的把握

　一般に，障害者の量的把握やその国際比較は非常に困難である．障害者の就業率等のデータは多くの国で存在していない．さらにもっと深刻なことは，多くの国々で障害者数のデータすら正確に収集されていない．一部の開発途上国では人口センサス等を元にして障害者数が発表されているケースがあるが，このようなケースでも障害発生数は過少推計であると考えられている．

---

　2)　これは，実際に筆者がフィールドとするフィリピンのマニラ首都圏のろう者に見られたケースである．マニラ首都圏では，ろう者の就業者は数えるほどしかおらず，そうした人も郵便局のような公的部門や障害者関係の団体のようなところに限定されているのが通常である．しかし，たとえば自家用車を持っているようなろう者もいるが，これはいわゆる富裕層に属する人で，ファミリー・ビジネスの一部を担うことで収入を得ているようである．

　3)　日本では職員数 48 人以上の国と地方公共団体については 2.1 %（職員数 50 人以上の教育委員会は 2 %），インドでは政府機関について 3 %．また民間企業については，日本では，常用労働者数 56 人以上規模の企業で 1.8 %，常用労働者数 48 人以上規模の特殊法人及び独立行政法人で 2.1 % と身体障害者雇用促進法で決められている．インドでは，現在，IT 部門や NGO 等でも政府からの補助金があるのだから，公的部門に準ずる形で，こうした雇用率を適用すべきだという議論が出ているが，法律としてはまだ定まっていない．

　4)　2006 年 2 月 9 日，New Kerara 紙，"3 pc reservation for disabled sought" という記事は，インドのタミールナドゥ州にある NGO による州政府・連邦政府へのこの雇用比率遵守要求についてのものである．こうした同様の訴えが各地で相次いでいる．

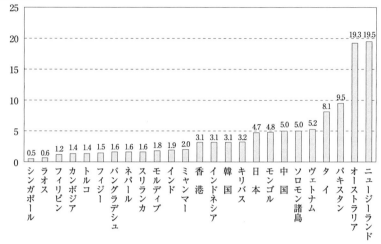

出所) United Nations DISTAT2(Disability Statistics Database).

図1 アジア太平洋地域の障害者の国別人口比率

統計の不正確さは，図1に端的に現れている．先進国の中でも障害の程度で先進的な枠組みを採用しているニュージーランドやオーストラリアにおいて障害者の人口比率が20％弱と報告されているのに対して，同程度かまたはそれ以上に障害が発生していてもおかしくない開発途上国において，両国の半分以下の値でしかない．そのうえ，国連アジア太平洋経済社会委員会(United Nations Economic and Social Commission for Asia and the Pacific: ESCAP)加盟国各国の間ですら障害者比率がまちまちであることも注目される．過少推計の理由として考えられるのは，開発途上国各国で，障害イメージのステレオ・タイプが存在し，そのタイプに属さない障害を持つ人を障害者と見なさない傾向が見られることである．すなわち，障害者という時に視覚障害者や車いすの人たちをステレオ・タイプとしてイメージしがちであり，それ以外の障害者がデータから漏れるという問題がある．このことは，かつて，障害に関する基準やガイドラインが国際比較可能な形で整備されていなかったことが一因となっている．現在では，WHOが2001年に制定した分類基準であるInternational Classification of Functioning(ICF)に従って，より正確な障害者のデータ収集が試みられている．例えばESCAPは加盟国20カ国

を対象とした統計専門家研修を行っている．また国連も，障害統計の収集の促進や障害データの普及状況と利用状況の改善，障害分野での専門家のためのフォーラムやネットワーク形成を行っている．これによって，世界の障害者のより正確なデータ収集が期待されている．

第2節　インド障害者法と公的機関における障害者雇用留保問題

　以下では，開発途上国における障害者の貧困削減を，雇用機会を創出する制度という観点から，インドとフィリピンの2カ国を対象として分析する．前述のように，両国はともに1990年代に障害者についての包括的な法律を策定した点で，開発途上国の中でもこの分野の先発国である．両国はNGO[5]といった中間的組織が，国内の障害者のケアに大きな役割を果たしているという点でよく似た国であるとも言える．その一方で，両国には相違点もある．インドでは連邦政府によるNGOへの資金援助が大きいため，国内の障害NGO活動への政府介入も大きい傾向がある．しかし，フィリピンではそうした政府とNGOの強い関連といった面はあまり見られず，どちらかというと多国間で活躍する国際NGOやいずれかの先進国をベースにしたNGOへの金銭的依存が大きい．またインドでは国の規模が大きいためか，人口センサス等による政府の努力にもかかわらず，障害者に関する統計整備が遅れている．これに対してフィリピンでは，人口センサスに回される予算の規模が十分ではないために把握がきちんとできていない状況にある．

　このような共通点，相違点を持つ両国の比較を通じて，なぜ通常の雇用拡大の方法では，障害者の雇用促進が難しいのか，という問題について分析する．

1.　インドの障害者

　Mishra and Gupta[2006]によればインドの障害者の全体像の様子は，表1

---

[5]　斉藤[1997]は，インドにおけるNGOの活動の大きさをその歴史などを踏まえて論じている．アジア各国のNGOの状況については，重冨[2001]もその全体像をつかむのに役立つ．またニノミヤ[1999]は特にアジア地域における障害者の問題についてNGOの活動がどのように貢献しているかを示している．

の通りである．この表の元となった2001年センサスの集計結果によれば，全国で2190万人，全人口の2％が障害者とされている．しかし，UN[1990]によれば，世界的には10％の障害者がいると言われており，インドの2％は過小評価された値と思われる．Reddy and Chandrasekhar[1998]は，6550世帯，3万3572人を対象に行った疫学的調査により，インドでは精神障害者のみでも全人口に対する割合を5.82％[6]と推計している．これが正しければ，上記のセンサスに基づいた障害者比率は実態をかなり過小評価していることになる．

またインドでは，ここ10年の間に識字率の著しい向上があったと言われている．その値は2001年センサスによれば，農村部で49％，都市部で70％である．しかし，障害者については，それぞれ41％と60％といずれもこれを下回る数字となっている（表2）．さらに都市部の全盲者の識字率は17.3％，聴覚障害者は30.3％と非障害者と比べて大変低い値となっている．これらの識字率データは，学校教育によって識字率が上がっている子供達を含めた指標であるので，学齢を超えた成人の識字率の低さがこれらの数字から容易に想像される．こうした非識字率の高さは，インドの障害者を雇用によってのみ貧困削減に導くことの難しさを表す背景となっている．

また表3は，年齢別・障害種別に障害者の非就業率[7]を2001年のセンサスに基づいて計算したものである．一見して障害者の非就業率が高いことが分かる．障害者の非就業率の高さは，図2に明らかである．図2は障害者と全人口の年齢別非就業率を示している．障害者の年齢別非就業率のグラフの形状は，全人口のそれと似ているものの，その値はどの年齢層でも，全人口の非就業比率と比べると，1.2倍から2倍近く高い．また年齢層が上になる

---

6) その内訳は，器質性(0.4)，統合失調症(2.7)，情動障害(12.3)が合計で精神病の15.4％を構成し，知的障害(6.9)，てんかん(4.4)，神経症(20.7)，アルコール中毒(6.9)，その他のグループ(3.9)という推定を出している．なお，同調査では知的障害は一般の分類と異なり精神障害の一つとして分類されている．最も比率が高い集団は，都市部，女性，35〜44歳，既婚・男やもめ・離婚，低い社会階層，核家族といった集団であるという．てんかんとヒステリー症が農村部では高率で目立つという．躁病，知的障害，アルコール・薬物中毒，パーソナリティ障害が男性では高く，インドでは，1500万人が重度の精神障害にかかっており，専門病院・一般病院の双方での代表的例となっているという(Reddy and Chandrasekhar[1998])．

7) この非就業率というのは，一般的な失業率とは異なり，ここでは，学齢期の障害者も入っているため，仕事をしていない人たち，すなわち失業者プラス非労働力の障害者全体に対する比率をとった概念である．

表1 インドの障害種別数

(単位：百万人)

障害種別	都市部	農村部	合計
知的障害	6,995	2,951	9,946
精神障害	8,399	2,611	11,010
全盲	16,030	4,104	20,134
弱視	6,545	1,588	8,133
聴覚障害	23,687	6,930	30,617
言語障害	16,027	5,518	21,545
移動性障害	79,826	26,514	106,340

注）障害種別ごとの数字は，障害が重複する分を含む．
出所）Mishra and Gupta[2006]．

表2 インドの居住区域別障害種別識字率

(単位：％)

障害種別	識字率	
	都市部	農村部
知的障害	11.3	19.1
精神障害	37.6	50.8
全盲	17.3	45.2
弱視	22.3	42.2
聴覚障害	30.3	53.7
言語障害	28.4	47.2
移動性障害	51.4	67.9
合計	41.0	60.0

出所）Mishra and Gupta[2006]．

表3 インドの年齢・障害種別障害者の非就業率

(単位：％)

年齢	知的障害	精神障害	全盲	弱視	聴覚障害	言語障害	移動性障害	全障害者
15-19	97.6	96.5	92.8	86.8	64.5	73.6	81.0	81.1
20-24	92.3	88.5	86.6	61.6	55.0	63.5	61.2	64.9
25-29	86.1	88.9	76.9	52.5	41.7	52.9	47.5	54.0
30-34	85.7	83.6	78.2	58.9	38.2	50.4	45.0	52.0
35-39	87.6	80.2	78.1	45.5	33.0	44.9	41.9	49.0
40-44	88.3	78.2	82.8	56.0	35.7	42.3	43.7	50.1
45-49	89.7	80.0	81.2	52.8	32.5	39.0	49.3	51.8
50-54	81.6	82.1	85.4	56.3	37.0	51.9	57.8	58.7
55-59	85.3	89.9	83.7	70.8	51.7	61.8	68.7	68.4

出所）Mishra and Gupta[2006]．

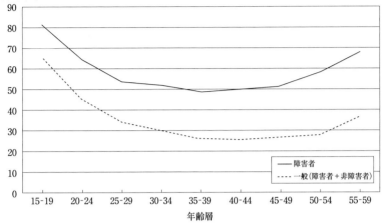

出所) Mishra and Gupta[2006].

図2 インドの障害者と一般の非就業率比較

表4 障害種別障害指数

(単位:%)

障害種別	成人識字率	児童・生徒就学率			非就業率	障害指数
		就学前	特殊学校	職業訓練校		
知的障害	86.2	6.9	20.6	0.7	91.3	92.59
精神障害	56.8	10.2	19.0	1.8	85.0	86.19
全盲	78.8	22.6	38.5	1.5	83.2	86.46
弱視	75.7	16.4	53.2	1.1	61.3	80.20
聴覚障害	66.8	15.7	52.0	1.5	44.1	76.35
言語障害	70.4	14.5	45.2	1.7	57.1	79.07
移動性障害	46.5	12.9	57.7	2.5	57.7	75.49
合計	56.8	13.2	50.8	2.1	60.7	77.66

出所) Mishra and Gupta[2006]を一部改変.

ほど,その差も開いてくることも注目される.これは,年齢を重ねた後で障害者になる,または加齢によって障害を得る,といったことによって職を失う効果が,非障害者より深刻であることを示していると思われる.

次に表4は,成人のみの識字率,また学齢期の子供達の就学率,障害種別の非就業率および,これらを元に計算した障害指数[8]を示したものである.表2に示した識字率は,未成年と成人の双方を算出のベースにしていたが,

表5 インドにおける障害者の雇用状況（2002年推計値，15〜64歳）

	合計	男性	女性	農村部	男性	女性	都市部	男性	女性	精神障害	知的障害	視覚障害	聴覚障害	言語障害	移動障害	重複障害
雇用者（％）	37.6	51.0	16.1	38.4	51.7	16.8	34.9	48.6	13.6	9.6	15.6	21.7	58.8	49.8	41.7	33.3
自己雇用（雇用者なし）	14.1	20.8	3.2	14.4	21.4	3.0	12.9	18.8	3.9	1.2	4.2	8.5	20.0	12.8	17.4	8.5
自己雇用（雇用者あり）	0.4	0.5	0.1	0.4	0.5	0.1	0.3	0.5	0.0	0.0	0.1	0.3	0.7	0.1	0.4	0.3
自己雇用（補助作業）	6.5	8.1	3.9	7.5	9.2	4.7	3.1	4.3	1.4	4.2	3.7	3.5	8.7	12.2	6.5	8.4
常雇い	4.8	6.5	2.1	2.9	3.9	1.2	11.3	15.4	4.9	0.5	1.1	2.1	3.8	3.7	6.6	3.2
臨時雇い(公共事業)	0.1	0.2	0.0	0.1	0.2	0.0	0.2	0.3	0.1	0.1	0.0	0.0	0.2	0.3	0.1	0.2
その他のタイプの臨時雇い	11.7	14.8	6.7	13.1	16.4	7.7	7.0	9.3	3.3	3.6	6.4	7.2	25.5	20.6	10.7	12.8
雇用なし層（％）	1.2	1.6	0.5	1.0	1.3	0.4	1.9	2.7	0.7	0.1	0.2	0.6	0.6	1.9	1.7	0.6
非労働力層（％）	61.2	47.4	83.4	60.6	47.0	82.7	63.2	48.8	85.8	90.4	84.3	77.8	40.6	48.3	56.7	66.1
教育機関在学	6.4	7.5	4.7	5.7	7.0	3.7	8.8	9.2	8.2	2.7	1.1	3.0	2.4	8.0	9.2	3.0
家事労働	13.4	0.8	33.8	12.7	0.7	32.2	15.8	1.1	39.0	4.8	6.9	12.5	20.7	16.3	13.7	12.5
家事労働と食糧採集	3.5	0.7	8.2	4.1	0.8	9.4	1.7	0.2	4.0	0.9	2.3	2.8	6.9	6.8	3.2	3.6
不労所得あり・年金生活者・送金受領者	1.3	1.3	1.2	1.1	1.1	1.3	1.7	2.2	1.0	0.2	0.7	2.2	2.2	0.6	1.2	0.8
障害ゆえに働けない人	30.2	30.9	29.0	30.6	31.2	29.6	28.8	29.9	27.1	69.7	61.9	46.0	3.9	10.7	24.7	38.7
物乞い・売春婦	0.7	0.8	0.6	0.6	0.7	0.4	1.2	1.2	1.3	0.2	0.4	1.7	0.2	0.2	0.6	1.7
その他	5.7	5.5	6.0	5.9	5.6	6.3	5.1	5.0	5.2	11.9	11.0	9.6	4.4	5.8	4.1	5.7
合計（人）	46,731	29,004	17,727	30,076	18,693	11,383	16,655	10,311	6,344	2,318	4,395	4,392	4,255	2,140	24,291	4,940

注）すべての推計値はウェイト付きで計算されたもの。元データはNSS。
出所）Mitra and Sambamoorthi[2006].

表4に掲げた識字率は成人のみを対象としている．識字後に障害を得ることがあるため，一般に成人識字率は，表2で示したような全人口を対象とした識字率より高い傾向にある．ただし知的障害については，後天的になることが非常に少ないので，未成年者を参入した識字率と成人識字率にあまり差がないのが一般的である．しかしこのデータにおいて成人識字率の方がかなり高くなっているのは，察するに知的障害者として軽度の人も分類に含んでいるからではないかと考えられる．またこの識字率と就学率の数字から，それぞれの高い数字，すなわち一般的には高い障害指数が非就業という状況と関連していると言えることが読み取れる．

　最後に表5は，2001年のセンサスを元にMishra and Gupta[2006]が男女別，都市・農村別，障害タイプ別に障害者の就業比率の推計値を示している．ここでは雇用が，自己雇用と常雇い，そして臨時雇いに分けられている．さらに自己雇用は，他に雇用者がいない自己勘定[9]での雇用と自らが雇用主となって家族以外の労働者を雇うケースに分けられる．また臨時雇いは公共事業によるものとそれ以外のものとに分けられる．この表5によれば，全障害者の就業比率は37.6％である．男性は51％だが女性は16.1％と大きな格差があり，障害女性の就業比率は男性の3分の1の水準となっている．また都市部と農村部を比較すると，農村部の方が若干就業比率が高く，この傾向は男女に共通している．障害タイプ別では，聴覚障害者の就業比率が58.8％と高い一方で，精神障害者は9.6％と低い．また障害のタイプにかかわらず，自らが雇用主となるケースがゼロに近いことが目をひく．また雇用されている場合でも，臨時雇いの比率が比較的高い点が全障害タイプに共通している．

2. 1995年インド障害者法

　これまで述べてきたように，インドの障害者は教育，雇用の面で大きな課

---

[8] 障害指数は，Mishra and Gupta[2006]の提案によれば，以下の式で計算される．
　　障害指数 = $[(1/3)(P_1^a + P_2^a + P_3^a)]^{1/a}$
　　P_1 = 1/2(成人識字率) + 1/4(1 - 特殊学校就学率) + 1/4(1 - 就学前教育就学率)
　　[各比率は，障害者数を分母とした比率]
　障害指数については，野上[2008]で提案が出ているようにいろいろな考え方が可能である．ここでは，識字率や教育の問題に焦点を当てたものである．

[9] インドにおける不完全雇用は，この自己勘定による自己雇用も含むと考えられる．この自己勘定による自己雇用は，家事労働と同じようにきちんとした賃金支払いを伴わないものが含まれる．

第8章　障害者のエンパワメント

題に直面している．この課題に対して，対策が全くなされていないわけではない．インドには，非常に先進的な障害者法があることが知られているが，同法の施行は大きく立ち遅れている．以下ではこのインド障害者法の内容とそれを支える枠組みを簡単にまとめ，その後に，同法の施行に関わる問題点について整理する．さらに本節の最後に，雇用の3%を障害者向けに留保する規定について，特に取り上げて分析を加える．

(1) 1995年障害者法とそれを支える制度的枠組み

1995年障害者法は，その正式名称を The Persons With Disabilities (Equal Opportunities, Protection of Right and Full Participation) Act, 1995 という．1995年12月，P.V. Narasimha Rao 政権の下でわずか1日の間に，インド上下院で成立[10]し，1996年2月7日から施行されている．法の趣旨は，中央・地方政府に，障害者も生産に参加する市民としてあらゆる活動に参加できるよう，サービス，ファシリティ，平等な機会を提供することを求めたもので，障害者の権利と受けられるファシリティを定めている．また障害の防止やリハビリテーションについての条項も含んでいる．同法の対象となるのは，インドの障害認定で40%以上のレベル[11]の障害者である．

1995年障害者法の施行を司る機関として，中央政府内に障害担当チーフ・コミッショナー(CCPD)，中央調整委員会(CCC)と中央執行委員会(CEC)が設けられている．

CCCの委員長は，社会正義・エンパワメント省(MSJE)の大臣である．CCCは，障害者関連の政策決定を行い，委員会は39人のメンバーで構成されている．39人のうち24人が政府当局から，15人が政府任命のNGOおよび障害関係者である．また同法の先進性を示す一つの特徴として，同委員会委員には，最低女性が一人，SC/ST(指定カースト・指定部族)から一人が任命されることとなっている．

CCCによって決定された政策は，実行に移すための諸規則を定める委員

---

10) 議会での成立は短期で実現したが，それまでの長い間に，多くの障害当事者による座り込みをはじめとする直接行動やデモなどがあった．
11) 日本では，障害の重さは等級で区分されているが，インドでは，医師による診断で決まるパーセンテージを用いている．100%が最重度の障害と定義され，例えば指の損失で言えば，指先の損失よりも全指の損失の方が数字が大きくなるよう，認定法が定められている．

会である中央執行委員会(CEC)でさらに細かく審議される．CECは，障害関係者5人を含む23人のメンバーで構成されている．

CCPDは，こうして政府によって取り決められた枠組みの上で，各州政府の障害担当コミッショナーの業務を調整するとともに，中央政府によって配分された予算の支出を監視する任務を担う．またCCPDのもう一つの重要な任務は，障害者の権利に関わる様々な異議申立てと中央・地方政府による法律・規則・命令・指示等の施行の実態に関する苦情を取り上げることである．CCPDはこれら異議申立てや苦情に裁定を下すのであるが，この裁定は民事裁判の判決と同等の効力を持つ[12]と定められている．この他，障害者政策に関わる年次報告を作成し議会に提出するのもCCPDの任務である．

上述のように，中央政府だけでなく，各州にもCCPD，CCC，CECに対応する組織があり，州の障害担当コミッショナーがいる．中央政府からの通達等は，この州コミッショナーを通じて全国に伝達されるほか，地方の問題も州コミッショナーを通じて中央政府に上げられる仕組みとなっている[13]．

同法には，障害原因についての調査研究，予防措置の実施，すべての子供のスクリーニング，プライマリーケア・スタッフのトレーニング環境の整備，一般衛生・保健のための情報の普及と啓蒙，母子の出生前後の保護，大衆への教育，マスコミを用いての障害原因と予防についての啓蒙といったことも盛り込まれている．さらに教育に関する章では，すべての障害児に18歳までの無償教育を与えること，障害児のインテグレーション(地域の非障害児の通う学校で障害児も共に教育すること)を促進すること，特殊学校の設立を促進すること，障害児のための特殊学校に職業訓練課程を併設するよう努力すること，障害児のためのパートタイムのクラスや農村部での非公式教育，放送大学，相互交信的・電子メディアを用いたクラス，障害児に無償での特別教科書・設備の整備を行うこと，が定められている．

このほか同法には，後に詳しく述べる公的機関での3%の雇用留保，雇用

---

12) インド民事訴訟法(1908年)に定められているものと同等の効力を連邦政府の障害担当チーフ・コミッショナーの裁定が持つことを指す．これは，同コミッショナーへの2006年8月のインタビュー時に得られた発言でも確認された．コミッショナーによる裁定がどの程度の権限を持つことになっているのかが，この民事訴訟法での記述で確認できることになる．

13) ただしタミールナドゥ州での聞き取りによれば，制度上のあるべき姿と異なり，州のこうした障害担当コミッショナーに問題を上げてもなかなか取り上げられないことが多いとのことであった．

第8章　障害者のエンパワメント

面でのアファーマティブ・アクション，アクセシビリティにおける差別の禁止，人的資源の開発・研究の場としての障害研究機関の設立，障害者教育機関の認可手続き，また重度障害者(インドの障害レベルで80％レベル以上)の教育機関の設立・運営，社会保障のための資金(リハビリ資金，NGOへの資金提供，失業手当，保険スキーム)の配分，についての条項がある．

(2) 施行をめぐる問題

　このように条文だけを見ると，1995年障害者法は，その包括性について言えば日本の同様の法律にも勝るとも劣らない先進的な法律である[14]．しかし，制定・施行以来10年以上を経ているにもかかわらず，その実施が十分になされていないという問題がある．また，施行を実効あるものとするために必要な法改正もこの間，全く行われていない．

　以下では施行上の問題点を政府側の問題，当事者団体と障害NGO側の問題の二つに分けて論じた後，最後に現在大きな問題として取り上げられている障害者担当3機関トップの選出問題について詳述する．

　① 政府側の問題：政府側の問題として第一に挙げられるのは，法律の実施をする十分な権限が担当省庁に与えられていないということである．具体的に言えば，障害担当チーフ・コミッショナーは，先述のように障害に関わる諸問題について民事裁判の判決に相当する法的効力を持つ裁定を出すことができるが，省庁の中にはそうした裁定に従わない部署もなお多い．実際に裁定が出されてもそれを無視するケースもあれば，了解はするが，実際にその裁定に従った施行を遅らせるケースなど，様々な形でチーフ・コミッショナーによる努力が現実の法の施行になかなかつながっていない．またこうしたことが常態化して，チーフ・コミッショナーの権限も，実質上弱められてしまっている．

　第二の問題は，担当省庁の職掌の中で「障害」分野の優先順位が低いことである．これはインドのみならず多くの開発途上国で指摘されていることである．インドにおいては，障害問題が社会正義・エンパワメント省(MSJE)の担当となっているが，同省はSC/ST(指定カースト・指定部族)とマイノリテ

---

14) ただし，実質的な罰則規定が欠けており，そのことで法の実施の遅れの責任逃れや法の規定の回避を許してしまっている．

ィ問題の担当省でもある．現在の大臣がSC/ST出身ということもあって，障害よりはむしろSC/STやマイノリティ問題の方に重点が置かれるきらいがある．

　第三に，インドに一般的に見られる官僚制度の硬直性が同法の施行を妨げている側面がある．これは，障害者法の施行に限らず，より一般的な問題点である．特にインドでは，政府組織の大きさや伝統の古さなどから，改善に向けた変化が非常に起きにくいことが従来から指摘されている．

　② 当事者団体と障害関連NGO側の問題：当事者や障害関連NGOの側にも，同法の効果的な施行の妨げとなるいくつかの背景がある．第一に挙げられるのは，インドにおいて障害者全体の権利を要求する運動の発足が遅れたことである．1947年のイギリスからの分離独立以来，いくつかの障害別の当事者団体は発足していたが，それぞればらばらに個別の利害を求めて運動してきており，障害の種別を超えた障害全体での連携の枠組みが作られたのは，ようやく1993年にDisability Right Group(DRG)ができてからである．これは，National Center for Promotion of Employment for Disabled People (NCPEDP)のJaved Abidi氏を中心とした全国的な動きで，団体というよりは，各地で同時発生的に運動が起き，緩やかな連携を保っているものである．このDRGが，各地で障害の種別を超えた運動の核となり，それまでは見えなかった「障害者の声」を社会一般と政府に伝える大きな力となっている．このような運動が始まったのがようやく1993年になってからのことであったように当事者団体が1995年障害者法の施行を促すような大きな力になるには時間が足りなかったという背景があった．

　第二に挙げられるのは，政府とNGOの間に，往々にして経済的な関係（癒着・子飼関係）があることが，NGOによる独立した意見の提示，要求を妨げたことである．実際，多くのNGOが政府から財政支援を受けている．MSJEの下部組織であるCCPDの予算のうち，相当部分がこうしたNGOへの補助金にあてられている．そのこと自体は障害関連NGOへの国家の手厚い支援という意味では望ましいことであるかもしれないが，問題も孕んでいる．特にインドにおいては，障害関連NGOのうち障害者を支援しているNGOの運営の主体が，障害当事者ではなく，非障害者であることが多い，ということが状況をさらに複雑にしている[15]．障害を持つ当事者の意見に，

政府の意向を受けた障害関連 NGO が蓋をするという危険性が無視できないのである.

③ 障害者担当3機関トップの選出問題：このような状況下で，本来の趣旨に則った同法の施行を促すために，現在最も強く期待されているのは，障害を持つ当事者，あるいはその家族が，政策実施に関わる主要機関のトップに就任することである．トップに当事者または当事者の事情をよく知るその家族が就任することにより，障害者法の実施が加速すると期待されている．

現在，インドの障害担当の省である MSJE には，障害関係の三つの機関・組織が付置されている．その三つとは前述の CCPD(Chief Commissioner of People with Disabilities)および RCI(Rehabilitation Council of India)と NT(National Trust for the Welfare of Persons with Autism, Cerebral Palsy, Mental Retardation and Multiple Disabilities)である．このうち，CCPD を除く二つの機関の長が，2005年以降になってようやく障害当事者またはその家族になった．

CCPD(障害担当チーフ・コミッショナー)については，障害者である H. C. Goel 博士の就任が期待されたが，結局それは実現しなかった．Safdarjung 病院のリハビリテーション部部長である Goel 博士が適任と見られていたが，病院の経営上の理由で，辞退を余儀なくされた．

替わって指名されたのは，聴覚障害の子供の聴覚訓練を専門とするオージオロジストである Manoj Kumar 氏であった．実は Kumar 氏は Goel 博士に先立って CCA(The Cabinet Committee on Appointments：内閣任命委員会)から CCPD に任命されていたが，障害当事者でなく，障害者運動に関わったこともないうえ，オージオロジストという，ろうの成人から見ればむしろ反感を持たれる職種に就いていたことなどから，大きな反対の声が上がり，その結果 Goel 博士に白羽の矢が立った，という経緯があった．

RCI の議長には，障害当事者で退役軍人の Ian Cardozo 元陸将補が任命された．NT の議長には，障害当事者の親である Poonam Natarajan 女史が就任した．Natarajan 女史は，タミールナドゥ州のチェンナイにある Vidya Sagar という神経性障害児・者の教育・訓練施設の長で，この分野で20年

---

15) すなわち，NGO を運営する支援者による家父長主義やオリエンタリズムを通じて，障害者の抑圧につながりかねないような状況が，インドでは恒常的に存在している．

以上のキャリアのある人物である．Natarajan女史の就任は，DRGの精力的な運動の成果であった．他候補を推すCCAの方針に対してDRGが抗議運動を展開したことによって，ようやくNatarajan女史の就任が実現したことが特筆される．

このように障害当事者やその家族が関係機関のトップに立ったことで，今後は1995年障害者法の施行がより円滑に進むと期待されている．

(3)政府公的部門での雇用留保問題

本項では，1995年障害者法の中でも，障害者の経済的エンパワメントに大きく関わる雇用留保条項の内容とその適用の実態について論じる．障害者法の他の条項と同様に，この政策も実施上の問題を伴っている．しかし同時に，実施を担保する動きが司法によってなされていることと，同政策をある種の民間企業にまで拡張する動きがあることが注目される．

① 障害者法における留保規定：まず，1995年障害者法の中の第32条および第33条は，雇用について次のように定めている．

第32条　障害者のために留保されうべきポストの検証：当該政府は
　(a) 障害者に留保されるべきポストをその組織の中で定めなければならない．
　(b) 3年を超えない間隔で，特定されたポストのリストを見直し，技術進歩を考慮に入れてリストをアップデートしなければならない．

第33条　ポストの留保：すべての当該政府はすべての組織において，障害者の比率が3%に満たない比率のポストに障害者及び障害者として分類される人たちを選任しなければならない．また，その当該ポスト各1%ずつは，次のような障害を被っている人たちにそれぞれ留保されなければならない．
　(i) 盲および弱視
　(ii) 聴覚障害
　(iii) 移動性障害ないしは脳性マヒ

ただし当該政府は，どの部門・組織においても，そこで実施される職種について，障害者を雇用できない何か特別の条件がある場合には，告示により，

その部門で提供される割り当て分を,どの組織であっても除外することができる.

　このように障害者法では,一般の労働市場での雇用が難しい障害者について政府・公的部門における雇用のための留保枠を用意している.しかしながらすでに述べたように,障害者法の実施のための十分な制度的枠組みが政府に用意されていないことから,この規定は多くの政府機関・部署で無視されてしまっている.
　② 問題の具体例——公務員試験:公的機関における障害者の雇用留保枠の確保については,近年具体的な問題が発生している.最初に紹介するのは,2006年に起こった連邦公務員試験にまつわる事件である.
　これはニューデリーの連邦公務員試験委員会が,障害を持つ候補者12人が試験に合格したのにもかかわらず,3人の採用を拒否したという事件である[16].当初この3人は,障害の「レベル」が38%であって,40%の適用水準未満[17]であることから,1995年障害者法の適用範囲外と判定され,採用が拒否された.しかしこれに対する抗議を受け,障害の「レベル」を再診断したところ,今度は55%と判定されたので,採用拒否の判断が翻った.
　これは試験に合格した障害者の採用を,障害者法の雇用留保枠制度の細かい条件を,同法の趣旨とは正反対の意図で用いることによって,取り消そうとした事件である.
　また,この事件に関連して注目したいのは,この問題について当事者団体であるNAD(National Association of the Deaf:インドろう青年協会)が抗議した時には,コミッショナーも副コミッショナーもともに移動法廷のためニューデリーの事務所を留守にしていて対応できず,その状況下で抗議行動が広がったため[18],これを首相が取り上げることで[19],ようやく収拾[20]に向かっ

---

[16]　2006年11月5日 Times of India紙,"Fit for Exam, but unfit for babudom"および2006年11月4日 Times of India紙,"Why subject us to humiliation ?".
[17]　前述のように,1995年障害者法における障害者の定義として「40%レベル」が基準となっていることを想起されたい.
[18]　2006年11月9日,Times of India紙,"Hearing-impaired force a hearing".
[19]　2006年11月21日,Times of India紙,"Finally, justice for 3 disabled".
[20]　一人がインド内務省,一人がインド外務省,残る一人が,郵便・通信・金融サービス(P&TFAS)に採用された.

たという点である．本来裁定の機能を果たすはずの CCPD が機能せず，首相の上からの介入によって，言うなれば属人的に解決されたことが，問題の深刻さを浮き彫りにしている．障害者雇用のための留保枠制度があるべき姿で施行されていないばかりか，それに対する解決が，法や制度によらず，首相の裁量によってなされたことも重視すべきである．

残念ながら，公務員試験に合格した障害者の採用を拒否するという問題は，連邦レベルのみでなく，州レベルでも発生している．マニプル州では，視覚障害を持つ受験生に点字受験のアレンジができないという理由で受験を拒否したケースもあった[21]．これについても当事者団体による抗議があり[22]，州政府の介入で採用が認められるに至った．

③ 裁判所による支持：このように障害者の雇用が進まない状況に際し，当事者団体による抗議行動に加えて，裁判所による障害者雇用促進の支持が得られていることが特筆される．

最も注目されたのは，ムンバイ州政府が障害者雇用留保枠を満たせないでいることに対するムンバイ高等裁判所の対応であった．ムンバイ高裁は州政府に対し「留保枠が埋まるまで，非障害者の新規採用を禁止する」という命令を出した[23]．

またデリーでは，障害者たちが 2006 年 5 月の公務員採用試験において，身体障害者採用の基準を社会の他の社会的弱者の部門の採用と同じ程度にまで緩めることを申し立てた．これに対し，デリー高裁は，同市および同市の公務員委員会に対して，実情を調べて報告を出すよう通告を出したという[24]．これは，指定カーストには，受験回数に上限が無く，何度落ちても「無限回」受験を繰り返すことが認められているのに対して，障害者については受験が 7 回に限定されていることを不服として，裁判所に申し立てがなされたものである．

---

21) 2006 年 2 月 5 日，New Kelala com., "MPSC flayed for not arranging examination for disabled people".
22) 2006 年 2 月 16 日，The Imphal Free Press 紙，"State's disabled rally to demand jobs reservation" および，同日，The Sangai Express 紙，"Disabled persons to rally on Feb 16".
23) 2006 年 9 月 7 日，Express India 紙，"State government rapped for inaction over disability issue".
24) 2006 年 1 月 11 日，Times of India 紙，"HC issues notice to stay UPSC exams for disabled".

他にも全インド盲人連合会が国家公務員高官のポスト（Class I と Class II）の任命に関し，障害者も対象とすることを求めて提出した PIL[25]を，ボンベイ高裁が認めて改善命令を出した[26]という事例もあった．

また，このような雇用留保枠に直接関係した形での介入に加え，その他の側面でも司法が障害者を支援する動きが見られている．ボンベイ高裁はマハラシュトラ州政府に対して，障害担当コミッショナーをさらに追加で任命するように命令を出した[27]．これはインド盲人連合(NFB)による PIL を受けたものであるが，コミッショナー事務所が州に一つだけ（同州では，Pune にしかない）では，州内の障害者の問題に十分対処できないという制度的な問題を解決するために出されたものである．

このようにインド司法が行政府の機能不全を補う積極的な役割は，障害者の社会進出を大きく後押ししている．

④ 適用範囲の民間部門への拡張：一方，こうした障害者雇用枠制度を，公的部門のみならず民間部門にも適用すべきだという考え方も広まってきている．一例を挙げれば，人的資源開発相が 2005 年の「世界障害者の日」の前夜祭で行った演説[28]で，こうした意見を表明した．また南部タミールナドゥ州のチェンナイに本部のある NGO である「Nandini 貧しいものの声」が行った障害者に対するアンケート調査[29]では，民間部門での雇用を求める障害者の声が顕著であった．

実際に，1995 年障害者法で公的機関に対して定められている 3% の雇用留保枠制度を IT 産業に対して適用しようとの考えが，連邦政府の IT 省にある[30]．同様に，連邦政府から多額の補助金を受けている NGO については，準公的機関と見なし，3% の雇用留保枠を適用すべきだとする声が，NGO

---

25) PIL(Public Interest Litigation)とは，インドの制度で公益訴訟と訳されることが多い．社会的弱者救済のためのもので，公益に反する人や企業，政府の行動を裁判所に訴えることができる．児童労働や環境，ジェンダー問題への対応などでも用いられている．司法積極主義と呼ばれる裁判所による社会問題への介入の背景にある制度としても知られている．
26) 2006 年 4 月 7 日，Express India 紙，"Let the disabled join higher posts: High court tells state".
27) 2006 年 12 月 21 日，Hindustan Times 紙，"Govt to appoint additional commissioner for disability".
28) 2005 年 12 月 3 日，Chennaonline-com，"Reservation for disabled inadequate".
29) 2006 年 2 月 7 日，Hindu 紙，"Disabled persons seek nomination to legislatures".
30) 2005 年 12 月 18 日，Web India123，"Onus on pvt firms to reserve seats for disabled: Maran".

を管轄する社会正義・エンパワメント省にあるという[31]．

一方，こうした制度的義務づけによらずとも，すでに障害者雇用の実績を上げているIT企業またBPO(ビジネス処理アウトソーシング)企業がある．これらの企業においては，コンピュータを用いた作業が多く，一部の障害者にとっては，他産業に比べて参入がしやすい[32]．また大学でも，障害者をITの専門家として養成しようという動きがある．チェンナイには，聴覚障害者を対象としてコンピュータの応用・利用の専門家を養成する大学が，その開校式に大統領の出席を得た[33]など，ITが障害者の雇用環境を整えてきている側面がある．ただし，障害者の雇用を増やそうとしている企業の中には，非障害者の離職率が高いことから，他で就職が難しいがゆえに離職率が低そうな障害者をターゲットとしている場合があるので注意が必要である．

3. 将来に向けて——インドにおける障害者の貧困削減

以上，インドのケースについて，1995年障害者法の内容とその施行を中心に論じてきた．再三述べたように，政府の取り組みについての問題が非常に大きい．障害者支援3機関のうちの二つの長に障害関係者が就いたことで，事態はかなり改善されてきているという見方もある．また非当事者がその長に就いているCCPDに関しても，当事者団体による抗議活動などの圧力により，障害者支援を改善する方向に，動いていくものと思われる．

一方で，政府の制度の枠内での障害者の雇用には量的限界がある．上述のように，公的部門に倣い，成長著しいIT産業など民間部門でも障害者の雇用を増大させるための仕組みを作ろうという試みもいくつかある．また雇用機会の創出のみならず，障害者の能力開発のために，より高度な技術を身につけさせるための大学の創設，および職業リハビリテーションの拡大も試みられている．さらに障害者の起業を指向するマイクロファイナンスもインド

---

[31] 2005年9月28日，Times of India紙，"No place for disabled quota in NGOs".

[32] 2006年7月11日，Mumbai Mirror紙，"Call to the disabled..."および2006年5月2日，同紙，"BPOs make a call to disabled candidates", 2006年3月4日，Hindu紙，"Progeon to recruit disabled persons", 2006年5月7日，New Kerala com, "Being disabled is not a barrier to success".
2006年1月31日，Hindu紙，"Firms ready to recruit people with disabilities"など．

[33] 2007年1月4日，Hindu紙，"New courses for hearing impaired"および1月6日，同紙，"First-ever B. Tech course for hearing impaired students".

では見られる[34]. これらの総体的取り組みを実らせることが，今後の障害者の貧困削減のための必要条件であろう．

第3節　フィリピンの障害者雇用

フィリピンはインドと並び，開発途上国の中でも障害者法制度が比較的進んでいる国として知られている．しかしインドと同様，法の施行という点で大きな問題があるうえ，インドほど，障害者への雇用保障が話題となっていない．一方，障害者当事者団体は，ユニークな動きを見せているという特徴がある．

1. フィリピンの障害者

2000年に実施された人口センサスによれば[35]，フィリピンの障害者数は94万2098人で全人口の1.23％となっている．1995年に実施されたセンサスでは91万9292人であったので，5年間で2.48％増加している．また2000年センサスにおける障害種別および年齢別障害者数は表6の通りである．これによればフィリピンにおける障害者の数は，視覚障害関係が最も多く，これに聴覚障害関係が続く，という形になっている．また視覚障害は，40歳以降で急増しているのが特徴的である．

ただしインドの場合と同様，フィリピンの障害者数は過小評価されていると考えられる．これまで実施された障害者統計には，表7に明らかなように，担当機関によって大きなばらつきがある[36]．

インドの障害者と同様に，フィリピンの障害者も大きな経済的困難を抱えている．しかしこのことは人口センサス・データからは明らかにならないの

---

34) 2006年8月31日，The Hindu紙，"SHGs for disabled soon"はそうした障害者へのインドでのマイクロファイナンスの取り組みを紹介したものである．
35) 以下の節の2000年センサスについてのデータは，http://www.census.gov.ph/data/sectordata/sr05150tx.html(2006年1月10日ダウンロード)より．
36) 大きなばらつきの理由としてDepartment of Health, Republic of the Philippines[2004]が挙げているのは以下の通りである：①障害の定義の不統一，②時間と予算の制約による回答者の理解の不足，③障害を隠す回答者がいる，④障害に社会的なスティグマが伴っている，⑤未回答があった場合の理由がはっきりしない，⑥調査担当者の医学的知識の不足．またこれら以外にも，障害統計に回答するインセンティブがない(日本では，質問票への回答が障害者手帳交付の要件とされている)ので質問票の回収率が低いこと，障害統計の実施主体が統計局，保健省など様々な部署になっていることも問題として挙げられる．

表6 フィリピンの障害年齢・種別人数

障害種別	年齢										合計
	15歳未満	15-19	20-24	25-29	30-34	35-39	40-44	45-49	50-54	55-59	60-	
全盲	8,845	2,798	2,425	2,104	2,052	2,039	1,985	2,195	2,471	2,233	14,867	44,014
部分盲	13,071	4,272	3,884	3,401	3,332	3,647	3,972	4,267	4,610	4,528	27,747	76,731
弱視	15,173	6,089	6,143	5,670	6,358	8,428	20,023	31,553	38,181	36,707	178,073	352,398
全ろう	9,856	3,589	2,767	2,311	2,161	1,990	1,703	1,253	1,163	986	8,111	35,890
部分ろう	6,301	2,230	1,658	1,438	1,402	1,351	1,290	1,337	1,330	1,497	21,149	40,983
難聴	2,681	1,001	810	802	837	924	1,099	1,204	1,582	1,856	31,929	44,725
言語障害	18,925	5,895	4,709	3,951	3,499	3,169	2,514	1,939	1,542	1,174	3,545	50,862
両・片上肢・手欠損	10,269	3,021	3,008	2,633	2,495	2,319	2,294	1,978	1,914	1,586	4,796	36,313
両・片下肢・足欠損	6,965	2,785	3,680	3,174	3,495	3,329	3,020	2,848	2,803	2,392	8,876	43,367
四肢マヒ	13,745	4,402	4,010	3,363	3,250	2,972	2,690	2,676	2,859	2,653	13,269	55,889
知的障害	21,174	9,077	7,622	6,336	5,368	4,306	3,454	2,492	1,868	1,217	3,199	66,113
精神障害	15,993	5,680	6,140	6,132	6,492	6,028	5,273	4,080	3,309	2,293	5,874	67,294
重複障害	6,045	1,987	1,711	1,432	1,504	1,344	1,293	1,427	1,495	1,617	7,664	27,519
合計	149,043	52,826	48,567	42,747	42,245	41,846	50,610	59,249	65,127	60,739	329,099	942,098

出所) National Council for the Welfare Disabled Persons[2004].

表7 フィリピンの障害者統計における障害者数・比率

調査年	担当機関	調査結果
1980	全国障害者コミッション	4.4%
1990	フィリピン統計局(NSO)	636,999 人
1995	フィリピン統計局(NSO)	1.23%
1995 および 1997	フィリピン保健省	0.76%
2000	保健開発センター(VI-DOH)	1%
2000	フィリピン統計局(NSO)	1.23%
2000	フィリピン大学公衆衛生健学部	2.9%
2003	カミギン(Camiguin)地域当局	25.1%

出 所) Department of Health, Republic of the Philippines [2004].

で,筆者はフィリピンのマニラ首都圏と,地方都市の一つの典型であるミンダナオ島のダバオ・シティで,ろう者への聞き取り調査を行った.インドの分析の際に確認されたように(表4),ろう者は障害者の中でも雇用機会を得る確率が比較的高いと考えられる.後述のように,そのろう者であっても雇用機会を得ることが容易ではない,ということから,ろう者を例として分析することで,障害者が雇用機会を得ることがいかに困難かを示すことができる.

聞き取り対象は,マニラ首都圏 19 人(年齢層:23～43 歳,高卒あるいは大学中退,大卒,男性9,女性10),ダバオ・シティ 34 人(同:17～51 歳,高卒あるいは大学中退,大卒,男性17,女性17)の合計 53 人である[37].この対象者のうち,現在職を得ているのは,マニラ首都圏で 11 人,ダバオ・シティでも 14 人のみであった.筆者が聞き取りを行ったろう者の数は,マニラ首都圏在住のろう者の総数に比べれば,ごくわずかに過ぎない.一方,ダバオ・シティにおいては,それほど小さいものではない.というのは,ダバオではマニラ首都圏に比べてろう者の数が圧倒的に少ないうえ,ろう者のインフォーマルなコミュニティは比較的限定でき,そのリーダーが,ろう者の全体像をおおよそ把握しているからである.リーダーへの聞き取りによれば,ダバオ全体で就労可能なろう者の数は 100 人ほどであり,そのうち就労している人の数は 15 人ほどである.つまり筆者のインタビューは,ダバオ・シティで就労で

---

37) 2005 年 10 月及び 2006 年 9～10 月に筆者が行った対面インタビューによる.

きているろう者のほとんどをカバーしたことになる[38]．この100人をダバオ・シティのろう者の中の経済活動人口，そして15人を就業者とすれば，単純計算によって失業率は85%となる．当然ながらこの値は，フィリピンの労働官庁であるDepartment of Labor and Employmentの発表による労働力全体を対象としたダバオの失業率(2005年1月)の8.6%，フィリピン全体の失業率11.3%と比べて非常に高い．

次に，インタビューで明らかとなったろう者の雇用の実態について述べよう．マニラ首都圏の11人，ダバオ・シティの14人の就業者のインタビューによれば，いわゆる常雇いとして職を得ているのは，これらの就業者の中でもマニラで4人，ダバオ・シティで4人に過ぎない．雇用先は教育機関や一般企業である．中でも特殊教育の教員資格を得て教職に就いている人の場合には，大学院修士課程修了が義務づけられているため，かなり高いハードル[39]をクリアした特別な例と言わざるを得ない．それ以外の就業者は，家族が経営する企業の手伝いや，ろう者協会のようなNGOで短期的なプロジェクトの運営に限って雇用されているといった不安定な職に就いているにすぎないというのが典型的状況である．

障害者の中で比較的雇用機会に恵まれていると見られるろう者でさえ，このような困難な状況にある．したがって障害者一般は，平均的にはより困難な雇用状況にあることが推測される．

また外資系企業における雇用の例として，フィリピン国内の日系企業のデータが得られるため，それで障害者の雇用の実態を見てみると，日系企業にとっても障害者の雇用は，表面的には知識として理解されている[40]が，国内

---

38) ちなみにフィリピンの社会福祉担当官庁であるDSWD(Department of Social Welfare and Development)の統計では15〜59歳の「聴覚障害者」の同市内の人口は748人であるという．ろう者のリーダーから得た「就労可能ろう者数」100人を労働統計で言うところの「労働力」と見なせば，労働参加率は100/748＝13.4%という低い値になる．

39) 容易に想像されるように，先進国で得られるようなろう者に対する教育支援(例えば公的な金銭的支援，手話通訳サービス)は，フィリピンの大学では得られない．ろう者を対象とした専門大学はフィリピンで1校マニラにあるのみである．したがってろう者が大学卒業資格を得るのは容易なことではなく，中退者も多い．

40) フィリピンの日本人商工会議所の月報など外国人である日本人が得られるフィリピンについての情報は，次のように記している．「障害者憲章(The Magna Carta for Disabled Persons)は，求職，雇用，昇進，解雇，給与，研修，その他の契約条件や雇用特権に関する，障害者に対する差別を禁止している」(日本労働協会[2003])．「障害者のための機会均等も保障されている．必要な技術や資格のある障害者を雇用する民間組織については，障害者に支

での障害者の雇用と比べるとフィリピンにおける障害者雇用は多くの地域で日本を下回り，全く雇用がない地域が多い[41]．

2. フィリピンの障害者法制度

このように障害者の経済的困難に対して，フィリピンではどのような法的・制度的支援が与えられているのであろうか．

フィリピンにおける障害者の権利の基盤となっているのが，「障害者のマグナカルタ」である．これは，正式名称を Magna Carta For Disabled Persons and Its Implementing Rules and Regulations (Republic Act No. 7277) と言い，障害者の雇用，教育，保健，支援社会サービス，電気通信，アクセシビリティ，政治的・市民的権利を記したものである．障害者に対する雇用，交通機関，公的な住居・宿泊施設等での差別も禁止している．また，雇用機会の均等も規定されている．フィリピンの障害者が，自らの権利を主張する際に，第一に拠って立つのはこの法律である．

「障害者のマグナカルタ」には，「障害者を雇用した場合には，障害者に支払われる賃金総額の 25% 相当額を課税対象の法人所得から割増控除できる」[42]という条文や，「民間企業は身体障害者のために合理的な配慮をするための物理的な設備の改善・改修の直接費用の 50% 相当額を課税対象の法人所得から割増控除できる」[43]という条文がある．これらの条文は，税控除という形で企業に障害者雇用へのインセンティブを与えようとしている[44]．

これに加えフィリピンには，Accessibility Law (Batas Pambansa Bilang 344) と呼ばれる，障害者の公共の交通機関や建物へのアクセスを規定した法律も

　　払われる給与や賃金の総額の 25% に等しい額が総収入から追加控除される．また障害者のために妥当な就労環境を整備するために設備資産を改良または改造する民間組織については，改良や改造に係る直接費用の 50% に等しい額が課税対象純収入から追加控除される」(フィリピン日本人商工会議所[2002])．
- 41) NNA[2006]による．わずかに雇用実績があるとして挙げられている地域としては，マニラ首都圏のみであり，逆にラグナやセブ・ミンダナオ地域では実施をしたいという希望もゼロとなっている．また採用があるのは，非製造業部門のみであり，製造業部門は実施はしたいが実績はゼロ，採用をしたいという希望があるのは現地法人のみで，支店・支社ではゼロとなっている．
- 42) 「障害者のマグナカルタ」の Section 8, Chapter I, Title Two paragraph b である．
- 43) 同 Section 8, Chapter I, Title Two paragraph c である．
- 44) フィリピンでは政府財政の苦しさもあって，民間部門への障害者雇用補助金その他の経済的スキームは存在しない．

存在する.

3. 障害者雇用が進まないことの背景

このように障害者の権利を規定した「障害者のマグナカルタ」や関連法規によって，障害者の差別の禁止，機会の平等，および雇用の促進，が謳われているのであるが，第1項で示したように，効果が上がっていないのが実状である.

この背景として挙げられるのが，フィリピンの企業における「試用期間」雇用の濫用である．この問題は一般の労働者に対しても該当するが，前述のマニラ首都圏，ダバオ・シティにおけるインタビューによれば，この問題は障害者の雇用について，より深刻であると言える.

フィリピンでは，障害者，非障害者を問わず，正規の雇用者(regular employee)に対して，試用労働者(probationary employee)と呼ばれる入社後6カ月，契約によっては18カ月の試用期間で働いている労働者が存在する．制度的には，この間に正社員としての適性があるかどうかを判断し，適性がなければ試用期間の満了をもって雇用を打ち切ることができる．企業によっては社員全員を試用労働者として雇用し，手続き的には全員を試用期間でもっていったん解雇して再び全員を雇用するというやり方をとっている企業がある．フィリピンでは日系企業などでもよく知られている制度であるが，この傾向は，非熟練労働を多数雇用する企業などで見られる．試用労働者には法定最低賃金の75％が適用されるに過ぎない．より具体的に言えば，労働法規則(Omnibus Rules Implementing the Labor Code)の第2部人材開発プログラム，第6章「徒弟訓練制および特別な労働者の雇用」の第29項「賃金」において「徒弟制の賃金率は最初の6カ月間については法定最低賃金の75％からスタートし，その後に完全な生活手当を含む満額の最低賃金の支払いを受ける」[45]とある.

また同じ労働法規則には障害者に関する規定もある．同規則の第2部人材開発プログラムの第8章「障害のある労働者」では，身体障害および精神障害，負傷者を障害のある労働者として(第1項)，その雇用が雇用機会の削減

---

45) Philippine law gazette, The Labor Code 1998 Edition, Philippine law gazette, 1998, p. 95.

を防ぐのに必要な場合でかつ,労働コスト面でアンフェアな競争を作り出す,あるいは労働基準を損なうことがない場合に,障害者は雇用されうるとしている(第2項).またその第3項で雇用に当たっては,文書で契約を取り交わし,その文書には雇用主と障害を持つ労働者の名前や仕事の内容,雇用期間を記さねばならないとし,その賃金は法定最低賃金の75%未満であってはならないとしている.また第5項で,もし彼らの障害が徒弟制や指導力養成のためのプログラムの対象となっているような職種や仕事の操作の能力を事実上妨げるようなことがないようなものなら,障害を持つ労働者は,徒弟や見習いから排除されることはない,としている[46].このように障害者の最低賃金は法定最低賃金の75%に設定することが認められており,この面においては実質的に障害者は,試用労働者と同じような立場に置かれたままとなってしまっている.

総じて言えば,障害者が雇用される場合に試用労働者として不安定な立場に置かれる蓋然性が,非障害者の場合より高く,結果として障害者の失業率を高めていると言える.このように試用期間の制度の濫用という慣行が許されていることが,障害者雇用の成長を妨げている一因と考えられる.

今一つ,障害者雇用の伸び悩みの原因となっているのが職業訓練や教育の不足である.筆者がフィリピン政府の障害者社会福祉担当部門であるNCWDP本部の複数の担当者にインタビュー[47]した結果によれば,障害者雇用に関しては,次のような大きな問題がある.

① 障害者への不十分な職業訓練
② 障害者への不適切な職業訓練
③ 雇用側の障害者及び障害者雇用に対するネガティブな態度
④ 障害者が働きにくい職場環境
⑤ 求人の不足
⑥ 障害者の教育水準,能力の低さ

中でも注目されるのは,職業訓練およびその前提としての学校教育の不足が問題視されていることである.このことから,これまで述べてきた労働需

---

46) Philippine law gazette, The Labor Code 1998 Edition, Philippine law gazette, 1998, p. 97.
47) 2005年10月マニラ首都圏ケソン・シティーにあるNCWDP本部におけるインタビューによる.

要サイドの対策のみならず,労働供給サイドでも対策が取られるべきである.

4. ろう者の採用・雇用の実態

再びろう者を例に取り,障害者の採用と雇用の具体例を示そう.以下の記述も前述のインタビューに基づいている.

既に述べたように,ろう者の場合も非障害者以上に,試用期間のみの採用が一般的である.通常,継続雇用はされないため,6カ月後には失業することになる.こうした機会を,例えば30代で一度だけ経験し,それが唯一の自分の雇用体験である調査対象者がマニラでは多数を占めていた.

また,あるろう者が試用期間採用をされた場合,そのろう者が解雇された後に別の友人のろう者を紹介する,という採用パターンが一つの典型として観察された.雇い主の側としても,ろう者の後にろう者が入るということは,労働条件を変えなくて良いので,コスト的にも引き合うものと考えられる.

また低い教育水準が,ろう者の雇用を妨げる一つの要因として挙げられていたが,教育が雇用機会を得る十分条件でないことは明らかである.具体的に言えば,マニラでは大卒資格を持っていてもその就職状況は非常に悪い.マニラ,ダバオ・シティとも,大卒者でもその就業先は,小食堂(Eaterly)の店員か福祉関連企業に限定されていた.

また,インドで期待されているようにIT関連技術は,使い方によっては障害者の労働生産性を飛躍的に高めうると考えられている.しかし今回のインタビューで明らかになったのは,職業訓練(Vocational Training)と実際の就職市場でのニーズのミスマッチングの問題であった.すなわち,大学での職業訓練が特定のソフトウェアの操作技術に限定されていたため,新しいソフトウェアの発展に大学教育がうまく対応できていないのである.具体的に言えば,現在30代の世代は大学で習ったワープロ・ソフトはWordstarで,表計算ソフトはLotus1-2-3であった.このため,現在普及しているソフトウェアの使用法に習熟しておらず,職業訓練の成果が活かされていない.

またダバオ・シティのような地方都市では,ろうの学生へのサポート・システムを持つ大学がないため,マニラ首都圏にある大学へ進学しなければならないのであるが,それは費用的に難しいため,中退する学生が多いという問題もある.

5. 障害者雇用拡大に向けて

以上述べてきたように，フィリピンにおける障害者雇用は，政府が用意したインセンティブが実質的に機能しておらず，伸び悩んでいる．これに対して，どのようなアプローチが有効なのであろうか．

第一に，世論の喚起という意味で，国際的な動きと連動した運動を行うことが挙げられる．フィリピンは2002年8月に「全国障害者行動計画」を発表し，2003〜2012年の10年間を「フィリピン障害者の10年」[48]と定めた．これはアジア地域で展開されている「アジア障害者の次の10年」というキャンペーンに併せて実施しているものである．またこれに加えて「びわこミレニアム・フレームワーク」という障害者支援の枠組みも国際的に合意されており，その枠組みで策定された優先課題をフィリピンに取り入れている．

第二に，障害者当事者団体を通じた障害者の経済的エンパワメントが期待される．フィリピンにおいては，障害者コーポラティブ運動が一つの興味深い取り組みを示している．全国障害者コーポラティブ連盟(National Federation of Cooperatives of Persons with Disability: NFCPWD)[49]は，障害者自身によって運営，操業されているフィリピン国内にある12のコーポラティブ[50]の連合体で，肢体不自由を中心とした500人以上のメンバーで構成されている．NFCPWDは，CBMI(Christian Blind Mission International)という盲人関係の国際NGOをはじめとする，いくつかの国内外NGOの支援を受けている．このNFCPWDに属する組合では，一般的な工作機械を用いて学校用の椅子や机を作っている．手工芸品を作っている障害者の授産施設は珍しくないが，それよりも加工度，技術ともに高い製品を作っている．そして重要なことは，これらの製品に対するマーケットが存在するということである．フィリピンでも小学校教育は全国に広がっており，小学校に教育省の予算で納入される机や椅子をNFCPWDは納入している．したがって需要も安定しており，障害者の製造業としては比較的成功しているケースと言えよう．肢体

---

48) Proclamation No. 240, "Declaring the Period from the Year 2003 to the Year 2012 As the Philippine Decade of Persons With Disabilities."
49) 以下，NFCPWDについての記述は，2005年10月に行われた同連盟への筆者の訪問インタビューによる．
50) 地域的分布で言えば，ルソン島に七つ，ヴィサヤ地域に二つ，ミンダナオ島に三つある．

不自由の障害者が主体となって運営されているので，職場には階段ではなくスロープが設置されているなど，車椅子でも動きやすい工場設計になっている．障害者が運営の中心となっているという点，また比較的高度の技能を活用してマーケットの獲得にも成功しているという点も，評価されよう．いわば障害者の自助グループ(Self-Help Group: SHG)と政府の協力が雇用をうまく生み出したケースと言える．

おわりに

　本章では，1990年代に障害者についての包括的な法律を策定したインドとフィリピンを取り上げ，両国における障害者の経済的エンパワメントの主要な手段としての雇用の可能性を検討した．両国に共通していたのは，法律が整っていても法律の施行に問題があり，障害者の雇用の拡大が進んでいないという点であった．今一つの共通点として挙げられたのは，そのような行政の機能不全を，障害者の当事者団体が補完し，インドでは障害者の雇用留保枠の実現，フィリピンでは雇用創出，という面から大きな貢献をしていたことである．

　他方，現実的な問題として，障害者の経済的エンパワメントのためには，雇用という方法のみに依存することには限界があることも強く印象づけられた．企業等に「雇用される」ことだけではなく，それぞれの障害者の実情を勘案しつつ，障害者自らの自助グループ(SHG)の設立を促進する環境を整えていくことも同時に取り組まれなければならない．障害者の持つ能力を引き出すような制度づくり，そして訓練を学校教育の段階から整備し直すことが必要になろう．また障害者SHGへのマイクロファイナンスの提供も，その可能性と有効性が検討されるべきであろう．

　貧困者の中に多く見られる障害者の問題を解決しないでは，貧困問題の解決は得られない．しかし，その解決は一般的な非障害者を念頭においた雇用の拡大だけではなしえないということである．障害があるために，採用の前に多くの壁がある．教育が十分に受けられないという壁も存在する．一般の職場で採用されても，車椅子であればスロープやエレベーターが整備されていないと，1階にある職場以外で働くことはできない．PCを使用するよう

な職場であれば，PC画面の音声化ソフトを整備しないでは視覚障害者は働くことができない．こうした様々な人たちに対応した職場環境の整備も必須である．職場同僚への障害理解の啓蒙もまた課題であろう．農村部では，障害は過去の悪行の天罰であるといったような誤った障害理解により，村落社会から社会的に排除されて仕事を得られないというケースもある．本章で述べているのは，それを障害者の持てる能力を発揮させる，発揮できるような状況を作っていくという意味で，「エンパワメント」に注目したアプローチで解決していこうとするものである(Barnes and Mercer[2004])．これはその能力発揮を妨げている様々な制約を解き放つということも同時に意味している．以上のように単に雇用の拡大ということではなく，こうした広い概念が必要になってくるゆえんである．

参考文献

〔日本語文献〕

NNA[2006],『日系企業フィリピン現地社員給与動向 2005年度版』NNA, 36～37ページ.

久野研二[2003],『開発における障害(者)分野の Twin-Track Approach の実現に向けて――「開発の障害分析」と「Community-Based Rehabilitation: CBR」の現状と課題,そして効果的な実践についての考察』国際協力機構.

――・中西由起子[2004],『リハビリテーション国際協力入門』三輪書店.

斉藤千宏編著[1997],『NGO 大国インド』明石書店.

重冨真一編著[2001],『アジアの国家と NGO――15カ国の比較研究』明石書店.

高嶺豊[2005],「アジア太平洋地域における障害と開発問題――障害者の自助グループ構築への取り組み」日本貿易振興機構アジア経済研究所研究会発表資料.

ニノミヤ・アキイエ・ヘンリー[1999],『アジアの障害者と国際 NGO――障害者インターナショナルと国連アジア太平洋障害者の10年』明石書店.

日本障害者リハビリテーション協会[2006],『CBR に関する最近の文献集 CBR ジョイント・ポジション・ペーパー 2004』日本障害者リハビリテーション協会.

日本労働協会編[2003],「国別労働基礎情報」(『海外労働時報』2003年臨時増刊号 No. 336, 105～106ページ).

野上裕生[2008],「『障害と開発』問題への人間開発アプローチ」(森壮也編『障害と開発――途上国の障害当事者と社会』日本貿易振興機構アジア経済研究所).

FASID(国際開発高等教育機構)[2006],『人間の安全保障を踏まえた障害分野の取り組み 国際協力の現状と課題』FASID.

フィリピン日本人商工会議所編[2002],「フィリピンの労働基礎事情」(『フィリピン日本人商工会議所 月報 p-Business』No. 188, 15ページ).

森壮也[2004],「障害と開発」(朽木昭文・野上裕生・山形辰史編『テキストブック開発経済学(新版)』有斐閣, 309～318ページ).

――[2006],「特集にあたって――障害は,今,福祉問題から開発問題へ」(『アジ研ワールド・トレンド』特集 障害と開発――開発のイマージング・イシュー, No. 135, 12月, 2～3ページ).

〔外国語文献リスト〕

Barnes, Colin and Geof Mercer[2004], *Implementing the Social Model of Disability: Theory and Research*, Leeds: The Disability Press.

Coleridge, Peter[1993], *Disability, Liberation and Development*, Oxford: Oxfam(中西

第8章　障害者のエンパワメント

由起子訳『アジア・アフリカの障害者とエンパワメント』明石書店，1999年）．
―――［2005］, "Economic empowerment and disabled people," Handout Presented for the Regional Workshop on Comprehensive National Plan of Action on Disability, 19–21, October, Bangkok.
Elwan, Ann[1999], "Poverty and disability: a survey of the literature, social protection," *Social Protection Discussion Paper Series*, No. 9932, World Bank.
Department of Health, Republic of the Philippines[2004], *Manual of Operations of the Philippine Registry for Persons with Disabilities*, Manila: Dept. of Health, Republic of the Philippines.
Helander, Einar[1993], *Prejudice and Dignity: An Introduction to Community-Based Rehabilitation*, New York: UNDP（佐藤秀雄監修，中野善達編訳『偏見と尊厳―――地域社会に根ざしたリハビリテーション入門』田研出版，1996年）．
Kawano, Yuka[2003], "A review of the concepts of empowerment and women's empowerment projects in South Asia," *Josai International Review*, Vol. 9 (20031001), pp. 39–58.
Liu, Wei[2005], "Improving national statistical systems for disability information in the Asia Pacific region," Handout Presented for the Regional Workshop on Comprehensive National Plan of Action on Disability, 19–21, October, Bangkok.
Mishra, A. K. and Ruchika Gupta[2006], "Disability index a measure of deprivation among disabled," *Economic and Political Weekly*, September 23, pp. 4026–4029.
Mitra, Sophie and Usha Sambamoorthi[2006], "Employment of persons with disabilities evidence from the national sample survey," *Economic and Political Weekly*, January 21, pp. 199–203.
National Council for the Welfare of Disabled Persons(NCWDP)[2004], *The National Plan of Action: Philippine Decade of Persons with Disabilities(2003–2012)*, Manila: NCWDP.
National Federation of Cooperatives of Persons with Disability(NFCPWD)[2005], *These Abled Disabled*, Pasig City: NFCPWD.
Reddy, M. V. and C. R. Chandrasekhar[1998], "Prevalence of mental and behavioural disorders in India: A Meta-analysis," *Indian Journal of Psychiatry*, Vol. 40, pp. 149–157.
United Nations(UN)[1990], *Disability Statistics Compendium*, New York: UN.

索　引

欧　文

AGOA　　134
ASA　　157
BancoSol　　157
BRI　→インドネシア庶民信用銀行
BRI-UD　　161, 167
CBO　→地域住民組織
CCA　　236
CCC　　232-3
CCPD　　232-3, 235-6, 239, 241
CEC　　232-3
decent work　→就くにふさわしい仕事
Direct Route　　viii, 25
DRG　　235, 237
EGS　　203
entitlement　　218
ESCAP　　225
EU　　7, 84-5, 101
FISE　　181, 184-7, 190-3
Food for Work (FFW)　　206, 208, 213, 218
G7　　5
G8　　5, 7
HIPC　　182-4, 186
HIV　　vii, 2-3, 6, 8, 16-7, 19
ICF　　225
IDB　　185, 187
ILO　　92, 125, 135, 139, 199, 203, 216
　　──条約　　114-5, 140
IMF　　5-6, 183-4
Indirect Route　　viii, 25
INIFOM　　186-7, 195
JICA　　184
LDC(s)　　7, 28, 81-4, 86, 100-2, 104
LSMS　　181, 185, 188, 190, 192
Millennium Challenge Account　→ミレニアム挑戦会計
NAD　　238
NGO　　xi, 151, 153, 162, 166, 172, 179, 182, 195, 215, 222, 226, 232, 234-5, 240, 245, 250

NPO　　153
NT　　236
ODA　　3-7, 195
pro-poor growth　　25
PRSP　　viii, 184, 186, 188, 194
RCI　　236
ROSCA　→回転型貯蓄信用講
RPED　　114, 123, 126
SafeSave　　170, 173
SARS　　8, 16
self-targeting　→自己選択によるターゲッティング
SFDA　　201
SHG　→自助グループ
UNDP　　4
USAID　　185
WHO　　221, 225
WTO　　2-3, 7, 9, 81, 83-4, 92

あ　行

アカウンタビリティー　→説明責任
アジア　　8, 16, 27-30, 35, 41-2, 48-50, 104, 112, 182-3, 226, 250
　　──障害者の次の10年　　250
足による投票　　179
アナン，コフィー (Annan, Kofi A.)　　4, 6
アファーマティブ・アクション　　234
アフリカ　　x, 5, 7, 16, 27-30, 45-6, 48, 50, 111-3, 122-4, 132, 141, 179-83, 207
　　──委員会　　5
　　──開発に関する報告書　　5
アメリカ（米国）　　2-4, 6-9, 63-4, 66, 76, 84-5, 92, 98, 101, 116-8, 121-2, 134, 185, 224
　　──同時多発テロ　　1-2, 8-9
アリサン　　162
安全保障　　2, 4-5
イギリス　　5-6, 8, 235
移転所得　　182, 212, 222
イラク侵攻　　1, 3-5, 8-9
衣類　　7, 83-4, 86-7, 98, 100-1, 104
　　──産業　　87

255

索　引

――生産　　86-7
インド　　xi, 8, 19, 26, 35, 41-2, 46, 84, 112, 126, 128-9, 131, 201, 204, 213, 216, 222-4, 226-36, 240-2, 249, 251
　　――障害者法　　226, 231-2
　　――洋大津波　　2, 4, 8
インドネシア　　xi, 35, 37-8, 42, 46, 84, 117-8, 122, 152, 154, 157, 160-4, 167-8, 172-3
　　――庶民信用銀行（BRI）　　157-8, 160-2, 164, 172
インパクト　　83, 180-1, 197, 202, 210, 213
インフォーマル化　　125
インフォーマル部門　　115, 120, 124-6, 142
インフラストラクチュア　　101-2, 131, 142, 192, 198-9, 201, 208, 214-7
　　制度的――　　102
　　物的――　　102
ウガンダ　　113-5, 126, 129, 131, 138-42, 204
エイズ　　vii, 2-3, 6, 8, 16-7, 19
エチオピア　　28, 45-6, 206
援助　　xi, 6, 10, 64, 66, 76, 82, 160, 163, 173, 179, 183-4, 186-7, 194-5, 214, 226
エンパワメント　　154, 167-8, 173, 182, 199, 211, 221-3, 252（→経済的エンパワメントも見よ）
緒方貞子　　4
汚職　　102, 179, 183
　　――指数　　102-3

か　行

外資　　99-100, 117, 134
　　――系企業　　100, 117, 245
改善したトイレ　　18
回転型貯蓄信用講（ROSCA）　　151, 153, 162
介入主義的産業政策　　81
開発戦略　　ix, 26, 78, 197
開発プロジェクト評価　　202
『開発への投資』　　5
貸出リスク　　157, 168
貸付枠　　159, 165, 169
家内工業　　156
ガバナンス　　183, 224
環境　　vii, ix, 18, 82, 240

――保全　　18
韓国　　35-7, 42, 46, 81, 86, 100, 121-3
カンボジア　　x, 7, 81-95, 97-105
管理貿易　　83-4, 104
機会費用　　204, 209
技術指向産業　　104
北アフリカ　　12, 15, 118, 183
機能（ファンクショニングス）　　209, 218
基本的ニーズ　　199
逆選択　　158-9
教育
　　初等――　　vii, 13, 30, 38, 41, 62-3, 68, 91-2
　　中等――　　63
　　低――　　63, 68-9, 75
強制貯蓄　　153, 167, 172
協同組合　　153, 162
京都議定書　　3
緊急社会投資ファンド　　→ FISE
金融仲介　　151, 156
クォータ（quota）　　84, 208, 217
グラミン
　　――銀行　　152-3, 157, 159-60, 164, 170, 172
　　――銀行型　　153-4, 157, 160-1, 164-5, 168-9, 172-3
　　――・クレジット　　153, 162, 164
　　――II　　170, 172
　　――貸出し　　153-4
　　グループ貸付　　157-60, 162, 165, 169-70
　　――以外のメカニズム　　159-60
グループ融資　　x, xi
グレンイーグルス・サミット　　5-6
グローバル化　　3, 81, 87
軽工業　　59, 64, 121
経済成長　　25-6, 57, 65-7, 72, 76-8, 82, 101, 104, 111, 113, 124, 139
経済的エンパワメント　　x-xi, 211, 221-3, 237, 250-1
経済発展　　viii, x-xii, 25-6, 35, 57-8, 62, 67, 75-7, 81-2, 101, 104, 172, 200
ケイパビリティ　　209, 218
契約労働者　　124, 136
ケニア　　x, 4, 17, 27, 45-6, 101, 103, 111-5, 123-35, 141-3
建設業　　x, 69-70, 72-7

256

索　引

現地資本　　99-100
交易コスト　　179
工業　　x, 25, 27-8, 32-4, 36-7, 41-2, 44-7, 49-50, 63, 101, 104, 124
鉱業　　69, 122
公共経済学　　179
公共財　　179, 199, 216
公共事業　　181, 184, 186, 197, 209, 211, 214, 217, 231
鉱工業　　57, 59, 65
厚生水準　　28, 179
構造調整　　124-5, 127-8, 182-4, 194, 198
公的雇用　　xi, 199, 209-10, 212
　——プログラム　　197-205, 207-8, 210-1, 213-8
後天性免疫不全症候群　→エイズ
高度(経済)成長　　57-63, 66-7, 69-70, 72, 74, 78
後発開発途上国　→LDC(s)
効率性　　ix, 194, 210-3
効率賃金　　113
　——仮説　　205
国際価値連鎖　　95
国際協力　　3
国際協力機構　→JICA
国際通貨基金　→IMF
国際連合(国連)　　vii, 2, 4, 6, 9-10, 111, 226
　——アジア太平洋経済社会委員会　　225
　——エイズ特別総会　　2
　——開発計画　　4
　——開発資金会議　　3
　——ミレニアム・サミット　　vii, 2, 6, 25, 82
　——ミレニアム・プロジェクト　　vii-viii, 4
国際労働機関　→ILO
小口金融組織　　162
極貧層　　188-90
個人貸出し　　162
個人向け貸付　　170
コーポラティブ　　250
雇用機会　　ix-x, 27-8, 33, 47, 50, 66, 76, 78, 81-3, 89, 92, 104, 197-9, 204-5, 208-9, 212, 216, 222, 226, 241, 244-7, 249
雇用吸収　　44, 46-7, 179-80, 182, 194

　——力　　66, 112-3
雇用効果　　116-8, 120, 142, 215
雇用構造　　30, 37, 41-2, 50, 65
雇用創出　　x, 124, 154, 168, 180, 194, 201-2, 214, 216, 251
雇用による福祉　　198
雇用の構造変化　　27-8, 30, 35, 39
雇用の不安定化　　115, 124
雇用保障スキーム　　203
雇用留保　　226, 233, 237-40, 251
コンディショナリティ方式　　183-4

さ　行

最低賃金　　88, 113-20, 123, 129-32, 137, 139-40, 142-3, 203-4, 217, 247-8
　——決定条約　　115, 139
　——制度　　x, 113-8, 120, 123-4, 129, 136, 139, 141-2, 197-8
　——法　　118
　能力基準——　　205-7
　法定——　　130, 132, 247-8
サックス，ジェフリー(Sachs, Jeffrey D.)　　vii, 5
　——報告　　6
サハラ以南アフリカ(サブサハラ・アフリカ)　　2, 8-9, 11-4, 17-9, 45, 101, 103, 111, 118, 131(→アフリカも見よ)
サービス業　　x, 33-4, 36-7, 46, 69-70
サービス部門　　59-62, 69-70, 72-3, 75-7
参加型　　183, 186
　——開発　　179-80
　——プロジェクト　　179
産業間移動　　77
産業構造　　25, 34-5, 57-8, 62, 65-7, 70, 72, 75-8
産業別労働組合　　135
シアトル閣僚会議　　3
ジェンダー　　vii, 14, 82, 203, 208, 240
視覚障害　　225, 239, 242, 252
識字率　　227-9, 231
自己雇用　　153, 167-8, 172, 231
自己選択によるターゲッティング(self-targeting)　　182-3, 198, 200, 202-3, 206, 217
自助グループ(SHG)　　251
持続可能な開発に関する世界サミット　　3

257

索　引

持続性　210
持続的成長　12
肢体不自由　250
失業　60, 65-6, 76, 78, 113, 119, 125, 180, 186, 191, 199, 211, 213, 216, 224, 234, 249
　──率　116, 118, 138, 190-1, 215, 227, 245, 248
実質賃金　115, 127-9, 133-4, 137, 142
指標を設定した自己ターゲッティング　208
資本集約的な産業　104
資本集約度　129
社会開発　186, 200, 209, 217-8
社会基金　→ソーシャル・ファンド
社会参加　199
社会資本　66, 153
社会正義・エンパワメント省(MSJE)　232, 234-6, 240
社会的弱者　239
社会的制裁　158, 169
(社会的)排除　221, 252
社会保障　66, 198, 216, 234
　──制度　223-4
収益性　83, 95-8, 157, 160-1
収益率　96, 156, 212
重化学工業　59, 64
就学率　13-4, 229, 231
就業機会　58, 65, 67-9, 73, 77-8
就業構造　57-8, 61-2, 67-70, 72, 76-8
重工業　64, 121
重債務貧困国　→HIPC
重症急性呼吸器症候群　→SARS
集団就職　62, 73
住民参加　210, 214
　──型　180
授産施設　250
首脳会議(サミット)　5-6
障害
　──児　221, 233, 236
　──指数　229, 231
　──当事者　232, 235-6
　──のある労働者　247
　身体──　224, 239, 246-7(→肢体不自由も見よ)
　精神──　227, 231, 247
　知的──　227, 231

聴覚──　227, 231, 236-7, 241-2, 245
　(→ろう者も見よ)
障害者　xi, 199, 206, 221-42, 244-52
　──コーポラティブ運動　250
　──当事者団体　234-5, 238-9, 241-2, 250-1
　──のケア　223, 226
　──(の)雇用　xii, 222-3, 226, 238-42, 245-9, 250-1
　──のマグナカルタ　247
　──比率　225, 227, 244
　──法　232, 234-8, 240-2, 246(→インド障害者法も見よ)
　重度──　234
試用期間　247, 249
小規模金融　xi, 152-3, 183
小規模事業主育成プログラム　201
情報
　──生産　156, 158, 173
　──の経済学　159
　──の非対称性　xi, 155, 158, 179
　──の不完全性　155
試用労働者　247-8
職業訓練　211, 215, 233, 248-9
食糧増産計画　161
食糧貧困線　89-90
女性　vii, 14-6, 82, 87, 92-5, 104, 117-8, 122-3, 126-7, 138, 152-4, 156-7, 162, 164, 167-8, 171, 173, 188, 190, 199, 204, 209-10, 227, 231-2, 244
　──雇用　93, 208
　──労働者比率　93
　──労働力　83
所得倍増計画　66
所得分配　62, 118, 122, 202
所得分配効果　118, 122, 131, 137, 142
庶民信用銀行(BPR)　157, 162-3, 166
新公共管理　10
新興再興感染症　16
人口センサス　26, 37, 42, 224, 226, 242
人的資源　81, 156, 234
人的資本　198
信用市場　154-5
信用制約　153-5
ストライキ　133-4, 137(→労働争議も見よ)
スマトラ島沖地震　2, 4

成果　　viii-ix, xi, 3, 9, 45, 114, 154, 183, 195, 210, 213-4, 217, 237, 249
――主義　　viii-ix, 10, 19, 198
正規雇用　　115, 124, 137, 142
性差　　123
政策金融　　161, 183
脆弱性　　171, 194
製造業　　x, 26, 49, 59-63, 67-70, 72-7, 87, 90, 93, 103, 105, 111-5, 118, 122, 124-9, 133-6, 138, 141-2, 245, 250
生存賃金　　217
政府開発援助　　→ ODA
世界エイズ・結核・マラリア基金（GFATM）　　2, 6
世界銀行（世銀）　　5-6, 81, 111, 114, 123, 126, 179-80, 183-5, 187-8, 194
世界経済フォーラム年次総会（ダボス会議）　　5
世界貿易機関　　→ WTO
世界保健機関　　→ WHO
説明責任（アカウンタビリティー）　　187, 194
セーフティネット　　173
セルフ・ターゲッティング　　→自己選択によるターゲッティング
セン，アマルティア（Sen, Amartya）　　4, 199-200, 202, 209
潜在失業　　65
全盲　　227
総合貧困線　　89-90
相互監視　　156
相対賃金効果　　120-3
相対的貧困密度　　27, 34-5, 47-50, 68, 73-5
ソーシャル・セーフティネット　　186, 223
ソーシャル・ファンド（社会基金）　　xi, 179-84, 187-8, 190, 192-5, 198, 214
村落信用組織（BKD）　　160, 166

た　行

タイ　　27, 35, 37-43, 46-7, 49, 102, 126, 171
第1次産業　　25-6, 33, 49
第2次産業　　25-6, 33
第3次産業　　26, 33
大統領エイズ救済緊急計画（PEPFAR）　　3, 6

台湾　　30, 32, 35-8, 42, 46, 81, 100
ターゲッティング　　xi, 180, 192-3, 200, 202-3, 207-8, 210-2, 214-5, 217
ターゲット　　ix, 7, 12, 14-5, 18, 152-3, 155, 161-4, 167, 181, 241
多国間援助　　6
多国間繊維取り決め　　83
頼母子講　　153
団結権　　115, 135, 140
男性労働者　　95, 122-3
団体協約　　113-5, 123, 132-7, 140-2
団体交渉　　122
――権　　115, 141
担保　　ix-x, 152-3, 156-7, 162, 164-5, 167-8, 170, 172, 237
地域開発　　180, 194
地域格差　　188
「地域事業」アプローチ　　214
地域住民組織（CBO）　　182, 215
地域組織　　179, 181, 214-5
遅延率　　166
逐次的融資枠拡大　　166
知的所有権の貿易関連側面に関する協定（TRIPS協定）　　3
地方政府　　179, 182, 232-3
地方分権　　xi, 179, 181, 186
中央集権型　　180
中国　　7, 11-2, 19, 35, 41-2, 46, 84, 100, 126, 128-9
中東　　12, 183
貯蓄　　61, 151-3, 167-8, 170-3
貯蓄信用組合　　166-7
チリ　　42, 44, 46, 49
地理的ターゲッティング　　183
賃金格差　　14, 88, 104, 127, 137
賃金効果　　120-3, 142
賃金の下方硬直性　　113
賃金引上げ効果　　131, 137
通貨危機　　37, 41, 81
就くにふさわしい仕事（decent work）　　199-200, 204, 217
つなぎ止め効果　　116, 132, 141
低学歴　　117
低雇用　　111, 113-5, 123, 141-2
低所得　　65-6, 76, 95-6, 102-5, 118, 123, 152-5, 172-3, 192, 199, 208
低賃金　　81, 95, 101-4, 117, 123, 198, 200,

259

索 引

203, 205-6, 217
転用可能性プレミアム　206-8
投資　x, 100, 126, 139, 154-6, 158, 162, 168, 181-2, 193, 212
投資環境評価(ICA)　126
東南アジア　15, 81, 101, 104-5
特殊学校　233
都市　26, 77-8, 92, 117, 125, 128-31, 138, 142, 164, 188-9, 227, 231, 244, 249
ドーハ開発アジェンダ　7
ドーハ閣僚会議　2-3, 9(→ WTO も見よ)
鳥インフルエンザ　8, 16
トリックル・ダウン　25, 216

な 行

内資　117
ニカラグア　xi, 180-92, 194-5
二国間援助　6
日本　x, 4, 7, 26, 57-8, 63-8, 75-8, 81, 92, 104, 121, 184, 194, 224, 232, 234, 242, 246
── 経済　57-8, 60-70, 76-8
乳幼児栄養失調率　189-90
人間開発　200, 210
『人間開発報告書』　4
人間の安全保障　4
── 委員会　4
妊産婦死亡率　15-6
農業　x, 26-30, 32-8, 41-2, 44-7, 49-50, 57, 62-3, 75, 77, 89, 111, 129, 161, 203
農村　x, 26, 57, 61, 77-8, 90, 92, 125, 138, 153, 164, 171, 188-9, 195, 206-7, 210, 216, 227, 231, 233, 252
農林水産業　x, 59-60, 70, 77
農林部門　78

は 行

波及効果　116, 120, 131, 141, 171, 182, 198, 210, 215
働いても貧困である人たち　→ワーキング・プア
バングラデシュ　x, 7, 81-105, 152, 157, 164, 170-1
非営利団体　102, 153
東アジア　11-15, 19, 26, 35, 81, 90, 101, 104-5

──・太平洋　12
──・大洋州　111
『東アジアの奇跡』　81
非識字　30, 32, 36-7, 42, 46, 91, 221
── 率　188-9, 227
非就業　78, 231
── 率　227-9
非熟練　127
── 工　126, 131
── 労働　198, 203, 217, 247
── 労働者　117-8, 126-9, 210
一人当たり所得　x, 10, 25, 28, 88, 103
非農業　26, 30, 38, 62, 77
評価　vii-viii, x, 5-7, 10, 83, 102, 126, 151, 169, 184, 187, 191-2, 194-5, 198, 206-7, 210-3, 216, 218, 227, 242, 251
びわこミレニアム・フレームワーク　250
貧困削減戦略書　→ PRSP
貧困集約度　35
貧困人口　11-12, 30, 188
貧困人口比率(貧困率)　xii, 11-2, 28-31, 35-8, 40-2, 44-7, 50, 118, 138, 165, 185, 188-9, 192, 212
貧困水準　140
貧困線　xii, 35, 38, 45, 88-90, 94, 104, 118-9, 130-1, 188, 217
貧困層
極度の──　204, 208-9, 216-7
最──　201
若年──　69, 71-7
就業者──　31
中高年──　69, 71-5, 77
貧者の銀行　156
ファンクショニングス　→機能
フィリピン　224, 226, 242-8, 250-1
フィリピン障害者の10年　250
フォーマル部門　115, 123-6, 137, 142
不完全雇用　138, 231
不完全就業　65
副業　167, 203
ブッシュ大統領　3
不良債権　166
分権化　180
分配効果　115-6, 120, 123, 141
米国開発庁　→ USAID
米州開発銀行　→ IDB

索 引

ベネズエラ　42, 44, 46, 118
ペルー　42, 44-5
返済　153, 156, 158-61, 163-8, 170-1, 183
　――率　156-7, 161, 169
貿易自由化　6-7, 10, 83-4, 86-7, 101, 104
　――交渉　3, 9
縫製業　x, 7, 82-3, 87-90, 93-5, 97-8, 100, 102-4
　　輸出向け――　82-3, 87-8, 91, 93, 95, 97-102, 104
縫製工　88, 91-5
保健　ix, 6, 18, 25, 82, 185, 233, 246
保険　119, 152, 169-70, 172, 234
補助金　7, 160-1, 164, 201, 235, 240, 246
補助工具　88-95, 103
ポリシー・レンディング　183
ボリビア　157, 180, 183, 192
香港閣僚会議　6-7(→WTOも見よ)

ま 行

マイクロ・グラント　183
マイクロクレジット(MC)　151-4, 160, 162, 171
マイクロファイナンス(MF)　x-xi, 151-7, 159-65, 167-73
マイクロファイナンス実施機関(MFI)　151, 153, 156-70, 172-4
マラリア　vii, 2, 6, 8, 16-7, 19
南アジア　11-2, 14, 18-9, 104, 111
南アフリカ　2-3, 12, 45-6, 101, 122-3, 211, 215
ミレニアム開発目標　vii-viii, xii, 4-7, 11-2, 15, 17-9, 25, 82, 111, 151, 195, 197
ミレニアム宣言　vii, 6, 82
ミレニアム挑戦会計(Millennium Challenge Account)　3, 6
ミーンズ・テスト(資力調査)　203
メキシコ　3, 27, 42-4, 46, 117
モニタリング　130, 156
モラルハザード　158-9
モーリシャス　45-6, 101
モントレー・コンセンサス　3

や 行

輸出加工区　99, 131, 134, 137, 142
輸出指向
　　――開発　81

――開発戦略　83, 104
――工業化戦略　100-1
幼児死亡率　vii, 14
預金　161-2, 167, 169

ら 行

ラテンアメリカ　12, 14-6, 30, 42-3, 48, 50, 118
リスク　156, 158-9, 164, 167, 170-1, 173, 181, 201
留保賃金(reservation wage)　182, 204-8, 217
臨時雇い　231
――労働者　124, 136, 142
連帯責任　158, 165-6, 170
労使関係　114-5, 132-4, 140-1
労使裁判所　135, 141
ろう者　224, 244-5, 248-9
労働供給　116, 171, 182, 202, 204-6, 209, 248
労働協約　120, 143
労働組合　x, 113-5, 118, 120-3, 132-5, 137, 139-42, 215
――法　114, 140
労働コスト　112-3, 128, 248
労働者保護制度　113-5, 141-2
労働集約
　　――産業　82-3, 95
　　――的インフラストラクチュア・プログラム　199
　　――的工業　100-1, 104
　　――的産業　27
労働需要　ix, 13, 77, 116, 198, 202, 248
労働生産性　65, 128-30, 207, 249
労働争議　104, 133, 142(→ストライキも見よ)
　　――法　135
労働の機会費用　207
労働の限界生産性　204
労働報酬集約度　212-3
労働力調査　26

わ 行

ワーキング・プア(働いても貧困である人たち, working poor)　138, 142, 163, 199-203
ワークフェア　182

261

■岩波オンデマンドブックス■

アジア経済研究所叢書4
貧困削減戦略再考──生計向上アプローチの可能性

2008年3月27日　第1刷発行
2017年1月13日　オンデマンド版発行

編　者	<ruby>山形辰史<rt>やまがたたつふみ</rt></ruby>
発行者	岡本　厚
発行所	株式会社 岩波書店

〒101-8002　東京都千代田区一ツ橋2-5-5
電話案内　03-5210-4000
http://www.iwanami.co.jp/

印刷／製本・法令印刷

Ⓒ 日本貿易振興機構アジア経済研究所 2017
ISBN 978-4-00-730559-7　　Printed in Japan